Schriftenreihe
Extremismus & Demokratie
Herausgegeben von
Uwe Backes und Eckhard Jesse
Band 10

Enrico Syring

Das nationalsozialistische Deutschland 1933 – 1945

Führertum und Gefolgschaft

1997

BOUVIER VERLAG · BONN

Für Andreas

Die Deutsche Bibliothek - CIP-Einheitsaufnahme

Syring, Enrico:
Das nationalsozialistische Deutschland 1933 - 1945 : Führertum und Gefolgschaft / Enrico Syring. - Bonn : Bouvier, 1997
(Schriftenreihe Extremismus & Demokratie ; Bd. 10)
ISBN 3-416-02667-5
NE: GT

 Foto auf dem Schutzumschlag: Bildarchiv Preußischer Kulturbesitz; Umschlaggestaltung: Michael Fischer, Köln. Satz: Bouvier Verlag, Bonn. Druck und Einband: Druckerei Plump, Rheinbreitbach. Gedruckt auf säurefreiem Papier.

Inhaltsverzeichnis

Verzeichnis der Dokumente

Verzeichnis der Tabellen

I. Die Geschichte des nationalsozialistischen Deutschlands in Öffentlichkeit und Fachwissenschaft

Auch mehr als 50 Jahre nach seinem Untergang erweist sich die Geschichte des nationalsozialistischen Deutschlands noch immer - ja, vielleicht sogar mehr denn je - als ein dem beliebigen Zugriff offenstehendes „Arsenal für politisch-pädagogische Nutzanwendung und Legitimation in der Gegenwart“[1]. Daran hat die deutsche Vereinigung im Jahre 1990 nichts geändert. Aus dem Westen der neuen Bundesrepublik stammend, ist im „öffentlichen Gebrauch der Historie“[2] nach wie vor die apologetische Tendenz feststellbar, unter Dämonisierung der Person Adolf Hitlers den Zwangscharakter des nationalsozialistischen Regimes überzubetonen: man sei damals aus nur allzu berechtigter Angst vor Repressalien einfach gezwungen gewesen, zähneknirschend mitzumachen und daher nur bedingt für das Geschehene verantwortlich. Die zumal im Umkreis von Jahrestagen allenthalben zu hörende Formel „die Nationalsozialisten“ - und nicht etwa zutreffender: „Deutsche“ - hätten vor soundsoviel Jahren dieses oder jenes begangen, ist vor diesem Hintergrund ebenso vielsagend wie bezeichnend. Zudem wurde hier im Westen schon lange vor der Vereinigung zur politischen Selbstlegitimation eine die historische Realität verfälschende Kontinuitätslinie konstruiert, „die von den tragenden Kräften der Weimarer Republik über den [bürgerlichen] Widerstand im nationalsozialistischen Deutschland (also in höchst selektiver Wahrnehmung der Wirklichkeit des ‚Dritten Reiches‘) direkt in die Bundesrepublik einmündete.“[3]

Dabei hat die historische Forschung längst herausgearbeitet, daß die Linien der Kontinuitäten, in welche die Bundesrepublik - und übrigens ebenso die untergegangene DDR - einzuordnen sind, in ihrer Mehrzahl keineswegs gleichsam um die Jahre der nationalsozialisti-

---

[1] Martin Broszat, Eine Insel in der Geschichte. Der Historiker in der Spannung zwischen Verstehen und Bewerten der Hitler-Zeit, in: Ders., Nach Hitler. Der schwierige Umgang mit unserer Geschichte. Beiträge von Martin Broszat, München [1]1987, S. 114-120, hier S. 116.

[2] Dieser Terminus wurde geprägt von Jürgen Habermas, Vom öffentlichen Gebrauch der Historie, in: Historikerstreit. Die Dokumentation der Kontroverse um die Einzigartigkeit der nationalsozialistischen Judenvernichtung, München-Zürich 1987, Nr. 27, S. 243-255.

[3] Enrico Syring, Der 20. Juli 1944, in: *Mut,* Nr. 323 vom Juli 1994, S. 24-33, hier S. 33.

schen Herrschaft herum, sondern in aller Regel mitten durch diese hindurch führten.[4] Auch ist in der Fachwissenschaft unumstritten, daß die Massenloyalität, in welcher die überwältigende Mehrheit der deutschen Bevölkerung dem NS-Regime nahezu bis zu dessen völligem Zusammenbruch gegenüberstand, keineswegs erzwungen war.[5]

Provozierend zugespitzt ließe sich angesichts dieser Tatsache die Frage aufwerfen, ob Hitlers Herrschaft nicht vielleicht sogar als das populärste politische Regiment im Deutschland des 20. Jahrhunderts anzusehen ist. Allemal jedenfalls war die „Zustimmung der Deutschen zum Dritten Reich [...] ausgeprägter und tragfähiger als die Zustimmung der Ostdeutschen zur DDR."[6] Mögliche Erklärungen für diese unbestreitbare „Volkstümlichkeit" des NS-Regimes aufzuzeigen, ist eines der Anliegen dieses Buches.

Führte die historische Selbstverortung der alten Bundesrepublik sozusagen „Mitte Rechts" um das sperrige „Dritte Reich" herum, so wurde in der ehemaligen DDR eine ebenso unhistorische „Umgehung" auf der Linken konstruiert: von den Spartakisten aus den Jahren der deutschen Revolution von 1918/19 über den - angeblich einzig wahren - kommunistischen Widerstand hin zum ersten „Arbeiter- und Bauernstaat" auf deutschem Boden. Fußte das politische Selbstverständnis der Bundesrepublik zumindest bis 1968 im Antitotalitarismus, im Anspruch, sich gegenüber den Extremen von rechts und links gleichermaßen abzugrenzen[7], so definierte sich die DDR von vornherein als „antifaschistisch". Noch nach dem Zusammenbruch des SED-Staates versuchen DDR-Nostalgiker, nicht nur aus den Reihen der SED-Nachfolgepartei PDS, diese zweite Diktatur in Deutschland mit deren bei näherem Hinsehen allerdings nicht mehr gar so lupenreinen „Antifaschismus"[8] zu rechtfertigen.

---

[4] Die aktuellste Arbeit zu diesem Komplex ist Norbert Frei, Vergangenheitspolitik. Die Anfänge der Bundesrepublik und die NS-Vergangenheit, München 1996.

[5] Hierzu vgl. beispielsweise Eberhard Jäckel, Hitlers Weltanschauung. Entwurf einer Herrschaft, Stuttgart (Neuausgabe) 1981, S. 137-159.

[6] Referat Jürgen Kocka in: Deutscher Bundestag (Hrsg.), Materialien der Enquete-Kommission Aufarbeitung von Geschichte und Folgen der SED-Diktatur in Deutschland. (12. Wahlperiode des Deutschen Bundestages), Baden-Baden/Frankfurt a.M. 1995, Bd. IX: Formen und Ziele der Auseinandersetzung mit den beiden Diktaturen in Deutschland, S. 596.

[7] Vgl. Klaus Hildebrand, Von Erhard zur Großen Koalition 1963-1969, Stuttgart-Wiesbaden 1984, S. 417/420.

[8] Hierzu vgl. etwa Rudolf van Hüllen, Aufarbeitung, Mythenbildung, Kurzer Lehrgang - oder was? Entwicklungslinien der Geschichtsarbeit unter Postkom-

Im Zentrum der gegenwärtigen öffentlichen Diskussion steht jedoch die Frage nach der Vergleichbarkeit von NS- und SED-Diktatur, nach deren Analogien und Unterschieden. Auch auf diesem Felde läßt sich eine Fortsetzung der parteipolitischen Auseinandersetzung mit anderen Mitteln vermelden. Nach Einschätzung des Frankfurter Sozialphilosophen Jürgen Habermas schlägt sich das „Links-Rechts-Schema" folgendermaßen in der Debatte nieder: „Wo die Rechten zur Angleichung [zwischen NS- und SED-Herrschaft] neigen, wollen die Linken vor allem Unterschiede sehen. Die Linken dürfen sich über die spezifischen Gemeinsamkeiten totalitärer Regime nicht hinwegtäuschen und müssen auf beiden Seiten denselben Maßstab anlegen. Die Rechten dürfen wiederum Unterschiede nicht nivellieren oder herunterspielen."[9]

In der Tat: So unzulässig es ist, die Massenverbrechen der NS-Herrschaft mit dem Hinweis auf die - späteren - des SED-Regimes zu „relativieren", so unzulässig ist es ebenfalls, durch eine unhistorische „Verabsolutierung" des „Dritten Reiches" faktisch die Apologie der Linksdiktaturen zu betreiben. Beides sollte sich angesichts der Opfer der Gewaltherrschaften von selbst verbieten.

Vor diesem allgemeinen Zeithintergrund versteht sich das vorliegende Buch als ein Beitrag zur „Historisierung" des Nationalsozialismus, dem Bemühen, einem nüchternen und sachlichen, von bewußten Instrumentalisierungsversuchen möglichst freien Umgang mit der jüngsten deutschen Vergangenheit auch über die Grenzen der historischen Fachwissenschaft hinaus zum Durchbruch zu verhelfen. Es möchte in einer auch dem Laien zugänglichen Sprache und einer auch für den Nicht-Historiker nachvollziehbaren Darstellungsweise die Fragwürdigkeit einer Art der Geschichtsbetrachtung erkennbar werden lassen, die „es sich - intellektuell *und* moralisch - mit der Hitler-Diktatur zu leicht macht."[10]

Im Rahmen einer infolge äußerer Zwänge notwendigerweise knappen und vereinfachenden Skizze soll dazu der Versuch unternommen werden, den Fehler einer Geschichtsschreibung zu vermeiden, in wel-

munisten, in: Uwe Backes/Eckhard Jesse (Hrsg.), Jahrbuch Extremismus & Demokratie 7(1995), Baden-Baden 1995, S. 27-41, hier bes. S. 37 f., und Michael Wolffsohn, Die Deutschland-Akte. Juden und Deutsche in Ost und West. Tatsachen und Legenden, München 1995, hier bes. 52-55.

[9] Referat Jürgen Habermas, in: Deutscher Bundestag (Anm. 6), S. 689.

[10] Broszat (Anm. 1), S. 118.

cher „noch immer der übermächtige Eindruck des katastrophalen Endes und Endzustandes“ des NS-Regimes dominiert, der im nachhinein und aus der Rückschau dann „auch als roter Faden zur Erklärung der Motive, Instrumente und Etappen des Nationalsozialismus, seiner Entwicklung und Herrschaft eingesetzt“[11] wird.

Die prinzipielle Offenheit der damaligen Entwicklung und der komplizierte „Prozeß des durch massive Sachzwänge eingeengten politischen Entscheidungshandelns“[12] soll auch anhand des „Falles Hitler“ deutlich gemacht werden.

Es geht dabei nicht darum, „ein in jeder Hinsicht fertiges Geschichtsbild der jüngsten Epoche zu liefern, das als unumstößlicher Besitz nach Hause getragen werden kann.“[13] Vielmehr gilt es, in allgemeinverständlicher Weise die Schwierigkeit, ja, manchmal sogar die Unmöglichkeit vor Augen zu führen, auf drängende Fragen mit mehr als nur Mutmaßungen und/oder dem skrupulösen Abwägen unterschiedlicher Wahrscheinlichkeiten zu antworten.

Auf die Auseinandersetzung mit anderen Forschungsmeinungen und insbesondere auf die gerade in der deutschen Geschichtswissenschaft so beliebte „Fußnotenkriegführung“ wird dabei in aller Regel - auch aus Platzgründen - verzichtet. (Die Anmerkungen dienen neben dem Beleg der Zitate allein dem Hinweis auf weiterführende Literatur.) Dem Fachmann sind die nicht eben wenigen in der NS-Forschung umstrittenen Punkte bekannt, so daß er den vorliegenden Text ohne Schwierigkeiten jeweils „einzuordnen“ weiß. Und der Laie wird das ihm zwangsläufigerweise oft umständlich und spitzfindig erscheinende Argumentieren gegen andere Lehrmeinungen schwerlich vermissen.

---

[11] Ders., Plädoyer für eine Historisierung des Nationalsozialismus, in: Ders. (Anm. 1), S. 159-173, hier S. 167.

[12] Ders., Bemerkungen zur Frage der öffentlichen Relevanz der Geschichtswissenschaft und zur besonderen Aufgabenstellung des Instituts für Zeitgeschichte, in: Ders. (Anm. 1), S. 50-56. Die Notwendigkeit einer so zugeschnittenen Geschichtsschreibung über den Nationalsozialismus wird auch von manchen der schärfsten Kritiker des Historisierungs-Postulats betont. Vgl. hierzu etwa Dan Diner, Zwischen Aporie und Apologie. Über Grenzen der Historisierbarkeit des Nationalsozialismus, in: Ders. (Hrsg.), Ist der Nationalsozialismus Geschichte? Zu Historisierung und Historikerstreit, Frankfurt a.M. 1987, S. 62-73, hier S. 70.

[13] Martin Broszat, Aufgaben und Probleme zeitgeschichtlichen Unterrichts, in: Ders. (Anm. 1), S. 9-35, hier S. 34.

Damit durch dieses Umgehen der Erwähnung aller wissenschaftlich noch nicht wirklich geklärten Einzelfragen jedoch nicht der irreführende Eindruck entsteht, die „eigene Darstellung“ sei „die einzig existierende und richtige“[14], soll an dieser Stelle noch einmal ausdrücklich darauf hingewiesen werden, daß hinsichtlich der wissenschaftlichen Auseinandersetzung mit unserer nationalsozialistischen Vergangenheit noch immer der Satz gilt: „Wir wissen viel und verstehen wenig“[15]. Abgesehen von der ereignisgeschichtlichen Dimension, dem bloßen „Was“, gibt es mithin in der Forschung kaum eine Frage, die mit Blick auf das „Wie“ und das „Warum“ nicht kontrovers diskutiert würde. Dies gilt es auch bei der Lektüre der vorliegenden Arbeit zu beachten.

Um dem Laien jedoch wenigstens eine grobe Orientierung zu ermöglichen, sei an dieser Stelle immerhin kurz auf jene beiden fachwissenschaftlichen Großdebatten hingewiesen, durch welche zahlreiche Detail-Diskussionen innerhalb der NS-Forschung grundlegend geprägt werden[16]: auf die Auseinandersetzung um die Bedeutung der Person Adolf Hitlers für den Verlauf der Geschichte der Jahre von 1933 bis 1945, sowie auf die Frage, inwieweit die nationalsozialistische Herrschaft zumindest teilweise als vorsätzliche Modernisierungsdiktatur verstanden werden kann.

In der Kontroverse um den Stellenwert Adolf Hitlers haben sich seit den sechziger Jahren zwei „Schulen“ herausgebildet: eine „intentionalistische“, sich überwiegend aus eher konservativen und politikgeschichtlich orientierten Historikern rekrutierende, und eine „funktionalistische“, deren Verfechter politisch eher links zu verorten sind

[14] So der zutreffende Einwand gegen die auch hier gewählte Verfahrensweise von Hartmut Schustereit, Vabanque. Hitlers Angriff auf die Sowjetunion 1941 als Versuch, durch den Sieg im Osten den Westen zu bezwingen, Herford-Bonn 1988, S. 132.

[15] Eberhard Jäckel, Der Machtantritt Hitlers - Versuch einer geschichtlichen Erklärung, in: Volker Rittberger (Hrsg.), 1933. Wie die Republik der Diktatur erlag, Stuttgart u.a. 1983, S. 123-139, hier S. 123.

[16] Grundlage für hier entworfene knappe Skizze der beiden Großkontroversen sind folgende Überblicke: Enrico Syring, Intentionalisten und Strukturalisten. Von einem noch immer ausstehenden Dialog, in: Uwe Backes/Eckhard Jesse/ Rainer Zitelmann (Hrsg.), Die Schatten der Vergangenheit. Impulse zur Historisierung des Nationalsozialismus, Frankfurt a.M. 1990, S.169-194; Ders., Hitler. Seine politische Utopie, Berlin 1994, S. 277-291, und Ders., Nationalsozialismus, in: Dieter Nohlen (Hrsg.), Wörterbuch Staat und Politik, München-Zürich ³1995, S. 457-461, dort auch die näheren Belege.

und zumeist von einem „gesellschaftsgeschichtlichen“ Ansatz ausgehen.

Sehen die „Intentionalisten“ in einem nach 1933 sein vor dem Machtantritt entworfenes weltanschauliches Programm umsetzenden Hitler die treibende Kraft und die entscheidende Figur des „Dritten Reiches“, so halten ihn die „Funktionalisten“ im Vergleich zu den überkommenen konservativen Eliten in Staatsapparat und Wirtschaft sowie zu einem sich in Gang setzenden Prozeß der „kumulativen Radikalisierung“ der Behörden, Apparate und Interessengruppen in Partei und Staat eher für einen „entscheidungsunwilligen, häufig unsicheren, ausschließlich auf Wahrung seines Prestiges und seiner persönlichen Autorität bedachten, aufs stärkste von der jeweiligen Umgebung beeinflußten, in mancher Hinsicht schwachen Diktator“.[17] Wie unten noch näher zu erläutern sein wird, hat der Streit dieser beiden Schulen in der Frage nach der Urheberschaft des industriell betriebenen Massenmordes an den europäischen Juden während des Zweiten Weltkrieges eine ganz besonders hart umkämpfte Zuspitzung erfahren.

Dabei ist inzwischen allerdings unstrittig, daß auch auf diesem Felde von einer „Alleintäterschaft“ Hitlers und seiner „Schutzstaffel“ (SS) keine Rede sein kann. Vielmehr wurde zumal seit Beginn der achtziger Jahre die Verwicklung immer weiterer Organisationen, Behörden und Berufsgruppen in die nationalsozialistischen Massenmorde nachgewiesen: neben den von vornherein belasteten Angehörigen von Gestapo, SS und Waffen-SS, sowie Teilen der Justiz und des Gesundheitswesens sind seither etwa auch die Reichsbahn[18] , die Schutz- und Ordnungspolizei[19] sowie das Auswärtige Amt[20] ins Gerede gekommen. Ganz besonders umstritten, weil für die historische und auch justizielle Beurteilung der immerhin rund 19 Millionen deutschen Sol-

---

[17] Hans Mommsen, Nationalsozialismus, in: Sowjetsystem und demokratische Gesellschaft. Eine vergleichende Enzyklopädie, Bd. IV, Freiburg (Brsg.) u.a. 1971, Sp. 695-713, hier Sp. 702 f.

[18] Vgl. Raul Hilberg, Sonderzüge nach Auschwitz, Frankfurt a.M.-Berlin ²1987.

[19] Vgl. Christopher R. Browning, Ganz normale Männer. Das Reserve-Polizeibataillon 101 und die Endlösung in Polen, Reinbek bei Hamburg 1996, aber auch Heiner Lichtenstein, Himmlers grüne Helfer. Die Schutz- und Ordnungspolizei im Dritten Reich, Köln 1990.

[20] Hierzu vgl. vor allem Hans-Jürgen Döscher, SS und Auswärtiges Amt im Dritten Reich. Diplomatie im Schatten der Endlösung, Frankfurt a.M.-Berlin 1991.

daten des Zweiten Weltkrieges von entscheidender Bedeutung, ist die Frage der strukturellen Verwicklung der Wehrmacht in die NS-Verbrechen.[21] Hierauf wird unten im Zusammenhang ebenfalls noch näher einzugehen sein.

Die zweite der beiden Großdebatten in der NS-Forschung, die Auseinandersetzung um den Modernitätsgehalt des Nationalsozialismus, entzündete sich im Grunde erst an der Dissertation des Historikers und derzeitigen Berliner Publizisten und *Welt*-Redakteurs Rainer Zitelmann aus dem Jahre 1987.[22] Anknüpfend an ältere Arbeiten des jetzt in Oxford ansässigen Soziologen Ralf Dahrendorf[23] wurde darin die These formuliert, der von diesem im Zeitraum von 1933 bis 1945 festgestellte Modernisierungsschub in der deutschen Gesellschaft sei den NS-Machthabern entgegen der Annahme Dahrendorfs keineswegs absichtswidrigerweise unterlaufen. Vielmehr habe zumindest Hitler von vornherein vorsätzlich auf ihn hingearbeitet.

Damit wurde die nationalsozialistische Herrschaft gleichsam als die „totalitäre Seite der Moderne“[24] interpretiert. Dieser Befund ist inzwischen auch von anderen Historikern im Grundsatz bestätigt und weiter ausgebaut worden.[25] Gleichwohl war er von Beginn an heftiger Kritik ausgesetzt. Abgesehen von denjenigen, die den Nationalsozia-

---

[21] Zu diesem Diskussionspunkt vgl. zunächst die bei Theo Sommer (Hrsg.), *Zeit-Punkte* Nr. 3/1995: Gehorsam bis zum Mord? Der verschwiegene Krieg der deutschen Wehrmacht - Fakten, Analysen, Debatte, versammelten Beiträge. Weitere Literaturhinweise finden sich im vorliegenden Buch in den entsprechenden Abschnitten zum Thema weiter unten.

[22] Vgl. Rainer Zitelmann, Hitler. Selbstverständnis eines Revolutionärs, Stuttgart ²1989.

[23] Da frühere Einzelstudien dieses Autors zusammenfassend, ist hier vor allem auf Ralf Dahrendorf, Gesellschaft und Demokratie in Deutschland, München 1965, zu verweisen.

[24] So der Titel von Rainer Zitelmann, Die totalitäre Seite der Moderne, in: Michael Prinz/Rainer Zitelmann (Hrsg.), Nationalsozialismus und Modernisierung, Darmstadt 1991, S. 1-20. Zum folgenden vgl. auch alle übrigen in diesem Band versammelten Beiträge.

[25] Hier sind beispielsweise Ronald Smelser, Robert Ley. Hitlers Mann an der Arbeitsfront. Eine Biographie, Paderborn 1989; Götz Aly/Susanne Heim, Vordenker der Vernichtung. Auschwitz und die deutschen Pläne für eine neue europäische Ordnung, Hamburg 1991; Ulrich Höver, Joseph Goebbels - ein nationaler Sozialist, Bonn-Berlin 1992, aber auch Jörg Friedrich, Das Gesetz des Krieges. Das deutsche Heer in Rußland 1941 bis 1945. Der Prozeß gegen das Oberkommando der Wehrmacht, München-Zürich 1993, zu nennen.

lismus allenfalls als eine „vorgetäuschte Moderniserung“[26]durchgehen lassen wollen, werten nicht wenige diese Übertragung des insbesondere innerhalb der politischen Linken positiv besetzten Begriffs der gesellschaftlichen „Modernität“ als versuchte Apologie des „Dritten Reiches“.[27]

Der gegen Zitelmann vorgebrachte Einwand, den rassenideologischen Grundzug der Hitlerschen Programmatik nicht hinreichend in seine Untersuchung mit einbezogen zu haben[28], ist sicherlich nicht von der Hand zu weisen. Daher ist die von ihm aufgestellte These einer vorsätzlichen Modernisierung der deutschen Gesellschaft in den Jahren nach 1933 inzwischen von anderen auch entsprechend modifiziert und präzisiert worden. Sie ließe sich nunmehr in der Formel „rassenideologische Modernisierung durch Abtrennung und Zerstörung gesellschaftlicher Randbezirke“[29] fassen. Der Fortgang der Diskussion bleibt abzuwarten.

Seine eigenen Standpunkte in diesen beiden fachwissenschaftlichen Großdebatten würde der Verfasser dieses Buches selbst wie folgt umreißen: politikgeschichtlich orientiert und ursprünglich einem „intentionalistischen“ Ansatz verpflichtet, sind bei ihm im Laufe einer langjährigen Beschäftigung mit der Geschichte des nationalsozialistischen Deutschlands wie des Zweiten Weltkrieges zunehmend die Zweifel an der Stichhaltigkeit der grundsätzlichen Position dieser „Schule“ gewachsen. Gleichwohl hält er deren Zugriff als solchen nach wie vor für tragfähig, kann das Ineinandergreifen von „Struktur“ und Persönlichkeit, von individuellem Wollen und allgemeinen Rahmenbedingungen, sowie das Verhältnis von subjektivem und objektivem Handlungsspielraum doch auch dadurch ausgelotet werden, daß das Individuum gleichsam als „Folie“ für den Einfluß äußerer Faktoren zum

[26] So etwa Hans Mommsen, Nationalsozialismus als vorgetäuschte Modernisierung, in: Walter H. Pehle (Hrsg.), Der historische Ort des Nationalsozialismus, Frankfurt a.M. 1990, S. 31-46.

[27] Jüngstes Beispiel hierfür sind die allerdings auffallend unqualifizierten Unterstellungen von Mark Terkessidis, Kulturkampf. Volk, Nation, der Westen und die Neue Rechte, Köln 1995, S. 228-239.

[28] Vgl. Syring, Hitler (Anm. 16), S. 267 f., sowie zum folgenden auch diese Untersuchung insgesamt.

[29] So der Untertitel von Walter Grode, Nationalsozialistische Moderne. Rassenideologische Modernisierung durch Abtrennung und Zerstörung gesellschaftlicher Peripherien, Frankfurt a.M. u.a.1994.

Ausgangspunkt der Betrachtungen gewählt wird.[30] In diesem Sinne liegt auch in der folgenden knappen Darstellung ein besonderes Augenmerk auf dem Entscheidungsverhalten der Person Adolf Hitlers.

Allerdings teilt der Verfasser dabei nicht die „klassische" Grundannahme der „Intentionalisten", die besagt, der deutsche Diktator habe seit seinem Machtantritt „nur zwei wirkliche Ziele" verfolgt, „ein außenpolitisches und ein rassenpolitisches. Deutschland mußte unter seiner Führung neuen Lebensraum im Osten erobern, und es mußte die Juden entfernen."[31] Er hat demgegenüber vielmehr die an anderer Stelle ausführlich begründete These aufgestellt[32], Hitlers Programmatik sei ursprünglich auf eine evolutionäre Verwirklichung innnerhalb eines mehrere Generationen umfassenden Zeitraumes hin konzipiert worden; und die außenpolitischen Zielsetzungen lagen demzufolge zum Zeitpunkt des Machtantritts außerhalb dessen, was Hitler in seiner Lebensspanne noch persönlich erreichen zu können glaubte. Den Faktoren nachzuspüren, die ihn schließlich von dieser Auffassung abbrachten, ist ein weiteres zentrales Anliegen der vorliegenden Skizze.

Der Verfasser nimmt mithin im Rahmen der Debatte zwischen „Intentionalisten" und „Funktionalisten" eine vermittelnde Position ein. Als ein im Grunde wenig überraschendes Ergebnis sei hier die Einsicht vorweggenommen, daß sich Politik auch im Staate Adolf Hitlers „keineswegs nur von oben nach unten" vollzog, „sondern in der Regel in einem komplizierten Prozeß, in dem sich Impulse von allen Ebenen auf vielfältige Weise brachen."[33] Dies ist innerhalb eines modernen Verwaltungsstaates auch schwerlich anders denkbar.

Hinsichtlich der Modernisierungsdebatte genügt ein kurzer Hinweis: der Verfasser hält die oben genannte Formel von der „rassenideologischen Modernisierung durch Abtrennung und Zerstörung gesellschaftlicher Randbezirke" für plausibel. Was dieses Erklärungsmodell im einzelnen zu leisten vermag, wird in der anschließenden Darstellung hinreichend deutlich werden.

---

[30] Vgl. dazu auch Syring, Intentionalisten (Anm. 16), S. 180 f.

[31] Jäckel (Anm. 5), S. 93.

[32] Hierzu vgl. Syring, Hitler (Anm. 16), bes. S. 267-276.

[33] So zutreffend Ludolf Herbst, Das nationalsozialistische Deutschland 1933-1945. Die Entfesselung der Gewalt: Rassismus und Krieg, Frankfurt a.M. 1996, S. 14.

Für diese Stellungnahme mit ausschlaggebend ist die Grundüberzeugung, daß eine wissenschaftliche Geschichtsschreibung, die sich in bloßer Anklage, im Beschwören eines Mysteriums, oder im Erzeugen und Vermitteln von Betroffenheit erschöpfte, ihren Aufgaben nicht gerecht würde. Wenn Geschichte denn tatsächlich etwas mit rationaler Aufklärung zu tun haben und zum Erlangen von Zukunftsfähigkeit beitragen können sollte, dann ist auch vor allem das Erklären von Vergangenheit - soweit dies möglich ist - ihre vornehmste Obliegenheit. Daß das dafür unabdingbare Bemühen um „klinische Distanz" gegenüber dem Untersuchungsgegenstand nicht in dessen Apologie oder in Gefühlsrohheit gegenüber den Opfern münden muß, hofft der Verfasser mit der vorliegenden Skizze deutlich gemacht zu haben.

Auch aus diesem Grunde, um daran zu erinnern, daß hier die kollektive, jedoch sehr unterschiedlich erlebte bzw. erlittene und verarbeitete Vergangenheit lebendiger Menschen beschrieben wird, sind immerhin 41 zum Teil recht ausführlich gehaltene Dokumente mit in die Darstellung aufgenommen worden. Neben bestimmten, für die Geschichte des nationalsozialistischen Deutschlands „im großen" bedeutsamen Quellen, wie etwa die „Reichstagsbrand-Notverordnung" oder das „Hoßbach-Protokoll" finden sich daher darunter auch Berichte namenloser Zeitgenossen. (Jeglicher Eingriff von seiten des Verfassers, wie Kürzungen, verdeutlichende Einfügungen etc. sind im Text durch eckige Klammern [ ] gekennzeichnet.)

In der konzeptionellen Gewichtung der einzelnen Abschnitte der Darstellung wird ferner der Tatsache Rechnung getragen, daß mehr „als die Halbzeit des Dritten Reiches [...] von militärischen und kriegerischen Ereignissen angefüllt"[34] war. Dieser Sachverhalt kommt trotz aller Einigkeit darüber, daß die nationalsozialistische Herrschaft eigentlich erst im Krieg zu ihrer vollen Entfaltung kam, in anderen Gesamtdarstellungen nicht selten zu kurz.

Aus dem Kriege kam und im Kriege mündete der Nationalsozialismus. Er markiert den absoluten Höhepunkt der äußeren Machtentfaltung des Deutschen Reiches - und deren absoluten Tiefpunkt. Als die deutsche Wehrmacht am 8. Mai 1945 bedingungslos kapitulierte, war der größte Teil Deutschlands von alliierten Armeen besetzt, das einst so mächtige Reich völlig der Willkür der Siegermächte ausgeliefert

---

[34] Ferdinand Prinz von der Leyen, Rückblick zum Mauerwald. Vier Kriegsjahre im OKH, München 1965, S. 5.

und der deutsche Name durch bis dahin unvorstellbare Massenverbrechen besudelt.

Es liegt etwas zutiefst Rauschhaftes über der deutschen Geschichte der Jahre zwischen 1933 und 1945. Und wie bei einem Rausch folgte dem Übermut die allmähliche Ernüchterung und schließlich der Katzenjammer; denn mit der Kapitulation brach für viele Deutsche buchstäblich die Welt zusammen, mit der sie sich nicht selten bis zuletzt identifiziert und die sie trotz mancher Vorbehalte gegenüber einzelnen Erscheinungen bis weit in den Krieg hinein auch bejaht hatten. Nun, als der Rausch endgültig verflogen war, fragten sie sich schamerfüllt „Wie konnte ich nur?“, wurden von nur allzu berechtigten Schuldgefühlen geplagt, suchten ihre damals jüngste Vergangenheit daher nach Kräften zu verdrängen oder flüchteten sich in heftige Trotzreaktionen. Viele wollten (auch vor sich selbst) einfach nicht mehr wahrhaben, daß auch sie lange Zeit „dafür“ gewesen waren und so ganz persönlich dazu beigetragen hatten, daß geschehen konnte, was geschehen war. Manche wollten sich jetzt plötzlich als die eigentlichen - weil „verführten“ - Opfer des Nationalsozialismus verstanden wissen. Und kaum jemand war zu der Einsicht fähig, daß der Weg in den Abgrund nicht erst 1942, sondern bereits am 30. Januar 1933 begonnen hatte.

II. Die Phase der „Machtergreifung“ 1933-1938

Am Montag, den 30. Januar 1933, kurz vor 11 Uhr ernannte Reichspräsident Generalfeldmarschall Paul von Hindenburg widerstrebend den „Führer“ jener „Bewegung“ zum Reichskanzler, welche trotz deutlicher Stimmenverluste bei den letzten Reichstagswahlen noch immer die weitaus stärkste Fraktion im Deutschen Reichstag stellte.[1] Damit gelangte der Mann an die Schalthebel der Macht, der die deutsche Geschichte im 20. Jahrhundert wie kein zweiter prägen sollte. Vor dem Hintergrund der ungeheuren Massenverbrechen, mit denen für uns heute die Erinnerung an seinen Namen verbunden ist, fällt es sehr schwer, sich ein auch nur einigermaßen unvoreingenommenes Bild von der Person Adolf Hitlers zu machen. Angesichts der auf sein verhängnisvolles Wirken zurückzuführenden Scheußlichkeiten drängt sich die Annahme, es müsse sich auch bei ihm selbst um ein Ungeheuer gehandelt haben, geradezu auf.

Um überhaupt erklären zu können, wie geschehen konnte, was geschehen ist, müssen wir uns jedoch stets aufs Neue vergegenwärtigen, daß er sich für die große Mehrheit zumindest seiner deutschen Zeitgenossen ganz anders darstellte als für uns heute. Nicht sehr viele zweifelten damals an seinem guten Willen wie an seiner Bereitschaft, unter rücksichtslosem Einsatz seiner selbst das Beste für Deutschland anzustreben. Aber auch ein nicht unerheblicher Teil derjenigen, die ihm zumindest anfangs eher skeptisch gegenüberstanden, hätten nach allem was wir wissen nicht bestritten, daß er ein „anständiger Kerl“ sei. Allenfalls fragte man sich in diesen Kreisen, ob er sich gegenüber den „Extremisten“ und Rabauken innerhalb der Nationalsozialistischen Deutschen Arbeiterpartei (NSDAP) auf Dauer wohl werde behaupten und schließlich durchsetzen können und ob er überhaupt die

---

[1] Die anregendste der knappen Interpretationen der Ereignisse vom 30. Januar 1933 liefert noch immer Eberhard Jäckel, Der Machtantritt Hitlers - Versuch einer geschichtlichen Erklärung, in: Volker Rittberger (Hrsg.), 1933. Wie die Republik der Diktatur erlag, Stuttgart u.a. 1983, S. 123-139. Für die folgende Darstellung grundlegend sind ferner Karl Dietrich Bracher/Gerdard Schulz/ Wolfgang Sauer, Die nationalsozialistische Machtergreifung, Frankfurt a.M. u.a. (Taschenbuchausgabe) 1974; die bei Wolfgang Michalka (Hrsg.), Die nationalsozialistische Machtergreifung, Paderborn u.a. 1984, versammelten Beiträge sowie Gotthard Jasper, Die gescheiterte Zähmung. Wege zu Machtergreifung Hitlers 1930-1934, Frankfurt a.M. 1986.

Fähigkeiten besitze, auch tatsächlich das zu erreichen, was er erreichen zu wollen vorgab.

So unglaublich dies für uns heute auch klingt: Im Laufe der Jahre gewann Hitler wohl für die Mehrheit seiner deutschen Zeitgenossen „durchaus einen gewissen Charme. Er galt als eine Persönlichkeit, die auf viele ungewöhnlich anziehend wirkte. Sein demagogisches Talent war geradezu legendär, und er konnte den Menschen schmeicheln, sie bezaubern und bei der Masse seiner Zuhörer Sympathie und Verständnis wecken. Er konnte [...] den Eindruck persönlicher Bescheidenheit, Ehrlichkeit und sogar Demut vermitteln.“[2]

Der Architekt Albert Speer, der Hitler später menschlich einmal besonders nahe stehen sollte, hatte 1931 erstmals eine Kundgebung des ihm bis dahin persönlich unbekannten „Führers“ der NSDAP besucht und beschrieb die ungewöhnliche Ausstrahlungskraft dieses Mannes im Rückblick auf dieses Ereignis:

„Vor allem [...] hatte ich das Gefühl, er sei ein Mensch. Ich meine damit, daß ich fühlte, daß ihm Deutschland etwas bedeutete, aber nicht nur Deutschland [...], sondern ich fühlte damals, daß ihm Menschen etwas bedeuteten [...], daß ich ihm etwas bedeute [...] ich meine [...] wir, die Jungen, jeder einzelne von uns. Ich bin bis heute überzeugt, daß es Hitlers größte Gabe war, [...] zu vermitteln, daß wir alle ihm etwas bedeuteten, ja, [...] daß er uns liebte.“[3]

Auch wenn manch einer das im nachhinein nicht mehr wahrhaben will, ist nicht zu bestreiten, daß seinerzeit viele Menschen aller Schichten zumal in Anbetracht der Folgen der Weltwirtschaftskrise eine geradezu wundergläubige Hoffnung in die Person Adolf Hitlers setzten. Richtig ist allerdings auch, daß er die öffentliche Meinung wie kein anderer politischer Führer der Weimarer Republik spaltete: war er den einen ein nahezu abgöttisch verehrter Hoffnungsträger auf eine bessere Zukunft, galt er den anderen als hanswurstige Galionsfigur der finstersten „Reaktion“, die mit allen Mitteln bekämpft werden müsse. Die konservativen Eliten im Staatsapparat standen ihm in ihrer überwiegenden Mehrheit mit einiger Skepsis gegenüber, sahen in ihm

---

[2] So zutreffend beispielsweise David Fraser, Rommel. Die Biographie, Berlin 1995, S. 90.

[3] Zitiert nach Gitta Sereny, Das Ringen mit der Wahrheit. Albert Speer und das deutsche Trauma, München 1995, S. 105 f. Vgl. dazu auch die vergleichsweise distanzierte Darstellung des hier zu Grunde liegenden Ereignisses bei Albert Speer, Erinnerungen, (Neuausgabe) Frankfurt a.M.-Berlin 1993, S. 32 f.

vor allem den ehrgeizigen Emporkömmling, der bisher zwar ein beträchtliches demagogisches Talent bewiesen habe, dem aber eine konstruktive politische Führungsfähigkeit nicht zuzutrauen sei. Allerdings machten diese Vorbehalte sehr schnell einem ungläubigen Staunen Platz. Selbst Hitlers deutschnationale Koalitionspartner, die ihn zunächst nicht sehr ernst nehmen zu müssen glaubten und ihn für ihre Zwecke zu benutzen gedachten, konnten bereits am 1. Februar 1933 nicht umhin, ihm hinter vorgehaltener Hand widerwillig zu bescheinigen, er scheine „im Anfang jedenfalls klug zu regieren".[4]

Es war eine überaus spannungsgeladene Atmosphäre, in der Hitler zum Chef einer Koalitionsregierung der „Nationalen Konzentration" aus NSDAP und Deutschnationaler Volkspartei (DNVP) ernannt wurde, welcher außer ihm selbst nur noch zwei weitere Nationalsozialisten angehörten: Wilhelm Frick als Reichsinnenminister und Hermann Göring als Minister ohne Geschäftsbereich. Am Wochenende vor Hitlers Ernennung kam das Gerücht auf, die Reichswehr wolle die sich abzeichnende Betrauung des NSDAP-Führers mit der Kanzlerschaft unter der Führung von Hitlers Amtsvorgänger General Kurt von Schleicher notfalls durch einen Militärputsch verhindern. Aus diesem Grunde, aber auch, weil er den Nationalsozialisten nicht traute, hatte Reichspräsident von Hindenburg darauf bestanden, noch vor Hitlers Vereidigung als Reichskanzler einen Reichswehrminister eigener Wahl zu ernennen: General Werner von Blomberg.[5]

Hitler selbst warb bereits am Abend des 3. Februar 1933 mit einer Ansprache vor den Befehlshabern von Heer und Marine um das Vertrauen der bewaffneten Macht.[6] Er benannte den Kampf gegen die politische Linke und die „Wiederwehrhaftmachung" des deutschen

---

[4] Hermann Weiß/Paul Hoser (Hrsg.), Die Deutschnationalen und die Zerstörung der Weimarer Republik. Aus dem Tagebuch von Reinhold Quaatz 1928-1933, München 1989, Eintr. 1. Februar 1933, S. 229.

[5] Zu dessen Persönlichkeit und Rolle innerhalb NS-Deutschlands vgl. Richard R. Muller, Werner von Blomberg - Hitlers „idealistischer" Kriegsminister, in: Ronald Smelser/Enrico Syring (Hrsg.), Die Militärelite des Dritten Reiches. 27 biographische Skizzen, Berlin-Frankfurt a.M. 1995, S. 50-65.

[6] Diese Ansprache Hitlers ist in zwei Versionen überliefert. Die offenbar zeitnäher enstandene knappe ist veröffentlicht bei Thilo Vogelsang (Hrsg.), Neue Dokumente zur Geschichte der Reichswehr 1930-1933, in: *Vierteljahrshefte für Zeitgeschichte* 2(1954), S. 397-437, hier Nr. 8, S. 434 f.; eine zweite, ausführlichere, aber augenscheinlich erst Jahre später entstandene, findet sich im Archiv des Münchener Instituts für Zeitgeschichte unter der Signatur Zs 105 (Zeugenschrifttum General a.D. Horst von Mellenthin).

Volkes als seine innenpolitischen und die Überwindung des Versailler Vertrages mitsamt dessen militärischen Beschränkungen als seine aussenpolitischen Ziele. Darüber hinaus machte er sich die versammelten Generale und Admirale vor allem durch zwei Zusagen gewogen, durch welche er entsprechenden Befürchtungen in ihrem Kreise geschickt den Wind aus den Segeln nahm: Zum einen betonte er, er werde die Reichswehr nicht zur Durchfechtung der anstehenden innenpolitischen Kämpfe heranziehen, zum anderen stellte er klar, daß - anders als in Italien - eine Verschmelzung von Parteimiliz, der „Sturmabteilung“ (SA) seiner „Bewegung“, und Militär in Deutschland nicht beabsichtigt sei. Die Offiziere zeigten sich hiervon eingenommen. Hitlers Randbemerkung, Deutschland werde in fernerer Zukunft vielleicht einmal „Lebensraum im Osten“ erobern müssen, nahmen sie zur Kenntnis. Trotz alledem blieb jedoch der Stellenwert der Reichswehrführung als eigenständiger politischer Einflußfaktor in den ersten Jahren des „Dritten Reiches“ beträchtlich, und Hitler war immer wieder gezwungen, hierauf Rücksicht zu nehmen.

Die weitaus akuteste und wohl auch größte Bedrohung der gerade erlangten politischen Macht ging nach Einschätzung der Nationalsozialisten zunächst allerdings von der politischen Linken, vor allem von den Kommunisten aus, mit denen sie sich schon seit Jahren bürgerkriegsähnliche Auseinandersetzungen lieferten. Und in der Tat gab es innerhalb der Arbeiterbewegung für den Fall einer nationalsozialistischen Machtübernahme seit langem umfassende, generalstabsmäßig aufgezogene Vorbereitungen zur Führung eines Bürgerkrieges.[7] Die Kommunisten verbreiteten zudem noch bis in den Sommer 1933 hinein auf allen möglichen Kanälen unentwegt die Ankündigung, die blutige bolschewistische Revolution stehe in Deutschland unmittelbar bevor. Hitler hat gerade diese letztgenannte Drohung allem Anschein nach sehr ernst genommen: seit seiner Ernennung rechnete er jeden Moment mit einem kommunistischen Aufstand größten Stils. Er war der festen Überzeugung, dieser werde spätestens in der Nacht nach den für den 5. März 1933 anberaumten Reichstagswahlen ausbrechen, durch die er - allen gegenteiligen Zusicherungen gegenüber seinen besorgten Koalitionspartnern zum Trotz - eine absolute Mehrheit für

---

[7] Vgl. hierzu etwa Helga Grebing, Flucht vor Hitler? Historiographische Forschungsergebnisse über die Aussichten des Widerstandes der Arbeiterbewegung gegen die nationalsozialistische Machtübernahme, in: *Aus Politik und Zeitgeschichte* B 4-5/[19]83, S. 26-42.

die NSDAP zu erlangen suchte. Die Nationalsozialisten bereiteten sich bis dahin ihrerseits in fieberhafter Eile auf den Ausbruch des von ihnen erwarteten Bürgerkrieges vor.

Auch wenn Hitler den Wahlkampf seiner „Bewegung“ gänzlich unter das Motto „Kampf dem Marxismus“ stellte und die SA schon jetzt manche alte Rechnung mit politischen Gegnern gewaltsam beglich, die sie auch ansonsten nach Kräften drangsalierte, wollte der nunmehrige Reichskanzler es doch den Kommunisten überlassen, sich mit dem Makel der Entfesselung eines Umsturzversuches zu belasten: „Vorläufig wollen wir von direkten Gegenmaßnahmen absehen. Der bolschewistische Revolutionsversuch muß zuerst einmal aufflammen. Im geeigneten Moment werden wir dann zuschlagen“[8], notierte Joseph Goebbels am 31. Januar 1933 hierzu in sein Tagebuch.

Vor diesem spannungsüberladenen Hintergrund setzte der ehemalige holländische Kommunist Marinus van der Lubbe als Einzeltäter in der Nacht vom 27. auf den 28. Februar 1933 das Berliner Reichstagsgebäude in Brand.[9] Alle verfügbaren Quellen stimmen darin überein, daß Hitler von diesem Ereignis völlig überrascht wurde[10], deutlich Angst erkennen ließ und das Geschehene spontan als Fanal zum lange von ihm erwarteten kommunistischen Aufstand bewertete. Und es ist eine Ironie der Geschichte, daß der über die abwartende Haltung der Kommunistischen Partei Deutschlands (KPD) erboste van der Lubbe seine Tat auch tatsächlich genau so verstanden wissen wollte. Was er damit tatsächlich bewirkte, war allerdings ein ganz erheblicher Beschleunigungsschub auf Deutschlands Weg in die Diktatur, denn die neuen Machthaber wähnten sich jetzt in jenem blutigen Entschei-

---

[8] Elke Fröhlich (Hrsg.), Die Tagebücher von Joseph Goebbels. Sämtliche Fragmente, Teil I: Aufzeichnungen 1924-1941, München u.a. 1987, hier Bd. 2, S. 62.

[9] Zu der lange umstrittenen Frage der Urheberschaft des Reichstagsbrandes vgl. die bei Uwe Backes/Karl-Heinz Janßen u.a., Reichstagsbrand. Aufklärung einer historischen Legende, München-Zürich ²1987, versammelten Beiträge.

[10] Dafür, daß Hitler als Urheber für den Reichstagsbrand nicht in Frage kommt, spricht fener Goebbels' Tagebucheintrag vom 9. April 1941, Fröhlich (Anm. 8), Bd. 4, S. 579: „Wir [Hitler und Goebbels] erzählen über Attentat Bürgerbräu. Hintermänner noch immer nicht gefunden. Attentäter schweigt unentwegt. ... Bei Reichstagsbrand tippt er [Hitler] auf den KPD-Abgeordneten Torgler als Urheber. Halte das für ausgeschlossen. Dazu ist er [Torgler] viel zu bürgerlich.“ - Dieses Gespräch zwischen den beiden engen Vertrauten hätte schwerlich so verlaufen können, wäre der Reichstag 1933 von den Nationalsozialisten selbst in Brand gesetzt worden.

dungskampf gegen die Kommunisten, mit dessen Ausbruch sie ohnehin schon für die nächsten Tage gerechnet hatten.

„Gleichschaltung", „Selbstgleichschaltung" und das Ringen um die „Zweite Revolution"

Noch in der Nacht des Reichstagsbrandes veranlaßten die Nationalsozialisten unter Rückgriff auf entsprechende Staatsnotstandsplanungen aus der Endphase der Weimarer Republik eine großangelegte Verhaftungsaktion gegen alle kommunistischen Abgeordneten und Funktionäre, derer man habhaft werden konnte.

Hermann Göring, seit dem 30. Januar 1933 auch kommissarischer Innenminister im von der Regierung Papen am 20. Juli 1932 mit dem Reich „gleichgeschalteten" Land Preußen, hatte sich bereits in den zurückliegenden Wochen des Wahlkampfes Notverordnungen des Reichspräsidenten zu verschaffen gewußt, um insbesondere die ihm unterstehende preußische Polizei zur massiven Einschränkung der politischen Meinungsfreiheit und zur Behinderung anderer politischer Parteien heranzuziehen. Mit Erlaß vom 17. Februar 1933 wurden die Polizeibeamten offen dazu aufgefordert, „nationale Zwecke" und die „nationale Propaganda" namentlich von SA, SS und Stahlhelm mit allen Kräften zu unterstützen:

„Dafür ist dem Treiben staatsfeindlicher Organisationen mit den schärfsten Mitteln entgegenzutreten. Gegen kommunistische Terrorakte und Überfälle ist mit aller Strenge vorzugehen und, wenn nötig, rücksichtslos von der Schußwaffe Gebrauch zu machen. Polizeibeamte, die in Ausübung dieser Pflichten von der Schußwaffe Gebrauch machen, werden ohne Rücksicht auf die Folgen des Schußwaffengebrauchs von mir gedeckt; wer hingegen in falscher Rücksichtnahme versagt, hat dienststrafrechtliche Folgen zu gewärtigen."[11]

Mit Erlaß vom 22. Februar hatte Göring zudem SA und SS ausdrücklich zur Bekämpfung linksradikaler und kommunistischer Umtriebe in Preußen als Hilfspolizei eingesetzt. Diese eigentümliche Form der Auseinandersetzung mit dem politischen Gegner erreichte nach dem Reichstagsbrand eine ganz neue Qualität.

[11] Josef und Ruth Becker (Hrsg.), Hitlers Machtergreifung. Vom Machtantritt Hitlers 30. Januar 1933 bis zur Besiegelung des Einparteienstaates 14. Juli 1933, München 1983, Dok. 42, S. 75.

Bereits am Tag nach der Brandnacht, dem 28. Februar 1933, erließ der Reichspräsident unter Berufung auf Artikel 48, Absatz 2 der Weimarer Reichsverfassung eine improvisierte Notverordnung, die zu Recht als das „Grundgesetz“ des „Dritten Reiches“ bezeichnet worden ist.[12]

Dok. 1: Reichstagsbrand - Notverordnung

§ 1. Die Artikel 114, 115, 117, 118, 123, 124 und 153 der Verfassung des Deutschen Reiches werden bis auf weiteres außer Kraft gesetzt. Es sind daher Beschränkungen der persönlichen Freiheit, des Rechtes der freien Meinungsäußerung, einschließlich Pressefreiheit, des Vereins- und Versammlungsrechtes, Eingriffe in das Brief-, Post-, Telegraphen- und Fernsprechgeheimnis, Anordnungen von Haussuchungen und von Beschlagnahme sowie Beschränkungen des Eigentums auch außerhalb der sonst hierfür bestimmten gesetzlichen Grenzen zulässig.

§ 2. Werden in einem Lande die zur Wiederherstellung der öffentlichen Sicherheit und Ordnung nötigen Maßnahmen nicht getroffen, so kann die Reichsregierung insoweit Befugnisse der obersten Landesbehörde vorübergehend wahrnehmen.

§ 3. Die Behörden der Länder und Gemeinden (Gemeindeverbände) haben den auf Grund des §2 erlassenen Anordnungen der Reichsregierung im Rahmen ihrer Zuständigkeit Folge zu leisten.

§ 4. Wer den von den obersten Landesbehörden oder von den ihnen nachgeordneten Behörden zur Durchführung dieser Verordnung erlassenen Anordnungen oder den von der Reichsregierung gemäß § 2 erlassenen Anordnungen zuwiderhandelt oder wer zu solcher Zuwiderhandlung auffordert oder anreizt, wird, soweit nicht die Tat nach anderen Vorschriften mit einer schwereren Strafe bedroht ist, mit Gefängnis nicht unter einem Monat oder mit Geldstrafe von 150 bis zu 15 000 Reichsmark bestraft.

Wer durch Zuwiderhandlung nach Absatz 1 eine gemeine Gefahr für Menschenleben herbeiführt, wird mit Zuchthaus, bei mildernden Umständen mit Gefängnis nicht unter 6 Monaten und, wenn die Zuwiderhandlung den Tod eines Menschen verursacht, mit dem Tode, bei

[12] Helmut Krausnick zitiert nach Hans Mommsen, Der Reichstagsbrand und seine politischen Folgen, in: *Vierteljahrshefte für Zeitgeschichte* 12(1964), S. 351-413, hier S. 399.

mildernden Umständen mit Zuchthaus nicht unter 2 Jahren bestraft. Daneben kann auch auf Vermögenseinziehung erkannt werden.
Wer zu einer gemeingefährlichen Zuwiderhandlung (Absatz 2) auffordert oder anreizt, wird mit Zuchthaus, bei mildernden Umständen mit Gefängnis nicht unter 3 Monaten bestraft.
§ 5. Mit dem Tode sind die Verbrechen zu bestrafen, die das Strafgesetzbuch in den Paragraphen 181 (Hochverrat), 229 (Giftbeibringung), 307 (Brandstiftung), 311 (Explosion), 312 (Überschwemmung), 315, Absatz 2 (Beschädigung von Eisenbahnen), 324 (Gemeingefährliche Vergiftung) mit lebenslangem Zuchthaus bedroht.
Mit dem Tode oder, soweit nicht bisher eine schwerere Strafe angedroht ist, mit lebenslangem Zuchthaus oder mit Zuchthaus bis zu 15 Jahren wird bestraft:
1. wer es unternimmt, den Reichspräsidenten oder ein Mitglied oder einen Kommissar der Reichsregierung oder einer Landesregierung zu töten, oder wer zu einer solchen Tötung auffordert, sich erbietet, ein solches Erbieten annimmt oder eine solche Tötung mit einem anderen verabredet;
2. wer in den Fällen des § 115, Absatz 2 des Strafgesetzbuches (schwerer Aufruhr) oder des § 125, Absatz 2 des Strafgesetzbuches (schwerer Landfriedensbruch) die Tat mit Waffen oder in bewußtem und gewolltem Zusammenwirken mit einem Bewaffneten begeht;
3. wer eine Freiheitsberaubung (§ 239 des Strafgesetzbuches) in der Absicht begeht, sich des der Freiheit Beraubten als Geisel im politischen Kampfe zu bedienen.
§ 6. Diese Verordnung tritt mit dem Tage der Verkündigung in Kraft."

[Josef und Ruth Becker (Hrsg.), Hitlers Machtergreifung 1933. Vom Machtantritt Hitlers 30. Januar 1933 bis zur Besiegelung des Einparteienstaates 17. Juli 1933, München 1983, Dok. 71, S. 107 f.]

Mit dieser rechtlichen Handhabe wurden Kommunisten und Sozialdemokraten nun vollends mundtot gemacht; ihr Wahlkampf kam endgültig zum Erliegen, während die im wesentlichen von der NSDAP und ihrer SA und SS getragene und geprägte Massenpropaganda der Parteien der Regierung der „nationalen Konzentration" ihren Höhepunkt erreichte. Die Nationalsozialisten nahmen jetzt auch ihnen mißliebige Linksintellektuelle in „Schutzhaft". Und die als Hilfspolizei eingesetzte SA machte Jagd auf alle Kommunisten. Teils übergab man sie der Polizei, teils brachte man sie in SA-eigene Folterkeller oder

„wilde“, d.h. aus eigenem Antrieb eingerichtete Konzentrationslager. 20 000 Schutzhäftlinge gab es im März 1933 allein in Preußen und dabei handelte es sich keineswegs ausschließlich um Kommunisten.[13] Dennoch herrschte nicht nur bei den Nationalsozialisten nach wie vor eine unglaubliche Nervosität, war die Furcht vor einem kommunistischen Umsturzversuch im Gefolge der anstehenden Reichstagswahl noch immer ungebrochen. Auch die Reichswehrführung ließ sich von der verbreiteten Unruhe anstecken und ordnete für den Wahltag eine Urlaubssperre und die Alarmbereitschaft aller Kommandeure an.[14]

Unter diesen propagandistisch aufs Äußerste zugespitzten Rahmenbedingungen war das Ergebnis der Reichstagswahl vom 5. März für den so siegesgewissen Hitler eine herbe Enttäuschung.

Tab. 1: Ergebnis der Reichstagswahl vom 5. März 1933

Anteil der abgegebenen gültigen Stimmen (in Prozent) und Mandate; Wahlbeteiligung: 88,8 %

	Prozent	Mandate
KPD	12,3	81
SPD	18,3	120
DDP	0,9	5
Zentrum + BVP	13,9	92
DVP	1,1	92
sonst. bürg. + bäuerl. Part.	1,6	7
DNVP	8,0	52
NSDAP	43,9	288
Gesamt	100	647

[Quelle: Gotthard Jasper: Die gescheiterte Zähmung. Wege zur Machtergreifung Hitlers 1930-1934, Frankfurt a.M. 1986, Tab. 6, S. 134]

Die NSDAP konnte ihre Position als weitaus stärkste Fraktion im Reichstag zwar ausbauen, verfehlte die mit allen Mitteln und unter äußerster Kraftanstrengung angestrebte absolute Mehrheit jedoch deutlich. Nur zusammen mit den Mandaten seines bisherigen Koalitionspartners DNVP konnte Hitler eine regierungsfähige Mehrheit zu-

[13] Zahlenangabe nach Jost Dülffer, Deutsche Geschichte 1933-1945. Führerglaube und Vernichtungskrieg, Stuttgart u.a. 1992, S. 39.

[14] Vgl. Hans-Ulrich Thamer, Verführung und Gewalt. Deutschland 1933-1945, Berlin 1986, S. 256.

stande bringen, während die beiden „marxistischen" Parteien SDP und KPD trotz aller Behinderungen immer noch 201 der insgesamt 647 Reichstagsmandate erringen konnten, also nur knapp unter der Sperrminorität von einem Drittel blieben, für welche 216 Mandate benötigt wurden und durch die verfassungsändernde Reichstagsbeschlüsse unmöglich gemacht worden wären.

Trotz des für ihn enttäuschenden Ergebnisses stellte Hitler die Reichstagswahl nach außen hin als „überwältigenden Wahlsieg der Nationalsozialisten" dar und beteuerte, die „Ereignisse des 5. März betrachte er als Revolution. Am Ende werde es in Deutschland keinen Marxismus mehr geben." In der gleichen Ministerbesprechung seines Kabinetts vom 7. März 1933, in deren Verlauf er das Wahlergebnis in diesem Sinne umgedeutet hatte, umriß er bereits auch seine nächsten politischen Ziele:

„Notwendig sei eine kühne Inangriffnahme des Reich-Länder-Problems. [...] Sehr mißlich sei das häufige Wählen zu rund 50 verschiedenen Körperschaften im Deutschen Reich. Notwendig sei, die jetzige und künftige Zusammensetzung des Reichstages als Schlüsselzahl für die Besetzung sämtlicher Landtage festzusetzen. [...] Notwendig sei ein Ermächtigungsgesetz mit einer Zweidrittelmehrheit. Er, der Reichskanzler sei fest davon überzeugt, daß der Reichstag ein solches Gesetz beschließen werde. Die Abgeordneten der KPD würden bei der Eröffnung des Reichstages nicht in Erscheinung treten, weil sie sich in Haft befänden."[15]

Die faktische Aufhebung der Hoheit der Länder vollendete sich in den Tagen von 8. bis zum 10. März in blitzartiger Schnelligkeit. Die Ausschaltung der noch verbliebenen nicht-nationalsozialistischen Landesregierungen vollzog sich dabei immer nach dem gleichen Muster: Nicht selten allenfalls auf nur sehr allgemein gehaltene Weisung „von oben" hin schickten regionale und lokale Gliederungen der NSDAP ihre Schlägertrupps auf die Straße, die randalierend bürgerkriegsähnliche Zustände inszenierten, welcher die noch amtierenden Landesregierungen aus der Zeit der Weimarer Republik nicht mehr Herr werden konnten. Diese Unruhen wurden dann von der Reichsregierung zum Vorwand genommen, um unter Berufung auf § 2 der Reichstagsbrandverordnung einen Reichskommissar einzusetzen, mit dessen Er-

---

[15] Karl-Heinz Minuth (Bearb.), Akten der Reichskanzlei. Die Regierung Hitler. Teil I: 1933/34, Bd. 1, Boppard am Rhein 1983, Dok. 44, S. 160.

nennung der Aufruhr wundersamerweise schlagartig endete.[16] Aber auch noch in den folgenden Monaten blieben die SA und die SS gleichsam „Transmissionsriemen einer zunächst von ‚oben' gelenkten, dann aber sich verselbständigenden Machtergreifung ‚von unten'"[17], die sich über alle Ebenen von Staat, Verwaltung und Wirtschaft in Deutschland zu erstrecken suchte und, wie noch zu zeigen sein wird, allmählich außer Kontrolle geriet.

Die Tage bis zur Einberufung des Reichstages waren von hektischen Bemühungen der Nationalsozialisten geprägt, die Zustimmung der erforderlichen Zweidrittelmehrheit der Abgeordneten zum angestrebten „Ermächtigungsgesetz" in jedem Falle sicherzustellen. Neben der Terrorisierung und massiven Einschüchterung vor allem der Sozialdemokraten wurden dabei gegenüber den übrigen Parteien auch Nötigungen und Versprechungen eingesetzt. Höhepunkt der all diese Maßnahmen begleitenden „Vertrauensoffensive" Hitlers war die konstituierende Sitzung des neugewählten Parlaments in der Potsdamer Garnisonskirche am 21. März 1933.[18] Sie wurde vom gerade ernannten Reichsminister für Volksaufklärung und Propaganda Joseph Goebbels mit großem professionellen Geschick als weihevolle „Vermählung von alter Größe und junger Kraft" inszeniert, von allen deutschen Rundfunksendern direkt übertragen, und hat viele Zeitgenossen aus allen Schichten und Berufen zutiefst beeindruckt, ja aufgewühlt, verstand Hitler sich doch bei dieser Gelegenheit höchst wirkungsvoll ganz als der in der Verantwortung gereifte Staatsmann zu präsentieren, der in der Stunde der Not über alle Gräben aus der damals jüngsten Vergangenheit hinweg alle Deutschen auf die eine große gemeinsame Aufgabe der Wiederaufrichtung des Vaterlandes zu verpflichten suchte.

---

[16] Ein anschauliches Fallbeispiel für die hier angesprochenen allgemeinen Vorgänge liefert etwa Lothar Meinzer, Die Pfalz wird braun. Machtergreifung und Gleichschaltung in der bayerischen Provinz, in: Gerhard Nestler/Hannes Ziegler (Hrsg.), Die Pfalz unterm Hakenkreuz. Eine deutsche Provinz während der nationalsozialistischen Terrorherrschaft, Landau (Pfalz) 1993, S. 37-62.

[17] So zutreffend Hanz-Joachim Heinz, ... die Reihen fest geschlossen. Organisationsgeschichtliche Aspekte der pfälzischen NSDAP und ihrer Gliederungen, in: Nestler/Ziegler (Anm. 16), S. 87-118, hier S. 95.

[18] Vgl. dazu etwa Heidrun Holzbach-Linsenmaier, Der tiefere Sinn des Parademarsches. Zu Frühlingsanfang 1933 wurde die deutsche Republik von Weimar auf Potsdam umgepolt: das verlogene Rührstück in der Garnisonskirche, in: *Die Zeit*, Nr. 12 vom 19. März 1993, S. 106.

Im Rahmen der Bemühungen der Regierungskoalition, die erforderliche Zweidrittelmehrheit für ihr „Ermächtigungsgesetz" bereits im Vorfeld der für den 23. März angesetzten Abstimmung sicherzustellen, nahm das Zentrum die Schlüsselrolle ein. Nur wenn man sich der Ja-Stimmen der Zentrumsabgeordneten sicher war, konnte das Gesetz im Reichstag reibungslos über die Bühne gehen. Wahrscheinlich hat Vizekanzler Franz von Papen, selbst einmal aus dem Zentrum hervorgegangen, noch vor der entscheidenden Reichstagssitzung mit dem Zentrumsvorsitzenden Kaas eine Absprache getroffen[19], in der er diesem für den Fall der Zustimmung des Zentrums den alsbaldigen Abschluß des seit langem angestrebten Konkordats mit dem Heiligen Stuhl in Rom zusagte, durch welches das Verhältnis von Staat und katholischer Kirche auf Reichsebene einvernehmlich geregelt werden sollte. Und Hitler selbst bestätigte diese Absicht in seiner Einbringungsrede am 23. März noch einmal ganz ausdrücklich. Gleichwohl widersetzte sich eine Minderheit der Zentrumsabgeordneten unter der Führung des ehemaligen Reichskanzlers Heinrich Brüning der Zustimmung bis zum letzten Augenblick, um sich dann schließlich aber doch der Fraktionsdisziplin zu beugen.

So waren es am Ende allein die Sozialdemokraten, die sich dem „Ermächtigungsgesetz" entgegenstellten. Der SPD-Vorsitzende Otto Wels ließ sich auch durch die drohend im Parlament postierten SA-Männer nicht einschüchtern und lieferte sich mutig eine letzte große Redeschlacht mit Hitler.

Dok. 2: Aus der Rede von Otto Wels vom 23. März 1933

„Die Wahlen vom 5. März haben den Regierungsparteien die Mehrheit gebracht und damit die Möglichkeit gegeben, streng nach Wortlaut und Sinn der Verfassung zu regieren. Wo diese Möglichkeit besteht, besteht auch die Pflicht. [...] Kritik ist heilsam und notwendig. Noch niemals, seit es einen Deutschen Reichstag gibt, ist die Kontrolle der öffentlichen Angelegenheiten durch die gewählten Vertreter des Volkes in solchem Maße ausgeschaltet worden, wie es jetzt geschieht, [...] und wie es durch das neue Ermächtigungsgesetz noch mehr geschehen soll. Eine solche Allmacht der Regierung muß sich um so

[19] Vgl. Karl Otmar Frhr. von Aretin, Prälat Kaas, Franz von Papen und das Reichskonkordat von 1993, in: Ders., Nation, Staat und Demokratie in Deutschland. Ausgewählte Beiträge zur Zeitgeschichte, hrsg. von Andreas Kunz und Martin Vogt, Mainz 1993, S. 141-168, hier bes. S. 149 f.

schwerer auswirken, als auch die Presse jeder Bewegungsfreiheit entbehrt. [...]
Aber dennoch wollen Sie vorerst den Reichstag ausschalten, um ihre Revolution fortzusetzen. Zerstörung von Bestehendem ist aber noch keine Revolution. Das Volk erwartet positive Leistungen. Es wartet auf durchgreifende Maßnahmen gegen das Wirtschaftselend, das nicht nur in Deutschland, sondern in aller Welt herrscht. [...]
Vergeblich wird der Versuch bleiben, das Rad der Geschichte zurückzudrehen. Wir Sozialdemokraten wissen, daß man machtpolitische Tatsachen durch bloße Rechtsverwahrung nicht beseitigen kann. Wir sehen die machtpolitische Tatsache Ihrer augenblicklichen Herrschaft. Aber auch das Rechtsbewußtsein des Volkes ist eine politische Macht, und wir werden nicht aufhören, an dieses Rechtsbewußtsein zu appellieren. [...]
Wir grüßen die Verfolgten und Bedrängten. Wir grüßen unsere Freunde im Reich. Ihre Standhaftigkeit und Treue verdienen Bewunderung. Ihr Bekennermut, ihre ungebrochene Zuversicht - - (Lachen bei den Nationalsozialisten Bravo bei den Sozialdemokraten.) verbürgen eine hellere Zukunft. (Wiederholter lebhafter Beifall bei den Sozialdemokraten. - Lachen bei den Nationalsozialisten.)“

[Max Domarus (Hrsg.), Hitler. Reden und Proklamationen 1932-1945. Kommentiert von einem deutschen Zeitgenossen, Wiesbaden 1973, Bd. I/1, S. 240 f.]

Bei der Abstimmung am Ende der „Beratungen“ stimmten freilich 444 der 538 anwesenden Parlamentarier für das „Ermächtigungsgesetz“. Allein die 94 Abgeordneten der SPD votierten dagegen. Die Entmachtung des Reichstages hatte damit ihren Abschluß gefunden.

Dok. 3: „Ermächtigungsgesetz“ vom 23. März 1933

„Artikel 1. Reichsgesetze können außer in dem in der Reichsverfassung vorgesehenen Verfahren auch durch die Reichsregierung beschlossen werden. Dies gilt auch für die in den Artikeln 85, Absatz 2 [Haushaltsplan] und 87 [Kreditaufnahme des Reiches] der Reichsverfassung bezeichneten Gesetze.
Artikel 2. Die von der Reichsregierung beschlossenen Reichsgesetze können von der Reichsverfassung abweichen, soweit sie nicht die Einrichtung des Reichstags und des Reichsrats als solche zum Gegenstand haben. Die Rechte des Reichspräsidenten bleiben unberührt.

Artikel 3. Die von der Reichsregierung beschlossenen Reichsgesetze werden vom Reichskanzler ausgefertigt und im Reichsgesetzblatt verkündet. Sie treten, soweit sie nichts anderes bestimmen, mit dem auf die Verkündung folgenden Tage in Kraft. Die Artikel 68 bis 77 [Verabschiedung der Reichsgesetze durch den Reichstag, Verkündigung, Einspruchsmöglichkeit des Reichsrates, Volksentscheid u. Volksbegehren, Verfassungsänderung] der Reichsverfassung finden auf die von der Reichsregierung beschlossenen Gesetze keine Anwendung.
Artikel 4. Verträge des Reiches mit fremden Staaten, die sich auf Gegenstände der Reichsgesetzgebung beziehen, bedürfen für die Dauer der Geltung dieser Gesetze nicht der Zustimmung der an der Gesetzgebung beteiligten Körperschaften. Die Reichsregierung erläßt die zur Durchführung dieser Verträge erforderlichen Vorschriften.
Artikel 5. Dieses Gesetz tritt mit dem Tage seiner Verkündung in Kraft. Es tritt mit dem 1. April 1937 außer Kraft, es tritt ferner außer Kraft, wenn die gegenwärtige Reichsregierung durch eine andere abgelöst wird [...]“.

[Walther Hofer (Hrsg.), Der Nationalsozialismus. Dokumente 1933-1945, Frankfurt a.M. 1976, Dok. 27 a), S. 57.]

Auch bei der Beurteilung all dieser Vorgänge muß man sich vor Augen halten, daß sie sich aus heutiger Sicht anders darstellen, als sie sich damals aus der Sicht der überwiegenden Mehrheit der Zeitgenossen ausnahmen. Das gilt, entgegen zählebiger Legenden, schon für die Ausgangssituation. Die Weimarer Verfassung ist nämlich keineswegs gegen den Willen einer angesichts der gewaltbereiten Entschlossenheit der Nationalsozialisten ohnmächtigen Mehrheit der deutschen Bevölkerung oder der politischen Kräfte in Deutschland zu einer bloßen Fassade degradiert worden. Vielmehr gab es in der Endphase der Weimarer Republik im politischen Leben nur noch ganz wenige, die gänzlich vorbehaltlos auf dem Boden dieser Verfassung standen. Angesichts der durch die Weltwirtschaftskrise hervorgerufenen bitteren Not in erheblichen Teilen der Bevölkerung und der damit einhergehenden nahezu schrankenlosen Radikalisierung der politischen Auseinandersetzung - beides wurde von vielen als ein offenkundiges Versagen des Parteienstaates wahrgenommen - war selbst bis in die Sozialdemokratie, in die Gewerkschaften und nicht zuletzt auch bis in das Zentrum hinein die Bereitschaft gewachsen, die Verfassung zumindest in Teilbereichen zur Disposition zu stellen bzw. sie im Sinne einer deutlichen Stärkung der Staatsautorität umzugestalten.[20] Vor diesem Hintergrund führt mithin kein Weg an dem Eingeständnis vorbei: „Für den Parlamentarismus wären 1933 selbst sozialdemokratische Arbeiter nicht mehr auf die Straße gegangen."[21] Die von den Nationalsozialisten im Frühjahr 1933 ins Werk gesetzten Veränderungen wurden daher von den Zeitgenossen in ihrer überwiegenden Mehrheit zunächst nur als eine Spielart dieser weitverbreiteten Absichten zur Veränderung der Verfassung eingestuft.

Ferner war von ganz erheblicher, wenn nicht gar entscheidender Bedeutung, daß die Nationalsozialisten bei ihrem Vorgehen peinlich darauf achteten, wenigstens den Anschein der Legalität zu wahren:

„Die gesamte klassische Widerstandsliteratur bis zurück zur Antike hatte sich durchweg am Bild gewaltsamer Herrschaftsaneignung orientiert. Auf eine scheindemokratische und buchstabengetreue, wenn auch dem Geist der Verfassung hohnsprechende Eroberung staatlicher Macht war sie ohne Antwort. Gerade die Tatsache, daß die verfassungsmäßigen Fassaden stehenblieben, obgleich sie nur dazu herhielten, der tiefgreifenden Umwälzung aller Verhältnisse eine Art Dekkung zu bieten, hat das Urteil der Zeitgenossen über Recht und Unrecht des Regimes, Loyalität und Widerstand hoffnungslos durcheinandergebracht."[22]

Auch erzeugten die Nationalsozialisten um ihre Schritte zur Machteroberung herum ein Klima, in welchem sich von Beginn an „Verführung und Gewalt"[23] in äußerst wirkungsvoller Weise mischten: Die Gewalt gegenüber den wenigen, die es dafür freilich um so grausamer traf, wurde stets von höchst populären Maßnahmen zur Verführung der vielen begleitet. Vom Terror vor allem der SA war folglich immer nur eine kleine Minderheit der Deutschen betroffen, der Alltag und das Privatleben der großen Mehrheit der Bevölkerung wurde von

[20] Vgl. Karl Otmar Frhr. von Aretin, Der deutsche Widerstand gegen Hitler, in: Ders. (Anm. 19), S. 213-246, hier S. 213 f. Die politische Rechte der Weimarer Republik strebte ohnehin eine restaurative Neuordnung des Staatswesens an. Zur Bedeutung dieser allgemeinen Veränderungsbestrebungen für Hitlers Weg zur Macht vgl. auch die pointierten Ausführungen bei Eberhard Jäckel, Hitlers Herrschaft. Vollzug einer Weltanschauung, Stuttgart 1986, S. 11-37.

[21] So zutreffend Michael Prinz, Wohlfahrtsstaat, Modernisierung und Nationalsozialismus. Thesen zu ihrem Verhältnis, in: Hans-Uwe Otto/Heinz Sünker (Hrsg.), Soziale Arbeit und Faschismus, Frankfurt a.M. 1989, S. 47-62, hier S. 58.

[22] Joachim Fest, Staatsstreich. Der lange Weg zum 20. Juli, Berlin 1994, S.16.

[23] So der ebenso aussagekräftige wie zutreffende Titel von Thamer (Anm. 14).

den Begleiterscheinungen der „nationalen Revolution“ hingegen zunächst kaum berührt. Und das, was man an willkürlichen Verhaftungen, Verschleppungen und Drangsalierungen von Regimegegnern und Juden mitbekam, hielt man für „Auswüchse“, die zwar nicht schön, bei derart tiefgreifenden politischen Umwälzungen aber wohl nicht zu vermeiden waren.

Kaum waren die ersten, besonders hochgehenden Wogen der im Zuge der „Machtergreifung“ verübten Gewalttaten etwas abgeklungen, so griff zudem eine geradezu euphorisch zu nennende nationale Aufbruchstimmung um sich, der sich auch diejenigen nicht entziehen konnten, die dem Nationalsozialismus bis dahin eher skeptisch gegenübergestanden hatten. War der Parteienstaat von nicht wenigen verächtlich als schwächliche, in sich zerrissene Ausgeburt unzähliger verschiedener, erbittert miteinander ringender Interessengruppen gesehen worden, so schien die neue Ordnung, um einer nur gemeinsam zu erlangenden „nationalen Wiedergeburt“ willen, nun kraftvoll alle überkommenen Gegensätzlichkeiten zu überwinden. Ein an die Szenen bei Ausbruch des Ersten Weltkrieges im August 1914 erinnerndes Gemeinschaftsgefühl machte sich bemerkbar: „wo, wie am 1. Mai, Unternehmer und Arbeiter, Meister und Gesellen, ‚Arbeiter der Faust und Arbeiter der Stirn‘, Protestanten und Katholiken einträchtig Hand in Hand marschierten, wollte kaum einer beiseitestehen.“[24]

Unter diesen Umständen wurde den Gewerkschaften, auf deren Zerschlagung die Nationalsozialisten im April 1933 ihr Hauptaugenmerk richteten, nur von wenigen eine Träne nachgeweint. An ihrer Stelle errichteten die neuen Machthaber am 10. Mai die Deutsche Arbeitsfront (DAF), der sowohl Arbeitnehmer wie auch Arbeitgeber angehörten. Zur relativen Reibungslosigkeit, mit der die organisatorische Säule der deutschen Arbeiterbewegung niedergerissen werden konnte, trug auch der Umstand bei, daß Hitler den 1. Mai zum nationalen „Tag der Arbeit“ proklamierte und damit eine alte Gewerkschaftsforderung Wirklichkeit werden ließ. Dies hat in der deutschen Arbeiterschaft einen tiefen Eindruck hinterlassen.

Die im Frühjahr 1933 allgemein um sich greifende Aufbruchstimmung und Begeisterung wurde selbst von manchem derjenigen geteilt, die später zu den herausragenden Repräsentanten des bürgerlichen bzw. militärischen Widerstandes und der Verschwörung um den 20. Juli 1944 zählen sollten. So beteuerte etwa der nachmalige General-

[24] Meinzer (Anm. 16), S. 56 f.

oberst Ludwig Beck am 17. März 1933 in einem Privatbrief, er habe den sich derzeit vollziehenden politischen Umschwung seit Jahren erhofft und bezeichnete diesen als den „ersten großen Lichtblick seit 1918."[25]

In den folgenden Monaten kam es zu einer wahren Flut von „Selbstgleichschaltungen". Parteien, Verbände, Korporationen und Vereine auf allen Ebenen des Deutschen Reiches lösten sich entweder selbst auf, beschlossen ihre Überführung in die ihnen entsprechende Unterorganisation der NSDAP, oder gaben sich doch zumindest einen „zeitgemäßen politischen Anstrich". Teils wollte man auf diese Weise einer ohnehin anstehenden „Gleichschaltung" zuvorkommen, teils spielte neben blankem Opportunismus auch der Wunsch eine Rolle, zugunsten einer Sache, in der viele mehr und mehr ihre eigene zu erkennen glaubten, in einem großen, alle gemeinsam umfassenden Ganzen aufzugehen.

Die Sozialdemokratie spielte vor diesem Hintergrund zunächst noch eine Sonder-, gewissermaßen eine Alibirolle für die neuen Machthaber. Zwar hatte die Führung der SPD - mit dem Schlimmsten rechnend - bereits im Mai einen Teil der Mitglieder des Parteivorstandes ins Ausland geschickt, um die noch bestehende Organisation im Reich von dort aus zu unterstützen und mit Informationen zu versorgen:

> „Die außenpolitische Isolierung, in die die Regierung Hitler im April wegen ihrer Innenpolitik und der erwarteten Aufrüstungspolitik zunehmend geraten war, schuf jedoch eine gewisse Atempause. Erneut machten sich Illusionen breit, daß Hitler sich mäßigen würde und die SPD die Rolle der legalen Opposition weiterspielen könnte. Im Grunde dachten die Sozialdemokraten in Analogien zur Zeit des Sozialistengesetzes; trotz der Unterdrückung war die SPD damals als parlamentarische Fraktion präsent geblieben und aus der Verfolgung schließlich gestärkt hervorgegangen."[26]

Diese Illusionen währten jedoch nicht allzu lange, denn am 22. Juli 1933 wurde die SPD als „volks- und staatsfeindliche Partei" verboten, ihre Mandate in Reich, Ländern und Gemeinden wurden aufgehoben und den Funktionären jede weitere politische Tätigkeit untersagt. Den juristischen Abschluß dieses Prozesses der „Gleichschaltungen" und

---

[25] Klaus-Jürgen Müller, Armee und Drittes Reich 1933-1939. Darstellung und Dokumentation, Paderborn ²1989, Dok. 12, S. 151.
[26] Jasper (Anm. 1)

„Selbstgleichschaltungen“ bzw. Parteiverbote und die Besiegelung des nationalsozialistischen Einparteienstaates bildete ein Gesetz vom 14. Juli 1933, in welchem die NSDAP zur einzigen legal in Deutschland existierenden politischen Partei erklärt und die Aufrechterhaltung oder Neugründung anderer politischer Parteien unter Strafe gestellt wurde.

Überblickt man die erste Hälfte des Jahres 1933 im nachhinein, dann entsteht angesichts der atemberaubenden Rasanz des Geschehens der Eindruck, die Nationalsozialisten müßten geradezu im Besitz einer „geheimnisvollen Strategie“ zur Machteroberung gewesen sein, gegen die kein Kraut gewachsen war. Die Zögerlichkeit, die ihre politischen Gegner vor dem allgemeinen Zeithintergrund an den Tag legten und die sie ihrerseits mit einer von keinerlei Skrupeln behafteten Rücksichtslosigkeit beim Einsatz aller ihnen zur Verfügung stehenden staatlichen und parteieigenen Machtmitteln vergolten, hat sicherlich erheblich zu ihrem schnellen Erfolg beigetragen. Auch rümpften nicht wenige Vertreter der konservativen Eliten in Staatsapparat und Militär ob des Herkommes und der Methoden der Nationalsozialisten zwar die Nasen, standen deren Zielsetzungen, so wie diese damals dargestellt wurden, aber durchaus nicht ohne Sympathie gegenüber und waren daher bereit, erforderlichenfalls auch einmal beide Augen zuzudrücken. Noch wichtiger war allerdings eine Eigenheit in der innerparteilichen Befehlsgebung, die jener „Auftragstaktik“ nicht unähnlich war, welche die Wehrmacht später im Zweiten Weltkrieg praktizieren sollte: Infolge ihrer jahrelangen propagandistischen Berieselung durch alle möglichen Parteiredner in der Zeit vor 1933 „wußten“ die SA-Männer nach Hitlers Machtantritt nämlich inzwischen ganz genau, in welcher Reihenfolge sie wie gegen welchen politischen Gegner vorzugehen hatten und waren hierauf vorbereitet. Sie brauchten daher nach dem 30. Januar 1933 nicht erst einen Befehl „von oben“ abzuwarten, sondern konnten überall im Reich aus ihrer genauen Kenntnis der örtlichen Gegebenheiten heraus zum geeigneten Zeitpunkt im Sinne des übergeordneten Zieles der Eroberung des staatlichen Machtapparates aus eigenem Entschluß die Initiative ergreifen. Die hieraus entstehende Dynamik ließ den Prozeß der „Machtergreifung“ für die Zeitgenossen so „unwiderstehlich“ erscheinen.

Für die Führungsspitze der NSDAP hatte dieses Verfahren zudem den großen Vorteil, daß ihr die Urheberschaft an den Ausschreitungen und Übergriffen der SA damals in aller Regel nicht nachgewiesen werden konnte. Der im Frühjahr 1933 in der deutschen Bevölkerung kursierende Seufzer „Wenn das der Führer wüßte!“ hat hier seinen Ursprung. Und Hitler seinerseits hat nach außen hin immer wieder so getan, als habe er mit den „einzelnen Entgleisungen“ seiner parteieigenen Schlägertruppen nicht das Geringste zu tun und konnte so seine Rolle als um Integration und Mäßigung bemühter Parteiführer mehr oder weniger glaubwürdig weiterspielen.

Trotz alledem war aber auch die nationalsozialistische Führungsspitze von der Geschwindigkeit überrascht, mit welcher sich die Entwicklung vollzogen hatte. Hitler räumte dies im Sommer 1933 in Privatgesprächen mehrfach ein.[27] Vor allem verblüffte ihn die Tatsache, daß ihm niemand, weder die politische Linke noch die politische Rechte, mit der gleichen Gewaltbereitschaft entgegengetreten war, die er und seine „Bewegung“ allenthalben an den Tag legten und die er daher (sowie vor dem Hintergrund der vielen Straßenschlachten, die sich die SA vor allem in der Endphase der Weimarer Republik mit den Kommunisten geliefert hatte) auch bei seinen politischen Gegnern voraussetzte. Er war vor seinem Machtantritt stets davon ausgegangen, seine Nationalsozialisten würden die Macht im Staat nur unter großen Mühen und über einen blutigen Bürgerkrieg insbesondere gegen die radikale politische Linke erringen können.[28] So aber notierte Joseph Goebbels am 26. Juni 1933 in sein Tagebuch: „Bei Hitler. [...] Unsere Revolution hat eine unheimliche Dynamik. Wir werden ganz ehrfürchtig vor dem Geschehen.“[29]

Gerade aus der von Goebbels hier beschworenen „revolutionären Dynamik“ des Geschehens ergaben sich für die neuen Machthaber jedoch eine ganze Reihe sehr schwerwiegender Probleme, die schon in den zurückliegenden Monaten in aller Deutlichkeit hervorgetreten waren: Die zahlenmäßig immer weiter anwachsende SA war jahrelang auf die Führung eines Bürgerkrieges gegen einen äußerst aggressiven, zu jeder Gewalttat bereiten, höchst gefährlichen Gegner eingestellt worden und mußte nun nach dem Machtantritt erleben, daß dieser Gegner entweder überhaupt nicht existierte oder sich ihr doch zumindest nicht zu stellen schien. Sie glich in dieser Situation einem sieden-

---

[27] Vgl. etwa Kurt G.W. Ludecke, I Knew Hitler. The Story of a Nazi Who Escaped the Blood Purge, London 1938, S. 596 f. Zum Quellenwert dieser Erinnerungen vgl. Gerhard Schreiber, Hitler - Interpretationen 1923-1983. Ergebnisse, Methoden und Probleme der Forschung, Darmstadt 1984, S. 29, Anm. 35.

[28] Vgl. dazu Enrico Syring, Hitler. Seine politische Utopie, Berlin 1994, S. 194-210.

[29] Fröhlich (Anm. 8), Bd. 2, S. 440.

den Wasserkessel, dem das Ablaßventil plötzlich abhanden gekommen ist. Sie war durch jahrelange Propaganda auf höchsten inneren Druck hochgefahren worden, fand nun keine rechte Möglichkeit, die ihr eingeimpfte Gewaltbereitschaft abzureagieren und tobte sich daher immer mehr in willkürlichen Übergriffen aus, die von der obersten Parteispitze tatsächlich weder gewollt noch gedeckt waren.

Seit März 1933 geriet die Situation zunehmend außer Kontrolle und Hitler versuchte immer aufs neue vergeblich, sie durch Aufrufe, Appelle und Parteirundschreiben wieder in den Griff zu bekommen. In einem Rundfunkaufruf vom 12. März 1933 etwa beschwor er seine Anhänger, nachdem man in Deutschland die gesamte vollziehende Gewalt in die Hände bekommen habe, beginne nun der zweite Abschnitt des gemeinsamen Ringens:

„Von nun ab wird der Kampf der Säuberung und Inordnungbringung des Reiches ein planmäßiger und von oben geleiteter sein. Ich befehle Euch daher von jetzt ab strengste und blindeste Disziplin! Alle Einzelaktionen haben von jetzt ab zu unterbleiben. [...] Im übrigen aber ist es nun unsere Aufgabe, dem ganzen deutschen Volk und vor allem auch unserer Wirtschaft das Gefühl der unbedingten Sicherheit zu geben. Wer es von jetzt ab versucht, durch Einzelaktionen Störungen unseres Verwaltungs- oder des geschäftlichen Lebens herbeizuführen, handelt bewußt gegen die nationale Regierung. Denn heute sind wir für das Reich verantwortlich, weil es in unsere Hand gegeben ist.“[30]

Die Forderung nach einer „Zweiten Revolution“ begann innerhalb der nationalsozialistischen „Bewegung“ die Runde zu machen. Damit war nichts anderes gemeint, als daß nach der erfolgten Ausschaltung der politischen Linken nun auch die alten konservativen Eliten in Staatsapparat und Wirtschaft entmachtet und durch gesinnungstreue Nationalsozialisten in ihren Ämtern ersetzt werden sollten. Diese Forderung war nicht nur bei vielen Tausenden SA-Männern überaus populär, die bisher leer ausgegangen waren, sondern wurde auch von einer ganzen Reihe der prominentesten Parteiführer, darunter zunächst auch Joseph Goebbels[31], lebhaft unterstützt. Schließlich hatte auch Hitler selbst in den Jahren vor seinem Machtantritt öffentlich und privat un-

[30] Herbert Michaelis/Ernst Schraepler (Hrsg.), Ursachen und Folgen. Vom deutschen Zusammenbruch 1918 und 1945 bis zur staatlichen Neuordnung Deutschlands in der Gegewart. Eine Urkunden- und Dokumentensammlung zur Zeitgeschichte, Berlin 1958-1980, Bd. IX, Dok. 2089 c), S. 280.

[31] Vgl. dazu etwa Fröhlich (Anm. 8), Bd. 2, Eintr. vom 6. April 1933, S. 403.

entwegt verkündet, die nationalsozialistische Revolution" werde sich dereinst gegen die politische Linke und gegen die politische Rechte, gegen „Marxismus" und „Reaktion" gleichermaßen richten und wurde nun von seiner SA beim Wort genommen.

Allerdings hatte sich im Verlauf der ersten Hälfte des Jahres 1933 unter dem Eindruck der Ereignisse beim nunmehrigen Reichskanzler Hitler der Blickwinkel allmählich verändert. Zwar stand er mit seinem Herzen höchstwahrscheinlich nach wie vor auf der Seite derjenigen, die eine „Zweite Revolution" forderten[32], konnte jedoch nicht die Augen vor der Tatsache verschließen, daß seine randalierenden Schlägertrupps von Monat zu Monat von immer mehr Deutschen als eine regelrechte Landplage empfunden wurden, deren willkürliche Übergriffe man allein deshalb noch zähneknirschend hinnahm, weil man nicht selbst mit ihren Folterkellern Bekanntschaft machen wollte. Auch konnte es Hitler in seinem neuen Staatsamt nicht länger gleichgültig sein, wenn seine Kanzlerschaft infolge der mit ihr verbundenen überaus gewalttätigen Innenpolitik, der Verfolgung politisch Andersdenkender und den Ausschreitungen gegenüber Juden, im westlichen Ausland und in den USA von Beginn an eine überaus schlechte Presse hatte. Denn hieraus konnte sich eine außenpolitische Lage ergeben, in welcher die vom Deutschen Reich angestrebte allmähliche Herauslösung aus den „Fesseln von Versailles" mitsamt der ins Auge gefaßten militärischen Aufrüstung zu einem unkalkulierbaren Risiko zu werden drohte. Immerhin hatte Hitler bereits in seiner Ansprache vor den Spitzen der Reichswehr am 3. Februar 1933 eingestehen müssen: „Gefährlichste Zeit ist die des Aufbaus der Wehrmacht. Da wird sich zeigen, ob Frankreich Staatsmänner hat; wenn ja, wird es uns nicht Zeit lassen, sondern über uns herfallen (vermutlich mit Osttrabanten)."[33]

Auch hatte die innenpolitische Entwicklung in Deutschland vor allem in der amerikanischen Öffentlichkeit Stimmen laut werden lassen, die zu einem Boykott deutscher Exportgüter aufriefen.[34] Die Konsequenzen, die sich hieraus für die ohnehin schon katastrophale Beschäftigungssituation ergeben könnten, hätten die soziale Lage im

---

[32] So auch Ronald Smelser, Robert Ley. Hitlers Mann an der Arbeitsfront. Eine Biographie, Paderborn 1989, S. 135.

[33] Vogelsang (Anm.6), S. 135

[34] Vgl. etwa Detlef Junker, Kampf um die Weltmacht. Die USA und das Dritte Reich 1933-1945, Düsseldorf 1988, S. 19 ff.

Deutschen Reich noch kritischer werden lassen und so eine ernste Gefahr für Hitlers Regime, das sich gerade erst einrichtete, heraufbeschworen.

Ferner konnte Hitler in seiner neuen Verantwortung nicht mehr länger ignorieren, daß die meisten derjenigen unter seinen Anhängern, die nach seinem Machtantritt nun mit allen Mitteln in eine ihnen „angemessen" erscheinende Position in Wirtschaft oder Verwaltung strebten, hierfür schlicht und einfach nicht hinreichend qualifiziert waren. Sie gewähren zu lassen, mußte nach aller menschlichen Voraussicht zu einer völligen Selbstblockade von Staatsapparat und Wirtschaftsleben führen. Schließlich wußte Hitler sehr gut, daß sich die vielbeschworene „Zweite Revolution" genau gegen diejenigen Gruppen der deutschen Gesellschaft richten sollte, der Reichspräsident von Hindenburg und die Generale und Admirale der Reichswehr angehörten. Diese aber würden einer Entwicklung in diese Richtung ganz sicher nicht tatenlos zusehen. Es käme unweigerlich zum Kampf. Und Hitler hatte schon vor seinem Machtantritt wiederholt beteuert, er denke nicht daran, seine nur leichtbewaffnete SA vor die Maschinengewehre der Reichswehr und damit in den sicheren Tod zu schikken.[35]

Alles in allem geriet Hitler seit dem Frühjahr 1933 folglich mehr und mehr in ein Dilemma, das er selbst schon in einer Rede vom 4. September 1932 auf den Punkt gebracht hatte:

„Ich habe der Masse meinen Willen jahrelang eingeimpft, nun hat sie ihren eigenen Willen. Dieser Wille, dieses ganze Denken ist ihr zu eigen. Selbst wenn ich heute anders wollte, ich könnte nicht, weil die Masse nicht mehr wollte. Wir sind auf Gedeih und Verderb miteinander verbunden."[36]

Während die SA also weiter auf dem Weg vorwärtszustürmen trachtete, auf den Hitler sie jahrelang eingeschworen hatte, versuchte dieser nunmehr unter dem Eindruck der politischen Notwendigkeiten, den in voller Fahrt dahinrasenden Zug möglichst auf der Stelle zum Stehen zu bringen. Er erklärte die „nationalsozialistische Revolution" daher am 6. Juli 1933 in einer Rede vor den Reichsstatthaltern offiziell für

---

[35] Vgl. Peter Longerich, Die braunen Bataillone. Geschichte der SA, München 1989, S. 111.

[36] Heinz Preiß (Hrsg.), Adolf Hitler in Franken. Reden aus der Kampfzeit, Nürnberg 1939, S. 195 f.

beendet, ohne daß dies jedoch an den in Deutschland herrschenden Realitäten irgend etwas geändert hätte.

Dok. 4: Aus Hitlers Rede vom 6. Juli 1933

„Die Revolution ist kein permanenter Zustand, sie darf sich nicht zu einem Dauerzustand ausbilden. Man muß den freigewordenen Strom der Revolution in das sichere Bett der Evolution hinüberleiten. Die Erziehung der Menschen ist dabei das wichtigste. Der heutige Zustand muß verbessert und die Menschen, die ihn verkörpern, müssen zur nationalsozialistischen Staatsauffassung erzogen werden. Man darf daher nicht einen Wirtschaftler absetzen, wenn er ein guter Wirtschaftler, aber noch kein Nationalsozialist ist; zumal dann nicht, wenn der Nationalsozialist, den man an seine Stelle setzt, von der Wirtschaft nichts versteht. [...]
Die Aufgabe des Nationalsozialismus ist die Sicherstellung der Entwicklung unseres Volkes. Man soll aber nicht herumsuchen, ob noch etwas zu revolutionieren ist, sondern wir haben die Aufgabe, Position um Position zu sichern, um sie zu halten und allmählich mustergültig zu besetzen. Wir müssen dabei unser Handeln auf viele Jahre einstellen und in ganz großen Zeiträumen rechnen. Durch theoretische Gleichschaltung schaffen wir keinem Arbeiter Brot. Die Geschichte aber wird ihr Urteil über uns nicht danach abgeben, ob wir möglichst viele Wirtschaftler abgesetzt und eingesperrt haben, sondern danach, ob wir es verstanden haben, Arbeit zu schaffen.
Wir haben heute absolut die Macht, uns überall durchzusetzen. Aber wir müssen die abgesetzten Menschen auch durch bessere ersetzen können."

[Max Domarus (Hrsg.), Hitler. Reden und Proklamationen 1932-1945. Kommentiert von einem deutschen Zeitgenossen, Wiesbaden 1973, Bd. I/1, S. 286 f.

Die ohnehin schon verzwickte Situation wurde allerdings durch den mittlerweile immer unverholener zutage tretenden militärpolitischen Ehrgeiz des Stabschefs der SA noch komplizierter. Ernst Röhm[37], einer der ganz wenigen Duz-Freunde Hitlers, hatte zu Beginn der zwanziger Jahre als junger Reichswehrhauptmann zwar zu dessen frü-

[37] Zu Röhms Biographie vgl. Conan Fischer, Ernst Julius Röhm - Stabschef der SA und unentbehrlicher Außenseiter, in: Ronald Smelser/Rainer Zitelmann (Hrsg.), Die braune Elite. 22 biographische Skizzen, Darmstadt 1989, S. 212-222.

hesten Förderern gehört, war dessen Faszinationskraft jedoch nie erlegen. Gleichwohl war er infolge seiner Beteiligung an Hitlers Putsch in München vom 9. November 1923 aus der Reichswehr entlassen und vor Gericht gestellt worden. Nach Verbüßung der gegen ihn verhängten Haftstrafe ging er schließlich 1928 als Militärinstrukteur nach Bolivien. Hitler selbst hatte ihn Ende 1930 zur Rückkehr nach Deutschland aufgefordert, da er der ewigen Querelen zwischen SA und Parteileitung der NSDAP leid war, die gelegentlich zu regelrechten SA-„Putschen" verbunden mit gewaltsamen Übergriffen auf Einrichtungen der Parteiorganisation geführt hatten, und einen fähigen Organisator von großer Durchsetzungskraft suchte, der ihm dieses leidige Dauerproblem endgültig vom Halse schaffen sollte. Der inzwischen zum bolivianischen Oberstleutnant aufgestiegene Ernst Röhm trat seine neue Stellung als Stabschef der SA am 5. Januar 1931 in München an. Allerdings hegte er von vornherein keinerlei Sympathie für die Parteileitung der NSDAP, da er ihr die Fähigkeit absprach, die Machtverhältnisse in Deutschland tatsächlich zu verändern:

„Und insgeheim spielte er mit dem Gedanken, sich selbst an die Spitze der Bewegung zu setzen und Hitler zu entmachten. Wie er Hitler als Politiker einschätzte, beleuchten seine Worte, die ihm schon im Jahre 1922 über die Lippen gekommen sind: ‚Wir müssen seine zweifellos große Stoßkraft ausnützen. Aber er reist mit leichtem Gepäck, und sein Weitblick reicht nicht über die Grenzen Deutschlands hinaus. Wir werden ihn rechtzeitig beiseite stellen.'"[38]

Röhm, eine moderne Mischung aus Landsknecht und Kommißkopf, schwebte als politisches Ziel vor, aus Deutschland einen Militärstaat zu machen, in welchem der Soldat auch in politischen Dingen die führende Rolle innehaben[39], und an dessen Spitze er selbst stehen sollte. In seinem nach außen hin sorgsam verschleierten persönlichen politischen Ehrgeiz ließ er bereits kurz nach seiner Rückkehr aus Bolivien über einen Mittelsmann in Großbritannien und Frankreich nach Geldgebern für seine Neuordnungspläne suchen. Er fand auch tatsächlich Interessenten, doch stellten diese unter anderem die Vorbedingung, daß sich Röhm binnen kürzester Frist selbst an die Spitze der NSDAP

---

[38] Hans-Günter Richardi/Klaus Schumann, Geheimakte Gerlich/Bell. Röhms Pläne für ein Reich ohne Hitler, München 1993, S 58 f.

[39] Diesen Teil seiner politischen Überzeugungen und Zielsetzungen verkündete der SA-Stabschef nach Hitlers Machtübernahme auch ganz unverholen; vgl. Ernst Röhm, Die Geschichte eines Hochverräters, München [4]1933.

zu stellen- und deren gesamter Presseapparat dann rückhaltlos im Interesse der Geldgeber tätig zu werden habe. Unter dem Eindruck dieser Sondierungsergebnisse war im Kreis von Röhms Gefolgsleuten der Plan entstanden, Hitler durch ein Pistolenattentat zu ermorden. Noch im Jahre 1931 hatte sich der SA-Standartenführer Julius Uhl zur Ausführung des Mordanschlages bereiterklärt.[40] Verschiedene Umstände führten jedoch immer wieder zu Verzögerungen bei der Umsetzung dieses Vorhabens.

Als schließlich zu Beginn des Jahres 1932 innerhalb der Parteileitung und innerhalb der deutschen Öffentlichkeit einiges von Röhms unautorisierter Sonderpolitik ruchbar wurde und dieser sich plötzlich seinerseits mit gegen ihn gerichteten Mordplänen konfrontiert sah, hielt er es für geboten, seine Unternehmungen abzubrechen und möglichst alle Spuren zu verwischen. Wann Hitler in diesem Punkt die volle Wahrheit erfahren hat, auf welche Weise und mit welchem Tenor sie ihm von wem nahegebracht wurde, ist ungewiß. Doch kann man wohl annehmen, daß dieses Wissen Ende Juni 1934 bei seiner Entscheidung für einen „Enthauptungsschlag" gegen die SA durchaus eine Rolle gespielt hat.

Nachdem es Hitler im Frühjahr 1933 gelungen war, seine Herrschaft zu stabilisieren, richteten sich Röhms Begehrlichkeiten mehr und mehr gegen die Reichswehr. Er beschwor Hitler immer wieder aufs neue, ihm deren Führung zu übertragen und ein aus der SA zu bildendes Milizheer zur bewaffneten Macht des neuen, nationalsozialistischen Staates zu erheben. Sein Schlagwort, der „graue Fels", die Reichswehr, müsse in der „braunen Flut" untergehen, machte die Runde. Die Generalität, die den SA-Rabauken mit unverhohlener Verachtung gegenüberstand, wollte eine derartige Entwicklung allerdings um keinen Preis zulassen und beharrte unbeirrt auf ihrem Anspruch, einziger Waffenträger der Nation zu sein. Dauernde Reibereien zwischen SA und Reichswehr waren die Folge.

Obgleich sich Hitler vor diesem Hintergrund immer wieder genötigt sah, dem in Großbritannien und Frankreich erwachenden, nicht unbegründeten Argwohn entgegenzutreten, bei der SA handele es sich in Wirklichkeit um eine gegen den Versailler Vertrag verstoßende geheime militärische Reserve der Reichswehr (die ohnehin heikle außenpolitische Situation des Deutschen Reiches durch Röhms lauthals verkündete Ansprüche also noch schwieriger wurde), zeigte er sich

---

[40] Hierzu und zum folgenden vgl. Richardi/Schumann (Anm. 38), S. 70 ff.

doch außerstande, in diesem Punkt eine klare Entscheidung herbeizuführen. Vielmehr versuchte er bis in das Jahr 1934 hinein, durch allerlei Vermittlungsversuche zu einer Abgrenzung der Kompetenzen und zu einem einvernehmlichen Miteinander beider Parteien zu gelangen.

Dieser Schwebezustand brachte für Hitler trotz aller sich aus ihm ergebenden innen- und außenpolitischen Schwierigkeiten immerhin auch einen Vorteil mit sich: es kam zu einem regelrechten „Loyalitätswettlauf" zwischen Reichswehr und SA um seine Gunst. Beide suchten sich ihm anzudienen, sich für ihn so unentbehrlich wie möglich zu machen, um ihn so allmählich zu einer Entscheidung zu ihren Gunsten zu nötigen. Maßnahmen, wie die von Reichswehrminister von Blomberg verfügte Übernahme der NS-Hoheitsabzeichen auf die Reichswehruniformen oder die ebenfalls von ihm verordnete Anwendung des „Arierparagraphen" auf die Soldaten der Reichswehr, erklären sich auch aus diesem Zusammenhang. Der Oberbefehlshaber des Heeres, General Werner Freiherr von Fritsch machte denn auch kein Hehl daraus, „daß hierdurch ‚dem Kanzler die nötige Stoßkraft der SA gegenüber gegeben werden' sollte."[41]

Nachdem die Reichswehrführung jedoch den Eindruck gewonnen hatte, sie werde sich selbst auf diese Weise nicht endgültig gegenüber ihrem Rivalen durchsetzen können, faßte sie Ende Februar 1934 den Entschluß, die Krise „bei aller offiziellen Zurückhaltung langsam eskalieren zu lassen, um zu einer endgültigen Entscheidung zu gelangen. Allerdings wollte man sich nicht selbst gewaltsam an ihr beteiligen."[42]

Einen wichtigen Verbündeten fand die Reichswehr dabei im Reichsführer-SS Heinrich Himmler und dessen wichtigstem Mitarbeiter Reinhard Heydrich. Zwar war die SS zu dieser Zeit formell noch eine Unterorganisation der SA, doch entwickelte ihre Führungsspitze um so mehr Ehrgeiz, als sie ihren „Orden unter dem Totenkopf" als eine Elite verstand, die sich - im Gegensatz zur SA - durch eisernste Disziplin auszeichnete.[43] Aber auch anderen prominenten Repräsentanten des neuen Regimes, wie etwa Hermann Göring oder Joseph

---

[41] Zit. nach Immo von Fallois, Kalkül und Illusion. Der Machtkampf zwischen Reichswehr und SA während der Röhm-Krise 1934, Berlin 1994, S. 107.

[42] Ebd, S. 126

[43] Den besten allgemeinen Überblick zur Geschichte der SS und ihrer Rolle im nationalsozialistischen Deutschland bietet noch immer Heinz Höhne, Der Orden unter dem Totenkopf. Die Geschichte der SS, Augsburg 1992.

Goebbels, war der eigenwillige Röhm inzwischen etwas zu mächtig geworden.

Wann und wie es der sich so herausbildenden Anti-Röhm-Fraktion gelungen ist, auch Adolf Hitler auf ihre Seite zu ziehen, ist ungewiß. Ein Augenzeuge, der den Reichskanzler am Abend des 30. Juni 1934, nach der von ihm persönlich geleiteten Verhaftungsaktion gegen die SA-Spitze um Ernst Röhm erlebte, beteuert allerdings: „Er war tatsächlich überzeugt davon, daß der SA-Standartenführer Uhl ihn an dem Tage gelegentlich der angesetzten SA-Führertagung umbringen sollte und daß Röhm sein Nachfolger hatte werden wollen."[44] Zwar könnte Hitler auch hier seine Suggestivkraft zur bewußten Irreführung seiner Umgebung eingesetzt haben. Andererseits aber wäre es ebenso möglich, daß er von interessierter Seite erst kurz zuvor in einer Weise über Röhms gegen ihn gerichtete Mordpläne aus dem Jahre 1931 unterrichtet worden war, die ihn den Eindruck gewinnen ließ, es handele sich hierbei nicht um ein inzwischen gegenstandslos gewordenes, sondern um ein hochaktuelles Vorhaben.

Freilich hatten sich die Gewichte im Ringen zwischen SA und Reichswehr im Verlauf des Frühjahrs 1934 ohnehin dadurch zugunsten der letztgenannten verschoben, daß der Tod des Reichspräsidenten von Hindenburg inzwischen absehbar geworden war. Und Hitler wußte sehr genau, daß dessen Nachfolge nur im Einverständnis mit der Reichswehrführung würde geregelt werden können. Daher ist immer wieder vermutet worden, es sei Anfang April zu einer Absprache zwischen Hitler und den Oberbefehlshabern gekommen, in welcher ihm für ein Fallenlassen der SA die Vereinigung der Amtsgewalten von Reichskanzler und Reichspräsident auf seine Person zugesagt worden sei.[45] Doch dies ist ebenfalls nicht hinreichend zu belegen.

Allerdings inspirierte der absehbare Tod Hindenburgs einige konservative Publizisten im Umkreis des Vizekanzlers Franz von Papen dazu, für die Wiederherstellung der Monarchie in Deutschland zu

---

[44] Friedrich Christian Prinz zu Schaumburg-Lippe, Zwischen Krone und Kerker, Wiesbaden 1952, S. 177.

[45] Diese Version verfechten beispielsweise Alan Bullock, Hitler: A Study in Tyranny, o.O. [14]1981, S. 290 und Max Domarus (Hrsg.), Hitler. Reden und Proklamationen 1932-1945. Kommentiert von einem deutschen Zeitgenossen, 2 Bde., Wiesbaden 1973, hier Bd. I/1, S. 375 f.

werben.[46] Sie suchten zu diesem Zweck über Kurt von Schleichers ehemaligen Mitarbeiter General Ferdinand von Bredow auch den Kontakt zur Reichswehr. Anknüpfungspunkt war dabei der kaum gebremste Terror, den die SA nach wie vor auf Deutschlands Straßen verbreitete. Der Kreis um Papen machte sich dabei auch den Vizekanzler selbst zum Sprachrohr, indem man ihn am 17. Juni 1934 in Marburg eine Redemanuskript verlesen ließ, in welchem deutliche Kritik an den noch immer im Reich herrschenden Zuständen geübt wurde. Papen erregte mit dieser Rede großes Aufsehen, obgleich die Nationalsozialisten ihre Verbreitung sofort mit allen Mitteln zu unterbinden trachteten. Unter anderem führte der Vizekanzler aus:

„Einmal muß die Bewegung zu Ende kommen, einmal ein festes soziales Gefüge, zusammengehalten durch eine unbeeinflußbare Rechtspflege und durch eine unbestrittene Staatsgewalt, entstehen. Mit ewiger Dynamik kann nichts gestaltet werden. Deutschland darf nicht ein Zug ins Blaue werden. [...] Die Regierung ist wohl unterrichtet über das, was an Eigennutz, Charakterlosigkeit, Unwahrhaftigkeit, Unritterlichkeit und Anmaßung sich unter dem Deckmantel der deutschen Revolution ausbreiten möchte. Sie täuscht sich nicht darüber hinweg, daß der reiche Schatz an Vertrauen, den ihr das deutsche Volk schenkte, bedroht ist. Wenn man Volksnähe und Volksverbundenheit will, so darf man die Klugheit des Volkes nicht unterschätzen, muß sein Vertrauen erwidern, es nicht unausgesetzt bevormunden wollen.“[47]

Die Köpfe des Papenkreises sowie die pensionierten Generale von Schleicher und von Bredow wurden am 30. Juni 1934 gleich mit umgebracht. Bei der Durchführung des „Enthauptungsschlages“ gegen die SA selbst, sowohl bei den Verhaftungen als auch bei den sich daran anschließenden Erschießungen, trat die SS, vor allem die SS-Leibstandarte Adolf Hitler unter ihrem Kommandeur „Sepp“ Dietrich[48], in Erscheinung, während sich die Reichswehr geschickt im Hintergrund zu halten wußte. Gleichwohl steht heute fest, daß sie durch Beteiligung an den Planungen sowie durch die von ihr gewährleisteten Absi-

[46] Vgl. hierzu Marl M. Groß, Edgar Jung, Papenkreis und Röhmkrise 1933/34, Heidelberg 1966, und Horst Mühleisen, Das Testament Hindenburgs vom 11. Mai 1934, in: *Vierteljahrshefte für Zeitgeschichte* 44(1996), S. 355-371.

[47] Michaelis/Schraepler (Anm. 21), Bd. X, S. 157 f.

[48] Zu Dietrichs Biographie vgl. James Weingartner, Joseph „Sepp“ Dietrich - Hitlers Volksgeneral, in: Smelser/Syring (Anm. 5), S. 113-128.

cherungen der Aktion gegen alle Eventualitäten tief in das Geschehen verwickelt war.[49]

Neben Röhm selbst und seinen engsten Vertrauten wurde am 30. Juni oder in den darauffolgenden Tagen nach vorbereiteter Liste auch eine Reihe von Personen ermordet, mit denen - zum Teil schon seit sehr langer Zeit - noch politische und/oder persönliche Rechnungen offenstanden. Man geht heute davon aus, daß im Zusammenhang mit der sogenannten „Niederschlagung des Röhm-Putsches" insgesamt 85 Menschen zu Tode gebracht worden sind.[50] Wie viele dieser Morde tatsächlich von Hitler persönlich abgesegnet waren, ist unklar. Allerdings ist hier wohl von einer nicht unbedeutenden Dunkelziffer auszugehen, zumal „Sepp" Dietrich gegenüber einem anderen „Alten Kämpfer" geäußert haben soll:

„Ich war jedenfalls nicht so dumm wie andere, die ohne schriftlichen Befehl vorgegangen sind. Ich habe mir all die Befehle damals schriftlich und unterzeichnet verschafft. Aber ich habe ihn [Hitler] förmlich zwingen müssen, seinen Namen darunterzuschreiben."[51]

Entgegen aller nachträglicher Legendenbildung überwog damals im In- und Ausland die Erleichterung über die Beseitigung der SA-Führung um Röhm das Entsetzen über die damit einhergehenden Morde bei weitem. Die deutsche Bevölkerung atmete förmlich auf, daß die längst zur regelrechten Landplage gewordene SA so deutlich in ihre Schranken verwiesen worden war. Und im Ausland wurde der irrtümlich angenommene „Befreiungsschlag" der vermeintlichen „Tauben" um Hitler gegen die als „Falken" wahrgenommene Umgebung Röhms überwiegend mit viel Verständnis und Befriedigung aufgenommen. Die damit verbundenen Morde fielen demgegenüber hier wie dort als zwar bedauerliche aber wohl nicht zu vermeidende „Entgleisungen" kaum ins Gewicht.[52] Jedenfalls hatte Hitler keinerlei

---

[49] Vgl. Klaus-Jürgen Müller, Reichswehr und Röhm-Affäre. Aus den Akten des Wehrkreiskommandos (Bayer.) VII, in: *Militärgeschichtliche Mitteilungen* 3 (1968), S. 107-144, und Fallois (Anm. 41), S. 143 ff.

[50] Vgl. dazu die namentliche Aufstellung in Heinz Höhne, Mordsache Röhm. Hitlers Durchbruch zur Alleinherrschaft 1933-1934, Reinbek bei Hamburg 1984, Anhang, S. 319 ff.

[51] Ernst Hanfstaengl, Zwischen Weißem und Braunem Haus. Memoiren eines politischen Außenseiters, München 1970, S.346.

[52] Vgl. dazu etwa die entsprechenden Passagen der bei Karl Rohe (Hrsg.), Die Westmächte und das Dritte Reich 1933-1939. Klassische Großmachtrivalität oder

Schwierigkeiten, sich die Geschehnisse um den 30. Juni 1934 nachträglich und mit Einverständnis des Reichspräsidenten per Gesetz für „als Staatsnotwehr rechtens" erklären zu lassen.

Ende Juli 1934 wurde klar, daß Reichspräsident von Hindenburg nur noch wenige Tage zu leben haben würde. Am Abend des 1. August legte man daraufhin im Rahmen einer Ministerbesprechung einen Gesetzentwurf nieder, in welchem die Zusammenlegung der Amtsgewalten des Reichspräsidenten mit denjenigen des Reichskanzlers verfügt wurde. Diesen Entwurf verkündete man unmittelbar nach Hindenburgs Tod am 2. August 1934 als Gesetz. Es trat damit in Kraft. Hitler führte fortan den Titel „Führer und Reichskanzler". Er begründete die getroffene Regelung in einem förmlichen Schreiben an Reichsinnenminister Frick mit der „Größe des Dahingeschiedenen", welche dem „Titel Reichspräsident eine einmalige Bedeutung gegeben" habe, so daß dieser mit dem Namen des großen Toten „unzertrennlich verbunden" bleibe. Weiter verfügte der nunmehrige „Führer und Reichskanzler", die vom „Kabinett beschlossene und verfassungsrechtlich gültige Betrauung" seiner Person „und damit des Reichskanzleramtes an sich mit den Funktionen des früheren Reichspräsidenten" solle „ die ausdrückliche Sanktion des deutschen Volkes" erhalten und diesem daher baldmöglichst „zur freien Volksabstimmung" vorgelegt werden.[53]

Noch am Nachmittag des 2. August 1934 hatten Reichswehrminister General von Blomberg und seine engsten Mitarbeiter ohne Wissen Hitlers und ohne von diesem dazu in irgendeiner Form aufgefordert worden zu sein, auf eigene Faust in einem staatsstreichähnlichen Akt die Neuvereidigung der nunmehrigen Wehrmacht veranlaßt.[54] (Sie warteten also nicht einmal das Ergebnis der gerade erst anberaumten „Volksabstimmung" ab.) Die Eidesformel, die sie dazu ausarbeiteten, band die Soldaten nicht mehr, wie etwa im Kaiserreich, an die Institution des Staatsoberhauptes oder, wie zu Zeiten der Weimarer Republik, an die Reichsverfassung, sondern ganz ausdrücklich an die Person Adolf Hitlers. Sie lautete:

Kampf zwischen Demokratie und Diktatur, Paderborn 1982, zusammengetragenen Aufsätze.

[53] Minuth (Anm. 15), Bd. 2, Dok. 383, S. 1387.

[54] Vgl. Karl Otmar Frhr. von Aretin, Der Eid auf Hitler. Eine Studie zum moralischen Verfall des Offizierkorps der Reichswehr, in: Ders. (Anm. 19), S. 175-194.

„Ich schwöre bei Gott diesen heiligen Eid, daß ich dem Führer des deutschen Reiches und Volkes Adolf Hitler, dem Oberbefehlshaber der Wehrmacht, unbedingten Gehorsam leisten und als tapferer Soldat bereit sein will, jederzeit für diesen Eid mein Leben einzusetzen."[55]

Eine gesetzliche Grundlage für dieses eigenmächtige Vorgehen der militärischen Führungsspitze wurde von dem überraschten Hitler bezeichnenderweise erst am 20. August 1934 nachgereicht.

Schon seit dem Sommer 1933 hatte die Reichswehrführung versucht, Hitler durch „Umarmungstaktik" endgültig darauf festzulegen, daß die Reichswehr der einzige Waffenträger der Nation sei und auch bleibe. Im Rahmen dieser Taktik könnte die hastige Neuvereidigung als Versuch gewertet werden, dies nun auch in einer rechtswirksamen Form festzuschreiben; denn nach noch heute gültigem Rechtsverständnis bindet ein Eid Eidgeber und Eidnehmer gleichermaßen: den Eidgeber zu Treue und Gehorsam gegenüber dem Eidnehmer und diesen wiederum zu besonderer Fürsorge für den erstgenannten. Die nunmehrige Wehrmachtführung mag also bestrebt gewesen sein, rechtsverbindlich sicherzustellen, daß Hitler die bewaffnete Macht jetzt und in Zukunft gegen jeden ihr möglicherweise erwachsenden Rivalen in Schutz zu nehmen habe. Und als solcher trat nach dem 30. Juni 1934 allmählich die SS in Erscheinung.[56]

Die recht eigenständige Rolle, welche die bisherige Reichswehrführung seit Hitlers Machtantritt hatte spielen können, wurde durch die neue Eidesformel zwar geschwächt, blieb aber dennoch trotz ihres spürbaren Bedeutungsverlustes ab 1936 im Grundsatz noch bis zum Frühjahr 1938 erhalten - auch wenn sie sich unverkennbar zunehmend auf den rein militärischen Sektor reduzierte.

Außenpolitik zwischen Tradition und Revolution

Trotz bzw. gerade wegen ihrer großen innenpolitischen und sozialen Schwierigkeiten hatte sich die außenpolitische Lage der ausgehenden Weimarer Republik positiv entwickelt, zumal vor allem Reichskanzler Heinrich Brüning die innere Misere auf internationaler Bühne wirkungsvoll als Hebel zur Lockerung der „Fesseln" des Versailler Ver-

---

[55] Müller (Anm. 25), Dok. 72, S. 207.

[56] Die SS-Verfügungstruppe, die Vorform der späteren Waffen-SS wurde kurz nach dem Röhm-Putsch begründet. Zu deren Geschichte vgl. vor allem Bernd Wegner, Hitlers politische Soldaten: die Waffen-SS 1933-1945, Paderborn [4]1990.

trages einzusetzen wußte.[57] So konnte im Sommer 1932 auf der Konferenz von Lausanne faktisch die endgültige Einstellung der deutschen Reparationszahlungen vereinbart werden und Ende des Jahres gestand man dem Deutschen Reich sogar die militärische Gleichberechtigung grundsätzlich zu.

Mit Hitlers Machtantritt wurden all diese positiven Ansätze in hohem Maße gefährdet. Die überaus gewalttätige Innenpolitik der neuen Machthaber löste im Ausland erhebliche Irritationen aus. Hitlers Versuche, das Vorgehen seiner SA unter Ausnutzung der auch in Großbritannien und Frankreich umgehenden Furcht vor dem Bolschewismus als eine Art „Notwehr" gegen eine unmittelbar drohende kommunistische Gefahr zu rechtfertigen und so die hochgehenden Wogen zu glätten, blieben demgegenüber von nur mäßigem Erfolg.

Zudem argwöhnte man insbesondere in Frankreich aus gutem Grund, dem Deutschland zugesicherten grundsätzlichen Anspruch auf militärische Gleichberechtigung werde unter der Regierung Hitler nun dessen tatsächliche Einlösung (d.h.: eine deutsche Aufrüstung) sehr viel schneller in Angriff genommen werden, als dies jedermann außerhalb der Grenzen des Deutschen Reiches lieb sein könne. Da man aber die einmal gegebene Zusage nicht einfach wieder unter den Tisch fallen lassen konnte, unternahm man in den folgenden Monaten hartnäckige Bemühungen, die Deutschen auf dem Verhandlunswege dazu zu bewegen, sie in dieser oder jener Form zumindest vorläufig nicht einzulösen (d.h.: wenigstens vorerst nicht aufzurüsten). Die entsprechenden Verhandlungen im Rahmen der Genfer Abrüstungskonferenz gestalteten sich jedoch ebenso zäh wie in der Sache unergiebig.

Die tatsächliche deutsche Rüstungsproduktion entwickelte sich infolge der zu ihrer mittel- bis langfristigen Steigerung notwendigen Weichenstellungen bzw. Umsteuerungsmaßnahmen sowie der bis zu deren Wirksamwerden unvermeidlichen Anlaufzeiten bis zum Ende des Jahres 1933 allerdings ohnehin eher rückläufig. Gleichwohl ist zu betonen, daß „Art und Umfang der deutschen Aufrüstung [...] keineswegs, wie es eine apologetische Legende nach dem Zweiten Weltkrieg glauben machen wollte, den Militärs von Hitler aufgezwungen worden sind. Im Gegenteil, die massive und durch keine gesellschaftlich-politischen Behinderungen eingeschränkte Aufrüstung war gera-

[57] Grundlegend für jede Beschäftigung mit der deutschen Außenpolitik zwischen 1871 und 1945 ist Klaus Hildebrand, Das vergangene Reich. Deutsche Außenpolitik von Bismarck bis Hitler 1871-1945, Stuttgart 1995.

dezu eine der Vorbedingungen der Reichswehrführung für die Entente mit Hitler und seiner ‚Bewegung'."[58] Hitler war auf diesem Sektor in den ersten Jahren nach seinem Machtantritt also keineswegs die treibende Kraft. Allerdings hat er sich dem Drängen der konservativen Eliten in Diplomatie und Reichswehrführung auch nicht widersetzt. Er gab ihnen für ihre Bestrebungen vielmehr gewissermaßen „die Zügel frei", weil er sie brauchte - nicht zuletzt zur innenpolitischen Absicherung seines sich gerade erst einrichtenden Regimes. Zudem strebte er ja durchaus ebenfalls eine deutsche Aufrüstung an, hätte aber, wie zu zeigen sein wird, bei deren Umsetzung zu diesem Zeitpunkt noch einer deutlich behutsameren Gangart den Vorzug gegeben, als sie von seinen innenpolitischen Bündnispartnern eingeschlagen wurde.

Dies wurde auch bei den Genfer Abrüstungsverhandlungen deutlich, deren Scheitern keineswegs in erster Linie auf Hitler zurückging. Augenscheinlich versuchte dieser damals vielmehr ernsthaft, eine Verhandlungslösung zu erreichen, welche die deutsche Aufrüstung außenpolitisch abgesichert hätte, wurde aber auch in dieser Frage von Außenminister von Neurath[59] und Reichswehrminister von Blomberg überspielt. Diese betrachteten das „Ob" einer deutschen Aufrüstung als nicht mehr verhandelbar und waren auch nicht bereit, sich hinsichtlich des „Wie" noch auf ein längeres diplomatisches Ringen einzulassen: „Sie waren vielmehr fest entschlossen, auf eigene Faust vorzugehen und die Schuld für das Scheitern der Genfer Verhandlungen dem Westen in die Schuhe zu schieben. Auf ihre Entscheidungen hat Hitler kaum maßgeblichen Einfluß genommen."[60]

Hinter Hitlers im Vergleich zum ungestümen Vorwärtsdrängen der konservativen Eliten in Diplomatie und Reichswehrführung geradezu zurückhaltend und besonnen wirkender Haltung stand wohl vor allem die Furcht vor einem möglichen, auch militärischen Eingreifen insbesondere Frankreichs, welches er, wie er schon in seiner Ansprache vom 3. Februar 1933 hervorgehoben hatte, für das größte Gefah-

[58] So zutreffend Müller (Anm. 25), S. 96. Zu Rahmenbedingungen und Binnengefüge der deutschen Aufrüstung sowie zur Gewichtung der sie vorantreibenden Kräfte vgl. Michael Geyer, Aufrüstung oder Sicherheit. Die Reichswehr in der Krise der Machtpolitik, Wiesbaden 1980, und Wilhelm Deist, The Wehrmacht and German Rearmament, London 1981.

[59] Zu Rolle und Person Neuraths vgl. John L. Heinemann, Hitler's First Foreign Minister. Constantin Freiherr von Neurath, Diplomat and Statesman, Berkeley (Cal.) u.a. 1973.

[60] So treffend Hildebrand (Anm. 57), S. 584.

renmoment für den angestrebten deutschen „Wiederaufstieg" hielt. Daher konzentrierte er sich darauf, die im wesentlichen von Auswärtigem Amt und Reichswehrführung vorangetriebenen außenpolitischen Veränderungen, die ja, wie schon gesagt, an und für sich durchaus auf der Linie seiner eigenen Zielvorstellungen lagen, wenigstens notdürftig nach außen hin abzuschirmen und den durch sie verursachten Schaden nicht über ein kritisches Maß hinaus anwachsen zu lassen. In zahllosen Reden, Ansprachen und Interviews bzw. Gesprächen mit ausländischen Journalisten und Diplomaten warb er unermüdlich mit einer „Botschaft" für Verständnis, deren Tenor immer derselbe war: Als ehemaliger Frontsoldat kenne er die Schrecken des Krieges gut genug, um sie dem deutschen Volk und sich selbst noch einmal zumuten zu wollen. Von allen Mächten, die im Versailler Vertrag eine allgemeine Abrüstung vereinbart hätten, habe jedoch allein das besiegte Deutschland rigoros abgerüstet, während sich alle anderen der Erfüllung ihres Versprechens noch immer entzögen. Kämen diese ihren diesbezüglichen Verpflichtungen auch weiterhin nicht nach, dann sei es nur recht und billig, wenn das Deutsche Reich im angemessenen Umfang wieder aufrüste. Und dieses Recht sei von den anderen Mächten im Dezember 1932 auch als wohl begründet anerkannt worden. Dies jetzt wieder in Abrede stellen zu wollen, sei eine durch nichts zu rechtfertigende Diskriminierung eines friedliebenden Landes.[61]

Hitler hätte in jedem Falle auch weiterhin eine durch internationale Verträge abgesicherte deutsche Aufrüstung im Einvernehmen mit den übrigen europäischen Großmächten vorgezogen, sah er die außenpolitischen Risiken eines isolierten deutschen Vorgehens doch nur allzu klar. Vor allem das Reichswehrministerium unter General von Blomberg wollte davon jedoch nichts wissen und arbeitete zielstrebig auf ein Verlassen der Genfer Abrüstungsverhandlungen und einen Austritt aus dem Völkerbund hin. Der Schritt selbst wurde am 14. Oktober 1933 vollzogen. Hitler begründete ihn vor dem Deutschen Reichstag propagandistisch wirksam damit, Vertreter der Westmächte hätten nunmehr unzweideutig erklärt, daß „dem derzeitigen Deutschland" der ihm am 11. Dezember 1932 eingeräumte Anspruch auf militärische Gleichberechtigung „nicht mehr zugebilligt werden könnte." Hierin müsse die deutsche Reichsregierung eine „ebenso ungerechte

[61] Vgl. dazu etwa seine Reichtagsrede vom 17. Mai 1933 in Domarus (Anm. 45), Bd. I/1, S. 270-279, in welcher all die genannten Argumente zur Geltung gebracht werden.

wie entwürdigende Diskriminierung des deutschen Volkes" erblicken. Sie sehe sich daher trotz ihres nach wie vor „unerschütterlichen Friedenswillens" außerstande, „unter solchen Umständen als rechtlose und zweitklassige Nation" noch weiterhin an Verhandlungen teilzunehmen, „die damit nur zu neuen Diktaten führen könnten." Angesichts der genannten „demütigenden und entehrenden Zumutungen" habe die Reichsregierung „zu ihrem tiefsten Bedauern" keine andere Wahl, als Abrüstungskonferenz und Völkerbund zu verlassen.[62]

Daß Polen im März 1933 bei der französischen und der tschechoslowakischen Regierung die Bereitschaft zu einem gemeinsamen Präventivkrieg gegen Deutschland hatte sondieren lassen, wurde der deutschen Führung Ende April bekannt.[63] Damit war vollends unübersehbar geworden, wie dramatisch sich die außenpolitische Lage des Deutschen Reiches seit Hitlers Machtantritt verschlechtert hatte. An dieser völligen Isolierung änderte sich auch durch das am 20. Juli 1933 mit dem Heiligen Stuhl geschlossene Reichskonkordat im Grundsatz nichts.

Es war Hitler persönlich, der den Ausweg aus dem Dilemma fand. Seit Mai 1933 betrieb er, zuerst vorsichtig tastend, dann aber zunehmend energischer, den Ausgleich mit Polen.[64] Dieses Unterfangen war bei Diplomatie und Bevölkerung alles andere als populär, hatte Deutschland seine nach dem Ersten Weltkrieg entstandene neue Ostgrenze im Gegensatz zu derjenigen im Westen niemals anerkannt, sondern sich deren Revision stets stillschweigend vorbehalten. Hitler setzte sich unter dem Diktat der politischen Notwendigkeit jedoch über alle inneren Widerstände hinweg. Am Ende seiner Bemühungen stand eine deutsch-polnische Erklärung, die am 26. Januar 1934 unterzeichnet wurde.

Dok. 5: Deutsch-polnische Erklärung vom 26. Januar 1934

„Beide Regierungen erklären ihre Absicht, sich in den ihre gegenseitigen Beziehungen betreffenden Fragen [...] unmittelbar zu verständigen. Sollten etwa Streitfragen zwischen ihnen entstehen und sollte

[62] Domarus (Anm. 45), Bd. I/1, S. 306.

[63] Vgl. Minuth (Anm. 15), Bd. 1, Nr. 107, S. 381.

[64] Zu den Hintergründen vgl. Gottfried Schramm, Der Kurswechsel der deutschen Polenpolitik nach Hitlers Machtergreifung, in: Roland G. Foerster (Hrsg.), Unternehmen Barbarossa. Zum historischen Ort der deutschsowjetischen Beziehungen von 1933 bis Herbst 1941, München 1993, S. 23-34.

sich deren Bereinigung durch unmittelbare Verhandlungen nicht erreichen lassen, so werden sie in jedem besonderen Falle auf Grund gegenseitigen Einvernehmens eine Lösung durch andere friedliche Mittel suchen [...]. Unter keinen Umständen werden sie jedoch zum Zweck der Austragung solcher Streitfragen zur Anwendung von Gewalt schreiten.
[...] Die Erklärung gilt für einen Zeitraum von 10 Jahren [...]. Falls sie nicht von einer der beiden Regierungen 6 Monate vor Ablauf dieses Zeitraums gekündigt wird, bleibt sie auch weiterhin in Kraft, kann jedoch alsdann von jeder Regierung jederzeit mit einer Frist von 6 Monaten gekündigt werden."

[Akten zur Deutschen Auswärtigen Politik 1918-1945. Aus dem Archiv des Deutschen Auswärtigen Amtes. Serie C: 1933-1937, Göttingen 1971-1975, Bd. II/1, Dok. 219, S. 412]

Reichswehrminister General von Blomberg erläuterte dieses Ereignis in einer Besprechung mit Generalen am 2. Februar 1934 folgendermaßen:

„Gedanke des Reichskanzlers: Sicherung des Friedens für eine Reihe von Jahren, damit Umbau und Aufbau der Wehrmacht durchgeführt werden kann. [...] Der deutsch-polnische Vertrag ist ein Vorgang von großer Bedeutung. Er bringt nicht nur größere Sicherung an der Ostgrenze, sondern stellt den Beginn einer Auflösung der gegen uns gerichteten Bündnisse dar (auch Tschechei erwägt ähnlichen Vertrag)."[65]

Die deutsch-polnische Erklärung war mithin der erste wirkliche außenpolitische Erfolg des nationalsozialistischen Deutschlands, auch wenn die durch sie eingeleitete Weichenstellung in Richtung auf eine wenigstens teilweise Überwindung der bis dahin nahezu vollständigen Isolierung des Reiches auf internationaler Bühne nicht unbedingt sofort sichtbar wurde. Das charakteristische Merkmal der nationalsozialistischen Außenpolitik auch der folgenden Jahre, eine Einbindung in mehrere Staaten einbeziehende Vertragssysteme möglichst zu vermeiden und statt dessen lieber nur zweiseitige Verträge abzuschließen, kam hier erstmals zum Tragen. Die parallel zur deutsch-polnischen Annäherung erfolgte Beendigung des deutsch-sowjetischen Sonder-

[65] Institut für Zeitgeschichte/München (Archiv), Bestand ED-1/5, Bl. 278.

verhältnisses aus der Zeit der Weimarer Republik[66], an dessen Stelle nun die propagandistische Konfrontation der beiden sich als unvereinbare Gegensätze gebährdenden ideologischen Systeme trat, schuf neue Gemeinsamkeiten insbesondere mit Großbritannien.

Gleichwohl war Deutschland damit noch nicht „aus dem Schneider", gab es doch auch weiterhin eine ganze Reihe schwerwiegender außenpolitischer Einzelprobleme, die offenblieben. Das deutsch-italienische Verhältnis wurde in den Jahren 1933/34 durch die seit 1932 im Raume stehende Frage des „Anschlusses" Österreichs an das Deutsche Reich belastet, den das faschistische Italien nicht zuzulassen bereit war.

Hitler machte im engsten Regierungskreise sehr früh deutlich, daß er demgegenüber bei aller offiziellen Zurückhaltung einen Kurs verfolgt wissen wollte, der die österreichischen Nationalsozialisten dazu ermutigen und auch dazu befähigen sollte, zu der in Österreich allein entscheidenden politischen Kraft aufzusteigen. Alles weitere werde sich dann schon finden. Allerdings legte er sehr großen Wert darauf, daß weder die deutsche Reichsregierung noch die deutschen Nationalsozialisten mit der erwünschten innerösterreichischen Entwicklung in Verbindung gebracht werden könnten. Eine Bloßstellung beider, und damit auch seiner eigenen Person, wollte er auf jeden Fall verhindern. Zu seiner Sicht der Dinge äußerte er sich im Rahmen einer Ministerbesprechung am 6. Mai 1933 so:

„Die Lage in Österreich sei heute so, daß die sechs Millionen Österreicher im wesentlichen durch das Wiener Halbjudentum und die Legitimisten beeinflußt würden. Die bisherigen österreichischen Regierungen hätten ihre Anschlußfreudigkeit immer nur dann betont, wenn sie von Frankreich neues Geld brauchten. Im Innern seien sie reichsfeindlich eingestellt. Ein Wechsel hierin werde nicht eintreten, solange Österreich in den Händen der bisherigen Machthaber bleibt. Wenn heute in Österreich eine Wahl stattfände, dann würde die NSDAP zwar nicht die größte, wohl aber die stärkste Partei werden. Das nationale Deutschland müsse einen eindeutigen Kurs steuern. Er schlage deshalb gegen Österreich dieselbe Methode vor, die in Bayern zum sofortigen Erfolg geführt habe."[67]

---

[66] Vgl. dazu Manfred Zeidler, Reichswehr und Rote Armee. Wege und Stationen einer ungewöhnlichen Zusammenarbeit, München 1993, hier bes. S. 283-300.
[67] Minuth (Anm. 15), Bd. 1, Dok. 142, S. 492.

Im Sommer 1934 war die innerösterreichische Entwicklung in ein kritisches Stadium getreten. Hitler gab daraufhin während seines Staatsbesuches in Italien in einer Unterredung mit dem italienischen „Duce" am 14. Juni 1934 „als seinen Wunsch zu erkennen [...], daß Mussolini seine bisher über Österreich gehaltene schützende Hand wegziehe"[68], ohne darauf jedoch eine klare Antwort zu erhalten. Als dann aber die österreichischen Nationalsozialisten am 25. Juli 1934 gegen die Regierung in Wien putschten und Bundeskanzler Dollfuß ermordeten, antwortete Mussolini darauf mit Truppenkonzentrationen an der Brennergrenze, woraufhin Hitler die Putschisten sofort fallenließ und alle nach Deutschland weisenden Spuren zu verwischen versuchte. Zwar hatte Hitler in der Tat „,niemals' einen ,definitiven' Befehl für das Unternehmen gegeben, ,aber ... in den Wochen zuvor' ebensowenig etwas unternommen, das sich anbahnende" zu unterbinden, „sondern ,vielmehr alle Möglichkeiten offengelassen', auch die zum raschen Rückzug, der jetzt erforderlich wurde."[69]

Seinen eilfertigen Beteuerungen, keine deutsche Stelle habe irgend etwas mit dem Geschehenen zu tun gehabt, glaubte im Ausland allerdings kaum jemand. Es trat genau das ein, was Hitler auf jeden Fall zu vermeiden getrachtet hatte: Die außenpolitische Lage des Deutschen Reiches spitze sich neuerlich zu. Daraufhin vollzog er eine rigorose Kehrtwendung gegenüber seiner bisherigen Österreichpolitik und gab intern unmißverständlich zu verstehen, daß die „Anschlußfrage" nunmehr erst langfristig gelöst werden solle.

Neben den dramatischen Ereignissen in Österreich sorgten die nun auch nach außen hin kaum noch länger zu verheimlichende und zu verleugnende deutsche Wiederaufrüstung sowie die von Frankreich als Reaktion auf die deutsch-polnische Erklärung vom 26. Januar betriebene Annäherung an die inzwischen in den Völkerbund strebende Sowjetunion im Sommer 1934 auf außenpolitischer Bühne für Unruhe. Hitler selbst beurteilte die Zusammenhänge, Gefahren und Aussichten im Gespräch mit seinem „Parteiideologen" Alfred Rosenberg am 8. Juni 1934 so:

„Er [Hitler] sei nach schweren Tagen entspannt: [Der französische Außenminister] Barthou hat seine Klagen über unsere Aufrüstung

[68] Akten zur Deutschen Auswärtigen Politik 1918-1945. Aus dem Archiv des Deutschen Auswärtigen Amtes [im folgenden zitiert: ADAP] Serie C: 1933-1937, Göttingen 1971-1975, Bd. III/1, Dok. 5, S. 10.
[69] So zutreffend Hildebrand (Anm. 57), S. 595.

nicht in Genf vorgebracht, sich ‚keinen moralischen Rechtstitel' geholt, um einen Überfall [auf Deutschland] durchzuführen. Ohne ihn [den Rechtstitel] aber glaube er [Hitler] nicht, daß Frankreich es riskieren würde. Über die neue franz[ösisch]-russ[ische] Verbrüderung ist der Führer nach wie vor sehr zufrieden - im Gegensatz zu dem A[uswärtigen] A[mt], wie er betonte. F[rankreich] habe sich kompromittiert."[70]

Für das Jahr 1935 stand die Volksabstimmung über das weitere Schicksal des Saarlandes an[71], das durch den Versailler Vertrag für 15 Jahre unter die Treuhänderschaft des Völkerbundes gestellt worden war und dessen Kohlengruben und Schwerindustrien seither der französischen Volkswirtschaft zugute kamen. Das ohnehin nicht sehr gute Verhältnis zwischen Deutschland und Frankreich drohte sich durch die unaufhaltsam näherrückende Entscheidungssituation noch weiter zu verschlechtern, zumal die französische Regierung für den (wahrscheinlichen) Fall einer Rückkehr des Saargebietes zu Deutschland eine Entschädigung für die damit verbundene Verminderung der Wirtschaftskraft Frankreichs durchzusetzen versuchte. Allerdings kam dann doch noch eine einvernehmliche deutsch-französische Vereinbarung über die Regelung der Saarfrage zustande, die Hitler im Verlauf einer Ministerbesprechung am 4. Dezember 1934 als „unzweifelhaften Erfolg" bewertete, „der auf das Konto des wiedererstarkten Deutschlands als Großmacht zurückzuführen sei. Die Franzosen hätten die Gelegenheit zu einem Präventivkrieg endgültig verpaßt. Daraus seien auch die Annäherungsbestrebungen von französischer Seite zu erklären. Die Regelung der Saarfrage, wie sie im Abkommen gestaltet sei, wäre als die erste außenpolitische Rechtfertigung der inneren Neugestaltung Deutschlands zu verstehen."[72]

In der von den Nationalsozialisten mit einem enormen Propagandaaufwand unter der Parole „Heim ins Reich!" vorbereiteten Volksabstimmung, in deren Vorfeld die Bevölkerung des Reiches wie des Saarlandes gleichermaßen in einen wahren nationalen Begeisterungstaumel versetzt worden waren, stimmten am 13. Januar 1935 schließ-

[70] Hans Guenter Seraphim (Hrsg.), Das politische Tagebuch Alfred Rosenbergs 1934/35 und 1939/40, München 1964, Eintr. 8. Juni 1934, S. 38.

[71] Zum folgenden vgl. Gerhard Paul, Deutsche Mutter - heim zu Dir! Warum es mißlang, Hitler an der Saar zu schlagen. Der Saarkampf 1933-1935, Köln 1984.

[72] ADAP (Anm. 68), Serie C, Bd. III/2, Dok. 373, S. 688.

lich nahezu 91 % der Saarländer für eine Wiedervereinigung mit Deutschland.

Noch im Überschwang dieser Woge nationaler Begeisterung ließ Hitler die Existenz einer deutschen Luftwaffe öffentlich bestätigen und verkündete am 15. März 1935 die Wiedereinführung der Allgemeinen Wehrpflicht. Er zog damit zu einem ihm auch außenpolitisch einigermaßen günstig erscheinenden Zeitpunkt die logische Konsequenz aus der sogleich nach seinem Machtantritt erheblich beschleunigten deutschen Wiederaufrüstungspolitik. Zudem war die Wiedereinführung der Allgemeinen Wehrpflicht in einer Denkschrift des Truppenamtes in der Heeresleitung vom 14. Dezember 1933 bereits zum 1. Oktober 1934 vorgesehen worden. Schon im Dezember 1933 war den verantwortlichen Entscheidungsträgern in der Reichswehrführung klar gewesen, daß die bis dahin vorgenommenen Weichenstellungen der deutschen Militärpolitik von nun an eine gewisse Selbstläufigkeit verleihen würden. Einer der an den Besprechungen im Reichswehrministerium am 20. und 21. Dezember 1933 Beteiligten formulierte denn auch unumwunden: „Mit den neuen Anordnungen ist der Übergang vom Söldnerheer zum Heer der Allgemeinen Dienstpflicht (wenn auch zunächst mit Einschränkungen) vollzogen" - auch wenn man vorerst nicht öffentlich darüber sprechen dürfe.[73]

Allerdings gab es auch eine kleine Zahl skeptischer Stimmen in der Reichswehrführung, die insbesondere vor den ihnen unkalkulierbar erscheinenden außenpolitischen Risiken dieser Wiederaufrüstungspolitik warnten. Allerdings kritisierten auch sie eher die Art des Vorgehens, ja trauerten diesbezüglich zuweilen sogar mancher vermeintlich vertanen Chance nach und wandten sich keineswegs, zumindest nicht in erster Linie, gegen das Ziel selbst.

Dok. 6: Stellungnahme des Generals Ludwig Beck vom 20. Mai 1934

„Die Aufstellung eines 300.000-Mann-Heeres bis 1.4.35 (oder wie A [llgemeines Heeresamt] vorschlägt, sogar bis 1.10.34) ist nicht mehr der Aufbau eines Friedens-Heeres, sondern eine Mobilmachung.
Als solche kann die Maßnahme, die nicht zu verbergen ist, [...] die den bereits bestehenden übertriebenen Argwohn nur verstärken wird [...] tatsächlich der Tropfen sein, der das Faß zum Überlaufen bringt.

---

[73] Müller (Anm. 25), Dok. 123, S. 277.

Denn es gibt vielleicht Frankreich, das in dieser Hinsicht nur auf ein Stichwort wartet, die ersehnte Möglichkeit aus seiner Isolierung herauszukommen. [...]
Maßnahme fördert Kriegsgefahr und ist außenpolitisch nur gerechtfertigt, wenn wir glauben, an einem bewaffneten Konflikt doch nicht vorbeizukommen. Auch halte ich es für unwahrscheinlich, daß H[itler?] die Zeit behielte, mit dem Hervortreten des fait accompli angesichts der Unruhe, die ihm vorausgehen wird, tatsächlich bis 1.4.35 warten zu können.
Das Versäumnis des 14.10. [33: des deutschen Austritts aus dem Völkerbund], die Karte der Aufrüstung nicht gleich mit auf den Tisch gelegt zu haben, läßt sich auf diese Weise [...] am wenigsten zweckmäßig reparieren. [...]
Aber auch die [innenpolitischen] Wirkungen der allgemeinen Wehrpflicht scheinen mir so lange unsicher, so lange nicht die Staatsautorität als solche sichergestellt [d.h.: das SA-Problem] gelöst ist." [74]

[Klaus-Jürgen Müller, Armee und Drittes Reich 1933-1939. Darstellung und Dokumentation, Paderborn ²1989, Dok. 124, S. 278 f.9]

Die Regierungschefs Großbritanniens, Italiens und Frankreichs fanden auf einer gemeinsamen Konferenz in Stresa vom 11. bis 14. April 1935 angesichts der unverhohlenen einseitigen Aufkündigung der einschlägigen Bestimmungen des Versailler Vertrages durch den von Hitler am 15. März 1935 verkündeten Schritt zwar drohende Worte, konnten sich jedoch nicht auf gemeinsame Maßnahmen einigen. Insbesondere die britische Regierung war kaum geneigt, die seit einigen Monaten laufenden deutsch-britischen Gespräche zur Rüstungsbeschränkung auf dem Marinesektor abzubrechen. Tatsächlich wurde

[74] Die Rolle, die Beck im Rahmen der Aufrüstung einnahm, wird noch immer sehr kontrovers diskutiert. Gilt er den einen noch vor dem Oberbefehlshaber des Heeres, von Fritsch, als deren treibende Kraft, so sehen andere auch in seiner hier abgedruckten Stellungnahme eine frühes Zeugnis einer sich allmählich entwickelnden widerständischen Haltung. Vgl. dazu etwa Klaus-Jürgen Müller, Generaloberst Ludwig Beck: Generalstabschef des Deutschen Heeres 1933-1938. Einige Reflexionen und neuere Forschungsergebnisse, in: Ders., Armee, Politik und Gesellschaft in Deutschland 1933-1945. Studien zum Verhältnis von Armee und NS-System, Paderborn ⁴1986, S. 51-100, und Peter Hoffmann, Ludwig Beck - Oberhaupt der Verschwörer, in: Klemens von Klemperer/Enrico Syring/Rainer Zitelmann (Hrsg.), „Für Deutschland". Die Männer des 20. Juli, Frankfurt a.M.-Berlin 1994, S. 26-43.

am 18. Juni 1935 ein gemeinsames Flottenabkommen unterzeichnet, mit dem man die Tonnage der deutschen Kriegsmarine in Zukunft auf 35 % derjenigen der britischen festschrieb. Bei den U-Booten sollte sich das Verhältnis auf 45 : 100 belaufen. Damit war Hitlers im Einverständnis mit seinen innenpolitischen Bündnispartnern herbeigeführte offene Verletzung entscheidender Bestimmungen des Versailler Vertrages nicht nur ohne ernstliche Folgen geblieben; vielmehr glückte ihm bereits wenige Monate danach mit britischer Unterstützung der entscheidende Ausbruch aus der bisherigen außenpolitischen Isolierung des Deutschen Reiches. In der Rückschau und im Lichte unseres Wissens um den weiteren Gang der Ereignisse ist dem Frühjahr 1935 daher geradezu der Stellenwert einer Schlüsselsituation zuzubilligen - auch wenn die Entwicklung seither damals noch keineswegs festgelegt war oder sich gar mit unabdingbarer Zwangsläufigkeit einen bestimmten Weg bahnte. Unter diesem Vorbehalt kann der Einschätzung beigepflichtet werden, angesichts der bis dahin nahezu vollständigen außenpolitischen Isolierung des nationalsozialistischen Deutschlands habe die „außenpolitische Vereinsamung des Reiches“ in jenen Monaten vollends „in den innenpolitischen Zusammenbruch des Regimes umschlagen“ können, wären die Westmächte der deutschen Herausforderung in aller Entschiedenheit entgegengetreten:

„Sie konnte aber ebenso zum verlockenden Ausfalltor für weitere Parforceritte des Tollkühnen werden, wenn die Tatenlosigkeit der anderen ihn dazu ermuntern und der Erfolg des riskanten Spiels ihn stärken würde.“[75]

[75] So Hildebrand (Anm. 57), S. 596 f.

III. Der Weg in den Krieg 1936 - 1939

Nachdem die SA am 30. Juni 1934 „enthauptet" worden war, kehrte nach den Straßenkämpfen und Krawallen der ausgehenden Weimarer Republik und den Tumulten der nationalsozialistischen „Machtergreifung" für die meisten Deutschen auf der innenpolitischen Bühne allmählich wieder Ruhe ein. Ein allgemeines Aufatmen ging durch das Land. Der deutschlandkritische Leiter des Berliner Büros der britischen Zeitung *Daily Express*, Sefton Delmer, urteilt in der Rückschau: „Man mag heute darüber sagen, was man will: Deutschland war im Jahre 1936 ein blühendes, glückliches Land. Auf seinem Antlitz lag das Strahlen einer verliebten Frau. Und die Deutschen waren verliebt - verliebt in Hitler."[1]

Was den führenden Politikern der Weimarer Republik versagt geblieben war, schien Hitler mit leichter Hand zu gelingen: Mit der Wiedereinführung der Allgemeinen Wehrpflicht im März 1935 und der Besetzung der entmilitarisierten Rheinlandzone ein Jahr später wurden auch die letzten jener allgemein als „Fesseln" empfundenen Bestimmungen des Versailler Vertrages abgestreift, durch welche sich wohl die Mehrheit der damaligen Deutschen in ihrer Ehre verletzt und im Kreise der Völker Europas diskriminiert gefühlt hatten. Jetzt aber war man wieder „Wer" - und man war stolz darauf.

Die inner- und außereuropäischen Mächte schienen diesen „Wiederaufstieg" des neuen Deutschlands, das keine Gelegenheit ungenutzt verstreichen ließ, seinen „unerschütterlichen Friedenswillen" nachdrücklich zu beteuern, trotz manchen Unbehagens hinsichtlich dessen innenpolitischer Entwicklung zu honorieren - und mit widerwilligem Respekt zu betrachten. Die deutsche Öffentlichkeit wähnte sich jedenfalls von einem einst Geächteten zu einem inzwischen gesuchten Gesprächspartner auf internationaler Bühne aufgestiegen zu sein. Nicht zuletzt die 1936 in Berlin ausgerichteten XI. Olympischen Spiele der Neuzeit[2], deren perfekte Organisation weltweit einen tiefen Eindruck hinterließ, schienen dies zu bestätigen und ermöglichten dem nationalsozialistischen Regime eine glänzende Außendarstellung, die wiederum auch nach Innen systemstabilisierend zurückwirkte. Daß zur gleichen Zeit hinter den Kulissen entscheidende Weichenstellungen auf

---

[1] Sefton Delmer, Die Deutschen und ich, Hamburg 1962, S. 288.

[2] Vgl. Hans Joachim Teichler, Die Olympischen Spiele Berlin 1936 - eine Bilanz nach 60 Jahren, in: *Aus Politik und Zeitgeschichte* B 29/[19]96, S. 13-22.

dem Weg ins Verderben vorgenommen wurden, ahnten demgegenüber nur sehr wenige.

Noch vor den außenpolitischen Erfolgen hatte allerdings die energische Wirtschafts- und Sozialpolitik der nationalsozialistischen Machthaber zu deren unbestreitbarer Popularität beigetragen. Die seit der Weltwirtschaftskrise immer weiter um sich greifende Massenarbeitslosigkeit und das damit einhergehende bedrückende Massenelend waren nahezu restlos beseitigt. Zwar hatte die Arbeiterschaft dafür inzwischen ihre mächtigen Organisationen und viele ihrer einst mühselig erkämpften Rechte verloren, doch fiel dies für deren Mehrheit gegenüber dem inzwischen erreichten wohl kaum ins Gewicht, denn „vor allem für die jüngeren Arbeitnehmer war die entscheidende Erinnerung nicht die, Rechte gehabt zu haben, sondern arbeitslos gewesen zu sein."[3] Zudem hatte über alle sozialen Schranken hinweg ein alle Schichten umfassendes stolzes neues Gemeinschaftsgefühl nahezu alle Deutschen derart in einer euphorischen Aufbruchsstimmung vereint, daß sie vor den an und für sich kaum unübersehbaren Schattenseiten der neuen Politik nur allzu bereitwillig die Augen verschlossen.

„Volksgemeinschaft" und „Rassenpolitik"

Mit Hitler war am 30. Januar 1933 nicht ein Politiker wie andere auch, sondern ein ausgeprägter Ideologe an die Schalthebel der Macht in Deutschland gelangt, der seine zuvor entwickelte „Weltanschauung"[4] auf wissenschaftlich bewiesenen Gesetzen der Natur wie des menschlichen Lebens fußend wähnte. Sein Weltbild ging von der sozialdarwinistischen Annahme eines ununterbrochenen Kampfes aller gegen alle aus, in welchem sowohl innerhalb der einzelnen Rassen selbst als auch zwischen denen von diesen gebildeten Staaten auf Dauer nur die Stärksten überleben würden. Dieser allgemeine Kampf ums Dasein gelange erst dann an sein Ende, wenn der die stärkste Rasse umfassende Staat die unumschränkte Weltherrschaft errungen habe. Einer der beiden „Endspiel-" bzw. „Endkampfteilnehmer" dieses Ringens um die Weltherrschaft stand für Hitler bereits fest: die Vereinigten Staaten von Amerika. Eines Tages würden sie ihren selbst-

[3] So zutreffend Karlheinz Weißmann, Der Weg in den Abgrund. Deutschland unter Hitler 1933 bis 1945, Berlin 1995, S. 174.

[4] Zu den Ausführungen zu diesem Komplex vgl. Enrico Syring, Hitler. Seine politische Utopie, Berlin 1994; dort sowohl die Belege als auch die Auseinandersetzung mit anderen wissenschaftlichen Positionen zu diesem Thema.

bezogenen Isolationismus überwinden und ihr ganzes, überwältigendes Gewicht in der Weltpolitik zur Geltung bringen. Ihnen gegenüber werde sich dann nur ein Staat behaupten und schließlich auch durchsetzen können, der eine ganz besonders „hochwertige" und ganz besonders „reine" Rasse in sich schließe, der ebenfalls uneingeschränkt über die Macht- und Hilfsmittel eines ganzen Kontinents verfüge, dessen Staatsapparat und hochtechnisiertes Wirtschaftsleben so modern organisiert sei, daß er eine vergleichbare Leistungsfähigkeit aufweise, und dessen „Volkskörper" sich durch eine unerschütterliche innere Geschlossenheit auszeichne. Um das Letztgenannte zu erreichen, müßten, so Hitlers Gedankengang weiter, zunächst einmal vor allem die angeblich in jedem „Volkskörper" vorhandenen, diesen immer mehr schwächenden und untereinander verbundenen „Bazillen der Zersetzung" so oder so beseitigt werden. Das waren für Hitler die Juden. Und es war sein Fernziel, aus dem deutschen Volk und dem deutschen Staat seiner Gegenwart heraus den zweiten Teilnehmer des „Endkampfes" um die Weltherrschaft zu entwickeln. Die für diese Auseinandersetzung erforderliche Rohstoffbasis werde man sich zu gegebener Zeit, außenpolitisch abgesichert als Verbündeter Italiens und Großbritanniens, durch die Eroberung und Unterwerfung der in Hitlers Vorstellungswelt von Juden beherrschten bolschewistischen Sowjetunion beschaffen.

Für das Scheitern des ersten deutschen „Griffes nach der Weltmacht" im Ersten Weltkrieg machte Hitler vor allem zwei innenpolitische „Fehler" verantwortlich: Neben der Nichtbeachtung der „Rassenfrage" sei man im Kaiserreich nicht hinreichend auf die berechtigten sozialen Forderungen der Arbeiterschaft eingegangen und habe sie daher auch nicht zu einem festen Bestandteil der Nation machen können. Hierdurch aber habe sich den Juden in der Krise des Weltkrieges ein Ansatzpunkt für ihre „Zersetzungstätigkeit" eröffnet. Sie hätten die infolge sozialer Mißstände unzufriedene Arbeiterschaft durch unerfüllbare Versprechungen verführen und gegen die Obrigkeit aufhetzen können und dadurch schließlich den inneren Zusammenbruch des Kaiserreiches herbeigeführt.

Diese „Fehler" wollte Hitler nicht wiederholen. So wie die Innenpolitik nach seinem Dafürhalten die unverzichtbare Voraussetzung und Grundlage der Aussenpolitik war, gehörten somit auch Sozial- und „Rassenpolitik" untrennbar für ihn zusammen, waren ihm zwei Seiten ein und derselben Medaille. Um überhaupt einmal aktiv außenpolitische Ziele verfolgen zu können, sollten daher zunächst die innenpolitischen Voraussetzungen dafür geschaffen werden. Und hier stand für Hitler die feste Einbindung der Arbeiterschaft in den deutschen „Volkskörper“ an erster Stelle. „Positiv“ sollte dies durch eine Sozialpolitik geschehen, welche bestehende Probleme und Ungerechtigkeiten wirklich in Angriff nehme und schließlich beseitige. „Negativ“ aber war es aus Hitlers Sicht unerläßlich, die Arbeiterschaft gleichzeitig ihren „Verführern“ zu entwinden. Dies hatte nach seinen Vorstellungen durch eine Absonderung der Juden und deren irgendwie zu bewerkstelligende „Beseitigung“ zu geschehen.

Da er der festen Überzeugung war, die in vielen Staaten der Erde vorhandenen jüdischen Minderheiten seien alle miteinander verbunden und agierten auf internationaler Bühne in geheimnisvoller Abstimmung untereinander alle gemeinsam, bekam die „Judenfrage“ für Hitler freilich schon bald nach seinem Machtantritt auch eine außenpolitische Dimension. Denn die nahezu einhellige Empörung, welche die gewalttätige Innenpolitik der Nationalsozialisten fast überall im Ausland hervorrief, führte er wie viele seiner prominentesten Anhänger allen Ernstes darauf zurück, daß die im Reich lebenden Juden vorsätzlich „weit übertriebene“ Schilderungen vom dortigen Geschehen an ihre im Ausland lebenden „Rassengenossen“ weiterleiteten, welche dann auf dieser Basis in ihren „Wirtsländern“ angeblich eine wahre „Greuelhetze“ gegen das neue Deutschland entfesselten.

Diese wahnhafte Selbsttäuschung war auch schon zur Rechtfertigung des Boykotts jüdischer Geschäfte am 1. April 1933 herangezogen worden, mit dem Hitler allerdings auch die beschäftigungslos vor sich hin randalierende SA auf ein ihm genehmeres Betätigungsfeld lenken wollte, und der bei der deutschen Bevölkerung nicht sonderlich gut ankam. Es ist daher durchaus möglich, daß Hitler damals gegenüber einem alten Vertrauten tatsächlich erklärt hat, „ich brauche die Juden als Geiseln“[5] für das „Wohlverhalten“ der in aller Welt lebenden Juden gegenüber dem nationalsozialistischen Deutschen Reich. Während einer Kabinettssitzung am 13. Juli 1933 stellte er diesen Zusammenhang jedenfalls ganz ausdrücklich her, indem er erklärte, „daß die Juden der Welt jetzt einen stillen Boykott gegen Deutschland führten, ohne daß ein Staat hiergegen etwas unternehme. Die jüdische Boykottbewegung würde nur stärker werden, wenn in Deutschland

[5] Ernst Hanfstaengl, Zwischen Weißem und Braunem Haus. Memoiren eines politischen Außenseiters, München 1970, S. 305.

Milde geübt würde. Es müßte bedacht werden, daß der jüdische Boykott nur das Mittel dazu wäre, um die politische Leitung Deutschlands zu beseitigen. Daher hätten die Juden in Deutschland in erster Linie die Folgen dieser Boykottbewegung zu tragen."[6]

In seinem Wahn konsequent, führte Hitler auch in den folgenden Jahren seine außenpolitischen Mißerfolge sowie die sich nach 1938 schnell wieder zuspitzende außenpolitische Lage des Reiches auf Machenschaften „der Juden" oder angeblich in deren Interessen handelnder ausländischer Politiker zurück. Es führt daher eine gerade Linie zu jener im nachhinein so unmißverständlich scheinenden Drohung, die er am 30. Januar 1939[7] vor dem Deutschen Reichstag gegenüber „dem Weltjudentum" erhob.

Dok. 7: Aus Hitlers Reichstagsrede vom 30. Januar 1939

„Ich will heute wieder ein Prophet sein: Wenn es dem internationalen Finanzjudentum in und außerhalb Europas gelingen sollte, die Völker noch einmal in einen Weltkrieg zu stürzen, dann wird das Ergebnis nicht die Bolschewisierung der Erde und damit der Sieg des Judentums sein, sondern die Vernichtung der jüdischen Rasse in Europa.

Denn die Zeit der propagandistischen Wehrlosigkeit der nichtjüdischen Völker ist zu Ende. Das nationalsozialistische Deutschland und das faschistische Italien besitzen jene Einrichtungen, die es gestatten, wenn notwendig, die Welt über das Wesen einer Frage aufzuklären, die vielen Völkern instinktiv bewußt und nur wissenschaftlich unklar ist.[...]

Die Völker wollen nicht mehr auf den Schlachtfeldern sterben, damit diese wurzellose internationale Rasse an den Geschäften des Krieges verdient und ihre alt-testamentarische Rachsucht befriedigt. Über die jüdische Parole ‚Proletarier aller Länder, vereinigt euch' wird eine höhere Erkenntnis siegen, nämlich: ‚Schaffende Angehörige aller Nationen, erkennt euren gemeinsamen Feind!'"

[Max Domarus (Hrsg.), Hitler Reden und Proklamationen 1932-1945. Kommentiert von einem deutschen Zeitgenossen, Wiesbaden 1973, Bd. II/1, S. 1058.]

---

[6] Karl-Heinz Minuth (Bearb.), Akten der Reichskanzlei. Die Regierung Hitler. Teil I: 1933/34, Bd. 1, Boppard am Rhein, 1986, Dok. 193, S. 677.

[7] Zu Umfeld und Stellenwert dieser Rede vgl. L. J. Hartog, Als Hitler den Massenmord prophezeite. Zur Rede vom 30. Januar 1939, in: *Die Zeit,* Nr. 5 vom 27. Januar 1989, S. 41.

Die ab 1933 gegenüber den in Deutschland lebenden Juden betriebene Politik scheint allerdings keinem grundlegenden Plan entsprungen zu sein. Es war daher auch für die an ihr beteiligten Stellen und Personen nicht absehbar, wie sie sich weiter entwickeln und worauf sie schließlich hinauslaufen würde.[8] Sie wies erhebliche innere Widersprüchlichkeiten auf und war durch Sprunghaftigkeiten gekennzeichnet, die von zum Teil spontan auf eigene Faust unternommenen Aktionen einzelner Parteimitglieder oder einzelner SA etc. - Verbände begleitet wurden. Gleichwohl läßt sich die nationalsozialistische „Judenpolitik" im nachhinein in zwei klar voneinander zu unterscheidende Phasen gliedern: in eine auf die Nötigung zur Emigration abzielende (1933-1940) und in eine der Ausrottung, des millionenfachen Massenmordes (1941-1945).

Ebenso wird erst in der Rückschau deutlich, daß der sich allmählich anbahnende Vernichtungsprozeß, der Massenmord an den europäischen Juden während des Zweiten Weltkrieges also, im Laufe der Zeit einen inneren Schematismus der gesamten „Judenpolitik" herausbildete, bei dem die Abfolge der einzelnen Schritte dann immer die gleiche blieb:

„Zuerst definierte Man den Begriff ‚Jude'; dann traten Enteignungsmaßnahmen in Kraft; es folgte die Konzentration der Juden in Ghettos; schließlich fiel die Entscheidung das europäische Judentum auszulöschen. Nach Rußland wurden mobile Tötungseinheiten entsandt, während man im übrigen Europa die Opfer in Vernichtungslager deportierte."[9]

Tab. 2: Der chronologische Ablauf der Vernichtung der europäischen Juden

Definition	
- - - - - - - - - - - - - - - - Emigration	
Enteignung	
- - - - - - - - - - - - - - - - Emigration	(1933-1940)
Konzentration	
- - - - - - - - - - - - - - - - Emigration	
Ausrottung	(1941-1945)

[Nach: Raul Hilberg: Die Vernichtung der europäischen Juden, Frankfurt a.M. 1991, Bd. 1, S. 56 f.]

---

[8] Eine ausgezeichnete und und noch immer überaus lesenswerte frühe Gesamtdarstellung zur Judenpolitik im nationalsozialistischen Deutschland ist Uwe D. Adam, Judenpolitik im Dritten Reich, Königstein (Ts.)-Düsseldorf ²1979.

[9] So knapp und präzise Raul Hilberg, Die Vernichtung der europäischen Juden, Frankfurt a.M. 1991, Bd. 1, S. 56.

Klare Bestimmungen dafür zu erarbeiten, wer denn überhaupt als Jude anzusprechen sei, machte den an der „Judenpolitik" des nationalsozialistischen Deutschlands beteiligten Stellen allerdings erhebliche Schwierigkeiten, die nie wirklich ausgeräumt werden konnten - auch dann nicht, als man sich 1942 schließlich darüber stritt, wer als Viertel- oder Achteljude zu gelten habe und wie mit diesem Personenkreis zu verfahren sei. Es blieb daher im wesentlichen bei jener Richtlinie, die bereits wenige Monate nach Hitlers Machtantritt ausgegeben worden war: Die Bezeichnung „nicht arische Abstammung" wurde in einer Verordnung vom 11. April 1933 als für alle Personen geltend definiert, „die einen jüdischen Eltern- oder Großelternteil hatten; ein Eltern- oder Großelternteil galt dann als jüdisch, wenn er (oder sie) der jüdischen Religion angehörte."[10] Dies war schon deshalb eine für die gesamte nationalsozialistische „Rassenlehre" entlarvende Festlegung, weil Hitler stets darauf beharrte, das Judentum könne eben nicht über seine Religion, sondern ausschließlich über seine „Rasse" erfaßt werden.

Das machte die ganze Angelegenheit für die von dieser Politik Betroffenen natürlich nicht weniger bedrohlich; denn sobald sich die nationalsozialistische Herrschaft einigermaßen stabilisiert hatte, gingen die neuen Machthaber daran, den Lebenskreis der deutschen Juden systematisch immer weiter einzuengen. Zunächst wurden sie aus dem Staatsdienst und von den Universitäten vertrieben, dann durften sie - außer für andere Juden - auch nicht mehr als Rechtsanwälte, Ärzte, Apotheker, Journalisten etc. tätig sein. Und neben diesen staatlichen Maßnahmen waren sie in ihrem Alltag zudem noch den Schikanen und willkürlichen antisemitischen Übergriffen örtlicher Parteimitglieder und auch anderer Mitbürger schutzlos ausgeliefert, „die das ‚Judenproblem von unten aufzurollen' verlangten, um die Behörden unter Zugzwang zu setzen." Zu solchen „spontanen" und nicht nachweislich „von oben" initiierten pogromähnlichen Aktionen kam es bereits im März 1933; besondere Häufungen lassen sich indes im Jahre 1935 und dann wieder im Sommer 1938 ausmachen. Auch hierbei handelte es sich zumeist um „‚wilde Aktionen' der nationalsozialistischen Parteibasis, die aber auch von interessierten Berufsgruppen, zum Beispiel von Einzelhändlern und Gewerbetreibenden, getragen wurden und die trotz wiederholter Verbote durch höchste Parteistellen

[10] Wiedergegeben nach ebd., S. 70.

im Grunde bis 1938 nicht nachließen, die Zeit der Olympischen Spiele in Berlin (1936) vielleicht ausgenommen."[11]

Daher sind die berüchtigten „Nürnberger Gesetze", die Hitler während des Nürnberger Parteitages der NSDAP Mitte September 1935 ebenso spontan wie kurzfristig erarbeiten und verabschieden ließ, unter anderem auch als - nicht sonderlich erfolgreicher - Versuch aufzufassen, die ihn außenpolitisch erheblich belastenden „wilden" antisemitischen Aktionen unter staatliche Kontrolle zu bringen.[12]

Dok. 8: Die Nürnberger Rassengesetze

a) „Gesetz zum Schutz des deutschen Blutes und der deutschen Ehre

Nürnberg, 15. September 1935

Durchdrungen von der Erkenntnis, daß die Reinheit des deutschen Blutes die Voraussetzung für den Fortbestand des deutschen Volkes ist, und beseelt von dem unbeugsamen Willen, die deutsche Nation für alle Zukunft zu sichern, hat der Reichstag einstimmig das folgende Gesetz beschlossen, das hiermit verkündet wird.

§ 1.

1. Eheschließungen zwischen Juden und Staatsangehörigen deutschen oder artverwandten Blutes sind verboten. Trotzdem geschlossene Ehen sind nichtig, auch wenn sie zur Umgehung dieses Gesetzes im Auslande geschlossen sind.
2. Die Nichtigkeitsklage kann nur der Staatsanwalt erheben.

§ 2.

Außerehelicher Verkehr zwischen Juden und Staatsangehörigen deutschen oder artverwandten Blutes ist verboten.

§ 3.

Juden dürfen weibliche Staatsangehörige deutschen oder artverwandten Blutes unter 45 Jahren nicht in ihrem Haushalt beschäftigen.

§ 4.

1. Juden ist das Hissen der Reichs- und Nationalflagge und das Zeigen der Reichsfarben verboten.

---

[11] So Hans-Jürgen Döscher, Reichskristallnacht. Die Novemberpogrome 1938, Frankfurt a.M.-Berlin 1988, S. 15. Das vorige Zitat ebd., S. 10.

[12] Vgl. dazu etwa Lothar Gruchmann, Blutschutzgesetz und Justiz. Entstehung und Anwendung des Nürnberger Gesetzes vom 15. September 1935, in: *Vierteljahrshefte für Zeitgeschichte* 31(1983), S. 418-442, und Michael Kilian, Das Recht des Unrechtsstaates. Die Nürnberger Gesetze, in: *Recht und Politik* 22 (1986), S. 110-114.

2. Dagegen ist ihnen das Zeigen der jüdischen Farben gestattet. Die Ausübung dieser Befugnis steht unter staatlichem Schutz.
§ 5.
1. Wer dem Verbot des § 1 zuwiderhandelt, wird mit Zuchthaus bestraft.
2. Der Mann, der dem Verbot des § 2 zuwiderhandelt, wird mit Gefängnis oder mit Zuchthaus bestraft.
3. Wer den Bestimmungen der §§ 3 oder 4 zuwiderhandelt, wird mit Gefängnis bis zu einem Jahr und mit einer Geldstrafe oder mit einer dieser Strafen bestraft.[...] „

b) „Das Reichsbürgergesetz
[...]
§ 2.
1. Reichsbürger ist nur der Staatsbürger deutschen oder artverwandten Blutes, der durch sein Verhalten beweist, daß er gewillt und geeignet ist, in Treue dem deutschen Volk und Reich zu dienen.
2. Das Reichsbürgerrecht wird durch Verleihung des Reichsbürgerbriefes erworben.
3. Der Reichsbürger ist der alleinige Träger der vollen politischen Rechte nach Maßgabe der Gesetze. [...]"

[Herbert Michaelis/Ernst Schraepler (Hrsg.), Ursachen und Folgen. Vom deutschen Zusammenbruch 1918 und 1945 bis zur staatlichen Neuordnung Deutschlands in der Gegenwart. Eine Urkunden- und Dokumentensammlung zur Zeitgeschichte, Berlin 1958-1980, Bd. XI, Dok. 2514, S. 163 f.]

Über sein „judenpolitisches" Endziel soll Hitler damals gegenüber einem Vertrauten geäußert haben: „heraus [mit den Juden] aus allen Berufen, Ghetto, eingesperrt in ein Territorium, wo sie sich ergehen können, wie es ihrer Art entspricht, während das deutsche Volk zusieht, wie man wilde Tiere ansieht."[13] Die Annahme, Hitler sei in der „Judenfrage" als ganz besonderer Scharfmacher in Erscheinung getreten, wäre allerdings einigermaßen verfehlt. Ganz im Gegenteil, obgleich an seiner radikal antisemitischen Gesinnung kein Zweifel bestehen kann, legte er nach seinem Machtantritt, wohl vor allem infolge der außenpolitischen Rücksichten, die er nun zu nehmen hatte, auf diesem Gebiet selbst im engsten Kreis eine erstaunliche Zurückhaltung an den Tag. Zudem neigte er ohnehin dazu, beinahe jede anste-

[13] Archiv des Instituts für Zeitgeschichte/München, Bestand ED 100.

hende Entscheidung möglichst lange vor sich herzuschieben; gar nicht selten so lange, bis sie sich von selbst erledigt oder er eine von anderen selbständig ergriffene Maßnahme nur noch im nachhinein gutzuheißen hatte. So taten sich denn auch in der „Judenpolitik" andere, unter ihnen vor allem Joseph Goebbels[14], als besonders ungestüme Dränger hervor, die den zögerlichen Hitler mitzureißen versuchten - viele Male erfolglos, wie beispielsweise der deutlich Unmut erkennen lassende Eintrag in Goebbels' Tagebuch vom 1. Oktober 1935 belegt: „Judenfrage noch immer nicht entschieden. Wir debattieren lange darüber, aber der Führer ist noch unschlüssig."[15]

Freilich achtete Hitler auch auf diesem Sektor darauf, daß er, wenn er denn schon einmal eine Entscheidung getroffen hatte, nicht als deren Urheber erkennbar wurde und damit - schon um seine außenpolitische Position nicht mehr als unumgänglich zu belasten - auch nicht persönlich für deren Folgen verantwortlich gemacht werden konnte. Dies war - und ausnahmsweise ist ihm dies im nachhinein einmal mit ziemlicher Sicherheit nachzuweisen[16]- auch bei jenen reichsweiten Pogromen vom 9. November 1938 der Fall, für die der zeitgenössische Volksmund wegen der vielen Glasscheiben, die dabei zu Bruch gingen, die Bezeichnung „Reichskristallnacht" geprägt hat: Auf die Nachricht vom tödlichen Attentat eines Juden auf einen Angehörigen der deutschen Botschaft in Paris hin, wußte Joseph Goebbels nach kurzer Rücksprache mit Hitler (der sich danach wohlweislich sofort entfernte) den aus Anlaß des Jahrestages des Hitlerputsches von 1923 versammelten hohen Würdenträgern der Partei geschickt den Eindruck zu vermitteln, „spontane" antisemitische Ausschreitungen „ziviler" deutscher Bürger seien in dieser Nacht ganz besonders erwünscht. Die nationalsozialistische Führung bediente sich der daraufhin ausbrechenden reichsweiten Pogrome dann auch, „um den antisemitischen Druck ihrer Basis zu ventilieren und zu kanalisieren. Gleichzeitig benutzten sie das Attentat von Paris als willkommenen Vorwand, durch eine Vielzahl administrativer Maßnahmen den Le-

[14] Ralf Georg Reuth, Goebbels, München-Zürich 1990, hat diesen bis dahin in seinem Stellenwert nicht hinreichend erkannten Aspekt der Rolle des Propagandaministers innerhalb NS-Deutschlands überzeugend herausgearbeitet.

[15] Elke Fröhlich (Hrsg.), Die Tagebücher von Joseph Goebbels. Sämtliche Fragmente. Teil I: Aufzeichnungen 1924-1941, München u.a. 1987, Bd. 2, S. 520.

[16] Der Hergang des Geschehens wird u.a. bei Döschner (Anm. 11) rekonstruiert.

bensraum der Juden so einzuengen, daß deren noch verbliebene wirtschaftliche und kulturelle Selbständigkeit zum Erliegen kam."[17]

Im Verlauf der Pogrome selbst wurden fast alle Synagogen und jüdischen Bethäuser in Deutschland zerstört und 7 500 jüdische Geschäfte demoliert.[18] Hunderte jüdischer Deutscher brachte man zu Tode oder trieb sie in den Selbstmord. Rund 30 000 jüdischer Männer wurden verhaftet und zumindest zeitweilig in ein Konzentrationslager eingeliefert.

Dok. 9: Der Vorsitzende der Gesellschaft für Christlich-Jüdische Zusammenarbeit in Berlin über seine Erlebnisse am 10. November 1938

„Am 10. November 1938 wurde ich schon am frühen Morgen durch telefonische Anrufe gewarnt. Ich solle nicht aus dem Hause gehen, da Juden auf der Straße und in den Verkehrsmitteln verhaftet würden. Dies schien mir aber unwahrscheinlich, und außerdem hatte ich nicht zu befürchten, als Jude äußerlich erkannt zu werden. Ich fuhr also in der Stadt herum und sah mir alles an. Die Tauentzienstraße im [Zentrum Berlins] bot einen furchtbaren Anblick. Die meisten Geschäfte hatten keine Schaufensterscheiben mehr, und die Straße war mit Glasscherben übersät. Die Synagogen brannten immer noch. Die Feuerwehr war aufgefahren, griff aber nur ein, um die umliegenden Gebäude vor Funkenflug und Brandgefahr zu schützen. [...]
Als ich nach Hause kam, lief mir auf der Straße mein Sohn entgegen und erzählte mir aufgeregt, daß bei uns ein Herr von der Gestapo säße, um mich abzuholen. Mutter ließe mir sagen, ich solle nicht nach Hause kommen. Nach kurzem Überlegen tat ich dies trotzdem. Der Beamte [...] eröffnete mir, daß er den Befehl habe, mich zu verhaften und nach dem Alexanderplatz zu bringen. Einen Grund konnte er mir nicht angeben [...] . [Dort angekommen, trafen wir im Hof des dortigen Polizeipräsidiums auf] Hunderte von Menschen, lauter Juden. Wir wurden bald auf Lastwagen geladen und abtransportiert. Niemand wußte, wohin.
Nach langer Fahrt über die nördlichen Vororte Berlins landeten wir im Konzentrationslager Sachsenhausen. Als wir in der Dunkelheit

---

[17] Ebd., S. 173.

[18] Alle Zahlenangaben nach Wolfgang Benz, Erziehung zur Unmenschlichkeit. Der 9. November 1938, in: Johannes Willms (Hrsg.), Der 9. November. Fünf Essays zur deutschen Geschichte, München 1994, S. 49-65, hier S. 58.

vom Wagen springen mußten, wurden wir von SS-Leuten mit Ohrfeigen, Fußtritten und Kolbenstößen empfangen. Dann wurden wir durch ein großes Tor auf den riesigen, durch drei große Scheinwerfer erleuchteten Lagerplatz getrieben. [...] Wir standen die ganze Nacht auf dem riesigen Appellplatz, Austreten war nicht erlaubt. Alle paar Minuten trafen neue Transporte ein. [...]
Während wir da standen, belustigten sich die SS-Leute damit, uns wahllos zu ohrfeigen oder zu treten. In meiner Nähe stand ein riesengroßer, starker Mann. Ein Mathematikprofessor. Als diesem von einem SS-Mann ein Faustschlag versetzt wurde, schlug er zurück, daß der SS-Mann hinpurzelte. Dies sah der Lagerführer und ließ ihn festnehmen. Auf seinen Wink wurde ein Holzbock herangebracht, und der Professor wurde über diesen festgeschnallt. Vier Männer waren dazu nötig, ihn zu bändigen. Dann mußten wir alle einen großen Kreis bilden, und der Lagerführer verkündete mit lauter Stimme, daß der Jude Itzig zu 25 Stockschlägen verurteilt sei. [...] Ein riesiger SS-Mann schlug mit einem Ochsenziemer 25mal auf den Gefesselten. Dieser schrie und brüllte vor Schmerz, und das Blut spritzte nur so umher. Bei den letzten Schlägen war er wohl schon ohnmächtig, denn er schrie nicht mehr. Dann wurde er abgeschnallt, es wurden Salz und Pfeffer in die Wunden gestreut, und der Bewußtlose wurde fortgeschleppt. Wir haben ihn nie wiedergesehen."

[Herbert Michaelis/Ernst Schraepler (Hrsg.), Ursachen und Folgen. Vom deutschen Zusammenbruch 1918 und 1945 bis zur staatlichen Neuordnung in der Gegenwart. Eine Urkunden- und Dokumentensammlung zur Zeitgeschichte, Berlin 1958-1980, Bd. XII, Dok. 2749 c), S. 584ff.]

Allein der Wert der im Zuge der „Reichskristallnacht" zerstörten Fensterscheiben wurde mit 10 Millionen Reichsmark beziffert. Der „zweite Mann" im nationalsozialistischen Deutschland, Hermann Göring, der u.a. auch für den Vierjahresplan der deutschen Wirtschaft verantwortlich war, zeigte sich über den durch die Pogrome angerichteten volkswirtschaftlichen Gesamtschaden, der mehrere hundert Millionen Mark betrug, zunächst alles andere als erbaut. Allerdings verfiel man alsbald auf den ausgesucht perfiden Ausweg, diese Last gänzlich auf die betroffenen Juden selbst abzuwälzen und so mit deren Unglück letztendlich sogar noch ein Geschäft zu machen.

Dok. 10: Aus Görings Verordnung zur Wiederherstellung des Straßenbildes bei jüdischen Gewerbebetrieben vom 12. November 1938

„Auf Grund der Verordnung zur Durchführung des Vierjahresplans vom 18. Oktober 1936 [...] verordne ich folgendes:

§ 1

Alle Schäden, welche durch die Empörung des Volkes über die Hetze des internationalen Judentums gegen das nationalsozialistische Deutschland am 8., 9. und 10. November 1938 an jüdischen Gewerbebetrieben und Wohnungen entstanden sind, sind von dem jüdischen Inhaber oder jüdischen Gewerbetreibenden sofort zu beseitigen.

§ 2

(1) Die Kosten der Wiederherstellung trägt der Inhaber der betroffenen jüdischen Gewerbebetriebe und Wohnungen.

(2) Versicherungsansprüche von Juden deutscher Staatsangehörigkeit werden zugunsten des Reiches beschlagnahmt."

[Hans-Jürgen Döscher, „Reichskristallnacht". Die Novemberpogrome 1938, Frank--furt a.M. -Berlin 1988, Dok. 4.4., S. 136.]

Nutznießer der beschämenden Ereignisse vom November 1938 war somit zunächst der Fiskus des Reiches, dem die jüdischen Versicherungsansprüche für die entstandenen Schäden in voller Höhe zuflossen. Hermann Göring konnte auch noch zentrale Kompetenzen für die deutsche „Judenpolitik" an sich ziehen, die er freilich an den Chef des Sicherheitsdienstes der SS, Reinhard Heydrich, weiterdeligierte. Aber auch „arische" deutsche Unternehmer und Betriebe profitierten in ganz erheblichem Umfang von den Pogromen, indem sie kaum Skrupel an den Tag legten, jetzt weit unter Wert jüdische Unternehmen und jüdisches Eigentum in ihren Besitz zu bringen, diese zu „arisieren" wie man damals sagte.[19]

Der Umstand, daß die deutsche Bevölkerung diese „Judenpolitik" in ihrer überwältigenden Mehrheit nicht nur hinnahm, indem sie sich

---

[19] Vgl. hierzu etwa Konrad Kwiet, Nach dem Pogrom: Stufen der Ausgrenzung, in: Wolfgang Benz (Hrsg.), Die Juden in Deutschland 1933-1945. Leben unter nationalsozialistischer Herrschaft, München ²1993, S. 545-659; Avraham Barkai, Vom Boykott zur Entjudung. Der wirtschaftliche Existenzkampf der Juden im Dritten Reich 1933-1943, Frankfurt a.M. 1988, und Gundi Mohr, Praktiken der Arisierung. Die wirtschaftliche Entjudung durch den nationalsozialistischen Staat, in: *Tribüne* 28(1989), S. 147-158.

auf eine „Das-geht-mich-nichts-an-Haltung“ zurückzog, sondern zu einem guten Teil auch mittrug und sich gar nicht so selten sogar in der einen oder anderen Form an den örtlichen Ausschreitungen und Übergriffen gegen Juden beteiligte, kann nicht allein mit der damals vorhandenen antisemitischen Grundströmung in vielen Schichten der deutschen Gesellschaft erklärt werden. Auch schlichte Lust am Randalieren, Schadenfreude, Neid, Eifersucht oder offene persönliche Rechnungen aus der Zeit vor 1933 spielten eine nicht zu unterschätzende Rolle. Zudem hatte sich die Führungsspitze des nationalsozialistischen Deutschlands dadurch viel Vertrauen und Dankbarkeit in der Bevölkerung erwerben können, indem sie das bittere soziale Massenelend der ausgehenden Weimarer Republik restlos beseitigte.[20]

Zwar trifft es zu, daß die Weichenstellungen, die zu diesem Aufschwung führten, bereits 1932 unter den Reichskanzlern von Papen und von Schleicher vorgenommen worden waren (und schon hier hatte die seit 1930 laufende geheime deutsche Aufrüstung eine Rolle gespielt). Aber zum einen war dies der Masse der deutschen Bevölkerung nicht bekannt, und zum anderen hatte Hitler die von seinen Vorgängern eingeleitete Politik ja auch nicht abgebrochen, sondern energisch zum Erfolg geführt. Und es ist eine Legende, daß er hierbei von Anfang an und in kriegerischer Absicht gezielt allein auf die Aufrüstung und andere militärpolitisch bzw. militärstrategisch verwertbare Maßnahmen gesetzt habe.[21] Vielmehr treffen im großen und ganzen die Einlassungen von Hitlers ehemaligem Reichsbankpräsidenten und Wirtschaftsminister Hjalmar Schacht zu, denen zufolge die Aufrüstung unter den staatlichen Maßnahmen zur Beseitigung der Arbeitslosigkeit zeitlich keineswegs an erster Stelle gestanden habe. Allerdings habe sie etwa seit Ende 1933 tatsächlich den Vorrang erlangt. Hierfür verantwortlich war nach Schacht „nicht allein ihr politischer Zweck, sondern die Tatsache, daß die Aufträge für die Aufrüstung an die große Zahl bestehender Fabriken erteilt werden konnten, die über

[20] Mit dem Versuch, diese Haltung der deutschen Bevölkerung zu erklären, löste der damalige Bundestagspräsident Philipp Jenninger im November 1989 einen Skandal aus. Seine in fachwissenschaftlicher Hinsicht gleichwohl durchaus beachtliche Rede ist abgedruckt bei Armin Laschet/Heinz Malangré (Hrsg.), Philipp Jenninger. Rede und Reaktion, Aachen-Koblenz 1989, S. 13-26.

[21] Vgl. dazu etwa Michael Geyer, Aufrüstung oder Sicherheit. Die Reichswehr in der Krise der Machtpolitik 1924-1936, Wiesbaden 1980, hier bes. S. 347-385, und Avraham Barkai, Das Wirtschaftssystem des Nationalsozialismus. Ideologie, Theorie, Politik 1933-1945, Frankfurt a.M. 1988, S. 150-210.

das ganze Land verteilt waren, und sich deshalb an allen Stellen des Reiches gleichmäßig auswirkten. Für Wegebauten, Autobahnen, Eindeichungen und dergleichen mußte man die Arbeiter von ihrem Wohnplatz an den Arbeitsort dirigieren, was erhebliche Unterbringungskosten und unerwünschte Trennung von der Familie bedingte. Aufrüstungsaufträge, die an die Fabriken im ganzen Land gingen, verschafften dem Arbeiter Beschäftigung an seinem gewohnten Heimatort und beließen ihn im Kreise seiner Familie."[22]

In gesellschaftspolitischer Hinsicht war die Schaffung einer deutschen „Volksgemeinschaft" Hitlers vorrangiges Ziel.[23] Auch dieses Vorhaben ist insofern als ein weiteres Instrument der nationalsozialistischen „Rassenpolitik" zu verstehen, als der feste, alle Klassen und Schichten umfassende innere Zusammenschluß aller Deutschen unter anderem eben auch durch eine bewußte Abgrenzung gegenüber den Juden erreicht werden sollte.

Alle sozialen Unterschiede konnte und wollte Hitler allerdings nicht beseitigen. Freilich sollte die Zugehörigkeit zu einer bestimmten sozialen Schicht nicht mehr, wie bisher, über Generationen hinweg „vererbt" werden können. Vielmehr wurde von jedem „arischen" jungen Deutschen zumindest theoretisch erwartet, daß er sich, ungeachtet seines Herkommens, seinen ihm ganz persönlich zukommenden Rang und Platz in der Gesellschaft allein durch sein Können und seine Einsatzbereitschaft zugunsten des Allgemeinwohls aus eigener Kraft erkämpfe. Gerade Kindern aus den unteren Schichten sollte auf diese Weise die Chance zum sozialen Aufstieg eröffnet werden.

Zudem wollte Hitler das soziale Ansehen in Zukunft nicht mehr von der sozialen Stellung in der Gesellschaft abhängig gemacht wissen: Jeder, der sich mit all seinen Fähigkeiten und mit vollem Einsatz, sei er nun Unternehmer oder Arbeiter, Professor oder Straßenkehrer, „Arbeiter der Stirn" oder „Arbeiter der Faust", auf seinem Platz dem Gemeinwohl widme, solle von nun an, trotz nach wie vor bestehender Einkommensunterschiede, grundsätzlich das gleiche soziale Ansehen genießen. Nicht mehr die soziale Stellung als solche, sondern allein

---

[22] Hjlmar Schacht, 76 Jahre meines Lebens, Bad Wörishofen 1953, S. 455. Vgl. dazu auch Ders., Abrechnung mit Hitler, Berlin-Frankfurt a.M. 1949, S. 129.

[23] Grundlage für alle folgenden Ausführungen zu dieser Problematik sind Rainer Zitelmann, Hitler. Selbstverständnis eines Revolutionärs, Stuttgart ²1989, S. 116-227; Syring (Anm. 4), S. 168-210, und Walter Grode, Nationalsozialistische Moderne. Rassenideologische Modernisierung durch Abtrennung und Zerstörung gesellschaftlicher Peripherien, Frankfurt a.M. u.a. 1994.

die aus ihr heraus bewiesene Einsatzbereitschaft für die - von den Nationalsozialisten definierte - „große gemeinsame Sache“ war mithin als Gradmesser für das soziale Ansehen gedacht. Alle „arischen“ Deutschen sollten so allmählich zu untereinander von gleich zu gleich verkehrenden „Volksgenossen“ und „Volksgenossinnen“ werden.

Gerade diese „sozialrevolutionäre“ Volksgemeinschaftsideologie, die keineswegs nur als bloße Propaganda abgetan werden kann (auch wenn sich Hitler durchaus darüber im klaren war, daß sie nur langfristig zu verwirklichen sein würde), wurde insbesondere von den damals jungen Deutschen mit großer Begeisterung aufgenommen[24] und hat so erheblich zur inneren Stabilität des Regimes beigetragen.

Dok. 11: Hitlers Verordnung über Wesen und Ziele der DAF vom 24. Oktober 1934

„§ 2 Das Ziel der Deutschen Arbeitsfront ist die Bildung einer wirklichen Volks- und Leistungsgemeinschaft aller Deutschen. Sie hat dafür zu sorgen, daß jeder einzelne seinen Platz im wirtschaftlichen Leben der Nation in der geistigen und körperlichen Verfassung einnehmen kann, die ihn zu höchsten Leistungen befähigt und damit den größten Nutzen für die Volksgemeinschaft gewährleistet. [...]

§ 7 Die Deutsche Arbeitsfront hat den Arbeitsfrieden dadurch zu sichern, daß bei den Betriebsführern das Verständnis für die berechtigten Ansprüche ihrer Gefolgschaft, bei den Gefolgschaften das Verständnis für die Lage und die Möglichkeiten ihres Betriebes geschaffen wird.

Die Deutsche Arbeitsfront hat die Aufgabe, zwischen den berechtigten Interessen aller Beteiligten jenen Ausgleich zu finden, der den nationalsozialistischen Grundsätzen entspricht [...].“

[Herbert Michaelis/Ernst Schraepler (Hrsg.), Ursachen und Folgen. Vom deutschen Zusammenbruch 1918 und 1945 bis zur staatlichen Neuordnung Deutschlands in der Gegenwart. Eine Urkunden- und Dokumentensammlung zur Zeitgeschichte, Berlin 1958-1980, Bd. IX, Dok. 2282, S. 654 f.]

Und all diese hehren Grundsätze standen keineswegs nur auf dem Papier. So war etwa dem Arbeitsdienst[25], den grundsätzlich jeder

[24] Dies belegt beispielsweise Melita Maschmann, Fazit. Mein Weg in der Hitler-Jugend, München[4]1981.

[25] Vgl. dazu Wolfgang Benz, Vom freiwilligen Arbeitsdienst zur Arbeitsdienstpflicht, in: *Vierteljahrshefte für Zeitgeschichte* 16(1968), S. 317-346, und die bei

männliche und jeder weibliche deutsche Jugendliche zu absolvieren hatte, neben seiner Entlastungsfunktion für den Arbeitsmarkt ganz ausdrücklich auch die Aufgabe zugedacht, gerade den aus den höheren Schichten stammenden Heranwachsenden den Wert einfacher körperlicher Arbeit zu vermitteln, damit sie ihre Geringschätzung gegenüber dieser Art von Tätigkeit verlören.

Die am 1. Dezember 1936 vollends zur „Staatsjugend" erhobene Hitlerjugend (HJ)[26] war mit all ihren Unterorganisationen unter anderem ebenfalls als eine Plattform konstruiert, auf der sich Jungen und Mädchen unterschiedlichster Elternhäuser gegenseitig kennenlernen sollten. Zwar war sie darüber hinaus ebenfalls ein Zwangsinstrument, durch das die Jugend auf die Zwecke des Regimes „abgerichtet" wurde, doch gleichzeitig ermöglichten es die von ihr organisierten gemeinsamen Wanderungen, Fahrradtouren oder Zeltlager etc. vielen Kindern gerade aus den unteren Schichten erstmals, überhaupt etwas „von der Welt zu sehen". Zudem spielte die soziale Herkunft für die „Karriere" eines Jungen oder Mädchens innerhalb der HJ keine Rolle. Gar nicht so selten mußte der Professorensohn „im Dienst" vor dem Sohn des Straßenkehrers „strammstehen". All dies machte die Hitlerjugend auch und gerade für Arbeiterkinder sehr anziehend.

Auch waren es die Nationalsozialisten, die eine ganze Reihe uns heute selbstverständlich erscheinender sozialpolitischer Gegebenheiten zugunsten der Arbeiterschaft durchsetzen.[27] Als Beispiele hierfür seien nur der Achtstundentag oder das 1938 festgeschriebene Recht auf einen bezahlten Mindesturlaub genannt. Und der von der heute vor allem wegen ihres Namens belächelten Freizeitorganisation „Kraft durch Freude" (KdF)[28] arrangierte Massentourismus war zwar zum einen ebenfalls ein Instrument des Regimes zur Kontrolle insbesondere der Arbeiterschaft; zum anderen aber ermöglichte sie es gleichzeitig sehr vielen, die sich dies vorher nicht leisten konnten, erstmals überhaupt in Urlaub zu fahren, etwa eine Kreuzfahrt auf einem der

---

Hans-Uwe Otto/Heinz Sünker (Hrsg.), Politische Formierung und soziale Erziehung im Nationalsozialismus, Frankfurt a.M. 1991 versammelten Beiträge.

[26] Vgl. dazu vor allem Arno Klönne, Jugend im Dritten Reich. Die Hitler-Jugend und ihre Gegner, München 1990.

[27] Vgl. dazu beispielsweise die bei Hans-Uwe Otto/Heinz Sünker (Hrsg.), Soziale Arbeit und Faschismus, Frankfurt a.M. 1989, versammelten Aufsätze.

[28] Vgl. Wolfhard Buchholz, Die nationalsozialistische Gemeinschaft Kraft durch Freude. Freizeitgestaltung und Arbeiterschaft im Dritten Reich, Diss. München 1976.

eigens dafür gebauten KdF-Schiffe zu buchen etc. Die von den Nationalsozialisten so nachdrücklich betriebene, und in ihrer Zeit weltweit ausgesprochen „fortschrittlich“ erscheinende Sozialpolitik hatte mithin zumindest zwei Gesichter: Auf der einen Seite diente sie vor allem der nationalsozialistischen „Rassenpolitik“, der Ausgrenzung „rassisch unerwünschter Elemente“ und der gezielten Förderung insbesondere der als „rassisch wertvoll“ eingestuften Menschen. (Und anders, als man sich dies zuweilen vorstellt, achtete man dabei nicht in erster Linie auf die heute schon sprichwörtlich gewordenen äußerlichen Merkmale „180 [cm Körpergröße], blond und blauäugig“, sondern zunächst und vor allem auf den Grad der bewiesenen Einsatzbereitschaft für das - von den Nationalsozialisten definierte - Gemeinwohl.) Auf der anderen Seite aber brachte die nationalsozialistische Sozialpolitik für die von ihr betreuend erfaßten „Volksgenossen und Volksgenossinnen“ so große Vorteile, daß man in ihr wohl völlig zu Recht einen der entscheidenden Gründe für die fast bis zum letzten Tage festzustellende Massenanhänglichkeit der Deutschen gegenüber dem nationalsozialistischen Regime sehen kann.

Der Staat Hitlers?

In den Medien, zumal im Fernsehen, wird die Geschichte des nationalsozialistischen Deutschlands heute zumeist noch immer so dargestellt, als sei es damals einem von dämonischen Kräften besessenen Diktator mittels Terror, Gewalt und Unterdrückung gelungen, erst ganz Deutschland und schließlich fast der ganzen Welt seinen Willen aufzuzwingen. Ist die Geschichte der Jahre 1933-1945 also im wesentlichen die Geschichte Adolf Hitlers?

Wie wir schon in den vorangegangenen Kapiteln gesehen haben, ist die Angelegenheit so einfach nicht. Hitler konnte mitnichten ohne Einschränkung schalten und walten, wie ihm dies gerade beliebte. Er war nicht immer nur der Treiber, sondern oft auch der Getriebene und zumeist eine Mischung aus beidem. Nicht selten sah er sich zu einem guten Teil durchaus nachvollziehbaren Kräften und Zwängen ausgesetzt, die ihm den Gang, den die Entwicklung ihren Vorstellungen nach zu nehmen hatte, aufzunötigen trachteten und die er dann wiederum seinerseits unter seinen Willen zu zwingen versuchte - und dies keineswegs in jedem Falle mit Erfolg. Und es ist eine apologetische Legende, daß Hitler die Geschicke des nationalsozialistischen

Deutschlands von Beginn an in selbstherrlicher Machtvollkommenheit allein gelenkt habe.

Hitlers Wehrmachtsadjutanten der Jahre 1934 bis 1938, Friedrich Hoßbach zufolge hat Hitler ihm gegenüber einmal bemerkt, er versuche nicht, seinen Ratgebern seine Ansichten aufzuzwingen, sondern sei bestrebt, sie von deren Richtigkeit zu überzeugen. Und Hoßbach bestätigt denn auch, daß in jenem Zeitraum, den er in der unmittelbaren Umgebung des „Führers und Reichskanzlers" verbrachte „wesentliche Entscheidungen auf politischem, militärpolitischem oder militärischem Gebiet nicht stattfanden, ohne daß ihnen [...] ausgiebige Besprechungen und Erörterungen vorangegangen waren, die für Hitler nicht eine Formsache, sondern ein Bedürfnis waren. Der Eindruck bestand, daß Hitler die Aussprache mit seinen Mitarbeitern nicht nur benutzte, um die Gesprächspartner von seiner Einstellung zu überzeugen, sondern um sich selbst klar zu werden und zu fester Meinungsbildung zu kommen. Man geht in der Annahme fehl, daß Hitler grundsätzlich seine Ratgeber vor ein fait accompli gestellt habe."[29]

Gerade in den ersten Jahren seiner Herrschaft war Hitler zudem in hohem Grade auf die nur sehr schwer mit Gewalt zu erzwingende Unterstützung der alten Eliten in Wirtschaft, Staatsapparat, Diplomatie und Verwaltung[30] angewiesen, die durchaus ihren eigenen Kopf und ihren eigenen Willen hatten, den Hitler nicht ohne weiteres übergehen konnte, wenn er auf ein weiteres Funktionieren des von ihm übernommenen Staatswesens Wert legte. Vor allem hatte er sich das Wohlwollen der Reichswehr zu erhalten, wenn er nicht nur an der Macht bleiben, sondern seine Stellung auch noch festigen und weiter ausbauen wollte. Denn zumindest solange der von Amts wegen mit dem Oberbefehl über die bewaffnete Macht betraute Reichspräsident von Hindenburg noch lebte, konnte er nie völlig ausschließen, daß das Militär sein auch in der Innenpolitik beträchtliches Gewicht doch noch gegen ihn und seine „Bewegung" in die Waagschale werfen würde, wenn er und/oder seine Anhänger dessen Geduld über Gebühr strapazieren sollten. Und auch nach Hindenburgs Tod änderte sich hieran zunächst kaum etwas (zumal Hitler ja nur knapp einen Monat zuvor

[29] Friedrich Hoßbach, Zwischen Wehrmacht und Hitler 1934-1938, Wolfenbüttel-Hannover 1949, S. 111.

[30] Einen knappen Überblick über die Rollen der alten Eliten im nationalsozialistischen Deutschland bieten die bei Martin Broszat/Klaus Schwabe (Hrsg.), Die deutschen Eliten und der Weg in den Zweiten Weltkrieg, München 1989, versammelten Aufsätze.

seine „Parteiarmee“ hatte „enthaupten“ lassen und sich damit selbst seiner bisherigen „Hausmacht“ entledigte), denn die SS wuchs erst allmählich zu deren - dann freilich sehr viel gefährlicheren - Nachfolgerin heran. Unter diesen Umständen erscheint es durchaus glaubwürdig, wenn Hitlers Wehrmachtsadjutant Friedrich Hoßbach versichert:

„Ein selbstherrliches Eingreifen in die Belange der Wehrmacht gab es bis zum 4.2.1938 [d.h. bis zu Hoßbachs Ausscheiden als Hitlers Wehrmachtsadjutant im Gefolge der „Blomberg-Fritsch-Krise“] nicht. Die Grenzen des Verantwortungsbereiches des Reichskriegsministers wurden von Hitler nicht überschritten. Hatte er Wünsche auf [...] militärischem Gebiet, so besprach er sie mit Blomberg oder ließ sie diesem durch mich übermitteln. Inwieweit Blomberg darauf einging, war eine Frage des Standpunktes, den er gegenüber Hitler einnahm.“[31]

Zudem legte Hitler nahezu bis Kriegsende größten Wert auf die ungebrochen hohe Popularität seiner Herrschaft und seiner Person bei der deutschen Bevölkerung. Und auf jede noch so kleine Stimmungsschwankung reagierte er überaus empfindlich. Manche Schritte, manchen Schwenk in seiner Politik hat er nur deshalb unternommen bzw. unterlassen, weil er sich davon Pluspunkte in dem versprach, was wir heute „öffentliche Meinung“ nennen. Machte sich in der Bevölkerung einmal Unmut breit, ließ Hitler nichts unversucht, die allgemeine Stimmung wieder zu heben. Dazu wiederum Hoßbach:

„Es ist gewiß, daß Hitler [...] in einer großen inneren Abhängigkeit vom Beifall der Menge war, auch wenn er die Begeisterungsstürme häufig als eine Selbstverständlichkeit mit äußerer Gelassenheit hinzunehmen schien. Hitler war überhaupt in weit größerem Maße Eindrücken und Einflüssen zugänglich, als es heute den Anschein hat. Aber die Wirkung auf ihn war von wechselnder Dauer und Stärke.“[32]

Schließlich hatte sich Hitler noch mit seinen vielen mehr oder weniger prominenten alten „Parteigenossen“ herumzuschlagen, die, mochten sie nun Ernst Röhm, Joseph Goebbels, Hermann Göring, Alfred Rosenberg oder Heinrich Himmler[33] heißen, nach dem 30. Ja-

---

[31] Bundesarchiv-Militärarchiv/Freiburg (Brsg.), Bestand N 24/99, S. 4 f. 18

[32] Ebd., S. 3.

[33] Zu diesen und anderen Mitgliedern der nationalsozialistischen Führungsriege vgl. Ronald Smelser/Rainer Zitelmann (Hrsg.), Die braune Elite. 22 biographische Skizzen, Darmstadt 1989, und Ronald Smelser/Enrico Syring/ Rainer Zitel-

nuar 1933 immer noch einflußreichere Positionen im Staatswesen für sich zu ergattern versuchten. Sie alle haben nie verstanden, daß Hitler zwar, wie sie, Staat und Partei eins werden lassen wollte, dies aber, im Gegensatz zu ihnen nicht durch einen gewalttätigen Handstreich, sondern durch eine langfristige Unterwanderungsstrategie, gewissermaßen auf dem Wege eines „Marsches durch die Institutionen", erreichen wollte.[34] Während viele „alte Kämpfer" jetzt sofort und für sich selbst eine ihnen „angemessen" erscheinende Stellung erobern wollten, setzte Hitler darauf, den künftig heranwachsenden Generationen von Kindesbeinen an auf dem Wege der Erziehung das „nationalsozialistische Gedankengut" einzutrichtern. Diese würden dann ganz von selbst „von unten" in die bestehenden staatlichen Institutionen hineinwachsen, während die Angehörigen der alten, nichtnationalsozialistischen Eliten nach und nach auf natürlichem Wege ausstürben. Irgendwann wäre der Staatsapparat auf diese Weise schließlich „von ganz allein" zu einem rein nationalsozialistischen geworden. Dies abzuwarten und dafür den eigenen Ehrgeiz hintanzustellen, fiel jedoch von Hitlers Paladinen keinem ein. Dennoch existierten Staat und Partei im nationalsozialistischen Deutschland noch bis weit in den Krieg hinein in wesentlichen Bereichen weitgehend unverbunden nebeneinander, auch wenn die Verschränkungen im Laufe der Zeit immer zahlreicher wurden.

Keine dieser nicht nur auf die innenpolitische Szenerie einwirkenden Kräfte in nicht wiedergutzumachender Weise zu verprellen, war für Hitler auf die Dauer keine leichte Aufgabe. Hinzu kam, daß er vom menschlichen Naturell her keineswegs der diszipliniert und aufopfernd arbeitende, nervenstarke, kühn und kühlen Kopfes wägende und wagende Staatsmann war, als der er sich nach außen hin darzustellen wußte. Eher entsprach er dem nervösen und reizbaren „Künstlertyp". Beständige Schreibtischarbeit war ihm ein Greuel. Nur in den ersten Monaten nach seinem Machtantritt zwang er sich dazu, weil er insbesondere bei dem zunächst sehr skeptischen Hindenburg

---

mann (Hrsg.), Die braune Elite II. 21 weitere biographische Skizzen, Darmstadt 1993. Grundlage für alle folgenden Ausführungen zu Staat und Verwaltung 1933 bis 1945 sind Martin Broszat, Der Staat Hitlers. Grundlegung und Entwicklung seiner inneren Verfassung, München [9]1981, sowie Dieter Rebentisch, Führerstaat und Verwaltung im Zweiten Weltkrieg. Verfassungsentwicklung und Verwaltungspolitik 1939-1945, Stuttgart 1989.

[34] Vgl. dazu Syring (Anm. 4), bes. S. 241-276.

einen guten Eindruck machen wollte. Bald aber spielte sich bei ihm das meiste jedoch wieder, wie vordem, „zwischen Tür und Angel“[35] ab. Lange Phasen quälenden Nichtstuns wurden nur hier und da von „Anfällen“ hektischer Betriebsamkeit unterbrochen. Und in kritischen Situationen verlor Hitler zuweilen regelrecht „den Kopf“ und mußte von seiner Umgebung gestützt werden. Trotz alledem ist jedoch eines nicht von der Hand zu weisen: Obgleich er vieles durch seine rassenideologisch eingefärbte „Brille“ nur wahnhaft verzerrt wahrnahm, besaß er doch einen zuweilen ganz erstaunlich guten „Riecher“ für politische und militärische Entwicklungen.

Zudem war ihm selbst gegenüber den meisten derjenigen Personen, die längere Zeit in seiner engeren Umgebung eingebunden waren und die ihn mithin auch in alltäglichen Situationen erlebten, eine unglaubliche persönliche Ausstrahlungskraft eigen.[36] Durch viel Einfühlungsvermögen vermochte er es, auch Menschen, die sich vollends am Boden zerstört fühlten, immer wieder aufs neue den Glauben an sich selbst zurückzugeben, ihnen die feste Überzeugung zu vermitteln, daß sie es schaffen könnten, wenn sie es nur wollten. Mit dieser von ihm offenbar ganz bewußt eingesetzten „Führungstechnik“ konnte er viele, die mit ihm in Berührung kamen, in die gleiche Art von geradezu suchtartiger persönlicher Abhängigkeit bringen, wie sie sich auch zwischen einem erfolgreichen Psychiater und seinem hilfesuchenden Patienten einstellen kann.

Für das reibungslose Funktionieren eines modernen Verwaltungsstaates hatte Hitlers sprunghaftes Naturell freilich verheerende Folgen, zumal er dazu neigte, immer dann, wenn er den Eindruck gewonnen hatte, eines seiner Anliegen werde auf dem Wege über die staatlichen Institutionen nicht schnell genug vorangetrieben (oder eine Idee an ihn herangetragen worden war, die er für interessant hielt), spontan einen Sonderbevollmächtigten dafür einzusetzen[37], dem er zwar - zumeist mündlich - „umfassende Vollmachten“ zusicherte, den er aber danach völlig sich selbst überließ. Und es war dann Sache dieses vor stolzem Eifer glühenden Bevollmächtigten, sich seine genauen Zuständigkeiten und Befugnisse selbst zu „erobern“ und andere

[35] Vgl. Rebentisch (Anm. 33), S. 53.
[36] Dies belegen viele auch der beispielsweise bei Gitta Sereny, Das Ringen mit der Wahrheit. Albert Speer und das deutsche Trauma, München 1995, zusammengetragenen Zeugenaussagen.
[37] Vgl. Rebentisch (Anm. 33), S. 331 und öfter.

(staatliche) Dienststellen zu einer positiven Zusammenarbeit mit ihm zu bewegen.

Kam auch dieser Sonderbevollmächtigte nicht weiter, setzte Hitler in der gleichen Sache noch einen zweiten ein; in aller Regel jedoch ohne den ersten dann wieder zu kassieren. Auf diese Weise entstand mit der Zeit ein ungeheures Wirrwarr von unzähligen Dienststellen mit sich überschneidenden oder gar völlig gleichen Zuständigkeiten, die im wesentlichen damit beschäftigt waren, sich eifersüchtig mit den ihnen entsprechenden staatlichen Behörden herumzustreiten und sich zugleich auch untereinander höchst erbittert zu bekriegen. Schon der zeitgenössische Volksmund hat die ironische Bezeichnung „NS-Kampfspiele" für dieses unglaubliche Durcheinander in die Welt gesetzt.

Auch wenn heute die Ansicht vertreten wird, Hitler habe dieses Chaos nicht aus Berechnung und in der vorgefaßten Absicht angerichtet, auf diese Weise seine Alleinherrschaft zu sichern, eröffneten sich ihm dadurch gleichwohl zumindest potentiell erhebliche Spielräume:

„Jeder Staatsmann und Beamte, jeder Armee- und Marineoffizier, jede politische Gruppe innerhalb der führenden Elite, jedes Mitglied der Hofgesellschaft[38] - alle waren dazu verdammt, um die Gunst der ‚Allerhöchsten Person' zu werben. Wer die Unterstützung des [... ‚Führers'] fand, konnte sich gegen seine Rivalen, ja oft auch gegen den eigenen Vorgesetzten, durchsetzen. Eben dieses Werben der untereinander rivalisierenden Gruppen und Personen um das Vertrauen und damit um die Unterstützung des Herrschers hat der Soziologe Norbert Elias treffend als ‚Königsmechanismus' bezeichnet."[39]

Trotzdem, ja vielleicht gerade deshalb noch mehr denn je, neigte Hitler nach wie vor dazu, nahezu jeder an ihn herangetragenen konkreten Entscheidung größerer Reichweite so lange wie nur irgend möglich auszuweichen. Entweder entgegnete er auf entsprechende Fragen gar nichts[40], oder er „antwortete" mit einem weitschweifigen

[38] Zur Übertragbarkeit dieses Begriffs auf Hitler und dessen Umgebung vgl. die noch immer überaus lesenswerten Betrachtungen bei H. R. Trevor-Roper, Hitlers letzte Tage, Frankfurt a.M.-Berlin (Neuausgabe) 1995, S. 40-72.

[39] John C.G. Röhl, Kaiser, Hof und Staat. Wilhelm II. und die deutsche Politik, München 1995, S. 126 f, dessen Ausführungen auch in dem hier interessierenden Zusammenhang zutreffen.

[40] Vgl. etwa Franz von Sonnleithner, Als Diplomat im Führerhauptquartier. Aus dem Nachlaß, München-Wien 1989, S. 16.

Vortrag, der seinen Gesprächspartner einigermaßen ratlos zurückließ. Im Kreis von Hitlers Sekretärinnen wurde gewitzelt, der „Führer“ pflege sogar auf eine Erkundigung nach den Wetteraussichten mit einem endlosen Grundsatzreferat nach dem Motto „Nun, da gibt es folgende Möglichkeiten“ zu reagieren, in welchem jede denkbare Eventualität so lange von allen Seiten beleuchtet werde, bis seinem Gegenüber der Kopf schwirre.[41]

Auch wenn dies zweifellos weit übertrieben ist, enthält es doch im Kern etwas Wahres. Da Hitlers „Entscheidungen“ oft „deutbar waren ‚wie die sibyllinischen Bücher‘, boten sie breitesten Raum für eigenmächtige Auslegungen. Dementsprechend hatte sich im Umkreis des Diktators eine Art ‚Führer-Astrologie‘ herausgebildet. Deren Wirkungsweise wird aus den Betrachtungen von Hitler-Vertrauten deutlich, die von ‚Auguren‘ sprechen, ‚die seine Sprache allein zu verstehen glaubten, für die ein Brummen oder ein Kopfschütteln, während er die Zeitung las, eindeutiger Befehl geworden war, wenn es auch nur daher stammte, daß er eine Fliege auf der Nase verscheuchen wollte.‘“[42]

Unübertroffener Meister in dieser Art von „Kaffeesatzleserei“ wurde während des Krieges übrigens Hitlers Sekretär Martin Bormann: Stets trug er im Ärmelaufschlag einen Vorrat von Karteikarten mit sich herum, auf denen er sich mit Datum und Uhrzeit jede beiläufig hingeworfene Hitler-Äußerung, alles, was dieser vielleicht im Zustand momentaner Verärgerung etc. „ins Unreine gesprochen hatte“ sofort notierte - sofern sich daraus eigenmächtig ausgearbeitete „Führerbefehle“ formulieren ließen, von denen er, Bormann, sich entweder einen Ausbau der eigenen Machtposition oder doch zumindest eine Förderung seiner höchst persönlichen politischen „Steckenpferde“ versprach.[43]

---

[41] Vgl. die bei Christa Schroeder, Er war mein Chef. Aus dem Nachlaß der Sekretärin von Adolf Hitler, hrsg. von Anton Joachimsthaler, München 1985, geschilderten Szenen.

[42] Enrico Syring, Intentionalisten und Strukturalisten. Von einem noch immer ausstehenden Dialog, in: Uwe Backes/Eckhard Jesse/Rainer Zitelmann (Hrsg.), Die Schatten der Vergangenheit. Impulse zur Historisierung des Nationalsozialismus, Frankfurt a.M.-Berlin 1990, S. 169-195, hier S. 185.

[43] Vgl. die zwar überaus sensationsheischend aufgemachten, gleichwohl aber gut belegten Schilderungen bei Jochen von Lang, Der Sekretär. Martin Bormann: Der Mann, der Hitler beherrschte, Frankfurt a.M. 1980, S. 171 f. und öfter.

Allerdings wäre es nun doch reichlich naiv anzunehmen, im nationalsozialistischen Deutschland sei jeder „Führerbefehl" - einmal ganz unabhängig davon, wie er nun zustande gekommen war - automatisch, auf dem schnellsten Wege und in vollem Umfang auch verwirklicht worden. Das war selbst dann nicht der Fall, als man am 30. Januar 1943 im Reichsverwaltungsblatt festgeschrieben hatte: „Der Führer Adolf Hitler als Träger der höchsten Souveränität des Großdeutschen Reiches ist alleiniger Ursprung allen Rechts"[44] und Hitler damit nun auch formalrechtlich vollends zum unumschränkten Alleinherrscher aufstieg. Wie in jedem anderen modernen Verwaltungsstaat gab es vielmehr auch in Hitlers Reich zu jeder Zeit Eigenmächtigkeiten bzw. „Sonderpolitiken" in den Behörden bzw. in einzelnen Dienststellen, die ihnen nicht genehme „Führerbefehle" verzögerten, „zurechtbogen" oder gleich völlig „vergaßen". Das führte zu nicht unerheblichen „Reibungsverlusten".[45]

Das muß auch auf dem militärischen Sektor - selbst noch während des Zweiten Weltkrieges[46]- in Rechnung gestellt werden. Gerade Hitlers Rolle als Oberster militärischer Befehlshaber während des Krieges ist nach 1945 selten zutreffend beschrieben worden. Um sich selbst von jeder Mitschuld reinzuwaschen, verfochten die überlebenden deutschen Spitzenmilitärs nahezu einhellig die Auffassung, Hitler habe den Krieg gegen ihren erbitterten Widerstand praktisch ganz allein verloren. Sie selbst seien von ihm mit roher Gewalt dazu gezwungen worden, seine offensichtlich unsinnigen Befehle auszuführen. Dem entgegen bezeugt Albert Speer, der an vielen militärischen Lagebesprechungen persönlich teilgenommen hat: „Gerade die Generale sind ja ein Jahrzehnt lang nicht einer wüterischen Kraft gewichen, sondern einer oft bezwingenden, mit Gründen argumentierenden Persönlichkeit gefolgt."[47]

Auch entspricht die oft kolportierte Behauptung nicht den Tatsachen, in der zweiten Hälfte des Krieges habe ein sich völlig in wirk-

---

[44] Zitiert nach Manfred Funke, Starker oder schwacher Diktator? Hitlers Herrschaft und die Deutschen. Ein Essay, Düsseldorf 1989, S. 50.

[45] Vgl. Rebentisch (Anm. 33), S. 11.

[46] Zu den von den gängigen Vorstellungen abweichenden Erfahrungen und Beobachtungen, die ein Frontbefehlshaber während des Krieges hinsichtlich solcher „Führerbefehle" machte vgl. Hermann Balck, Ordnung im Chaos. Erinnerungen 1893-1948, Osnabrück ²1981, S. 532 f. und 638 f.

[47] Albert Speer, Spandauer Tagebücher, Frankfurt a.M.-Berlin (Neuausgabe) 1994, S. 63.

lichkeitsfernen Wunschträumen verlierender, tobsüchtiger Diktator die gesamte Kriegführung an sich gerissen und seine nüchternen, klarblickenden militärischen Fachleute gegen deren besseres Wissen zu zähneknirschender Hilflosigkeit verdammt. Einer der besten Kenner der historischen Quellen zu diesem Thema hat demgegenüber bezeichnenderweise festgestellt, in Wahrheit sei ein solcher Kontrast keineswegs in allen Fällen nachweisbar. Das gelte gerade auch für die militärischen Lagebeurteilungen und für das Abwägen langfristiger Entwicklungsmöglichkeiten: „Oft genug hat hier der Optimismus Hitlers die Zuversicht seiner militärischen Berater kaum übertroffen." Wer das Studium der überlieferten Akten aufnehme, stelle vielmehr mit Erstaunen fest, „daß Hitler in Wirklichkeit weit seltener ‚Alleingänge' unternahm, als allgemein angenommen wird und als angesichts jener apologetischen Zeugnisse zu vermuten war. Meist befand sich Hitler, sogar noch 1944/45, in Übereinstimmung mit angeblich klügeren und realistischeren Fachleuten, oft ohne von der Übereinstimmung zu wissen. Wo es Differenzen gab", sei im übrigen die Frage, „ob die Auffassungen der Fachleute einen höheren Vernunftgehalt aufwiesen, auch nicht von vornherein zu bejahen." In zahlreichen Fällen müsse „eher das Gegenteil" konstatiert werden.[48] Mit anderen Worten: Bei einer ganzen Reihe jener ab 1941 getroffenen militärischen Fehlentscheidungen, die nach 1945 Hitler ganz allein angelastet wurden, hatte er sich seinerzeit in Übereinstimmung mit den Ratschlägen seiner besten militärischen Ratgeber befunden.[49] Nur wollten diese dies nach der deutschen Kapitulation nicht mehr wahrhaben.

Aus dem Zeitraum vor 1939 sind es vor allem zwei Ereignisse, die im nachhinein auf ein ungezügeltes persönliches Machtstreben Hitlers zurückgeführt wurden: Die Zusammenlegung der Amtsgewalten von Reichskanzler und Reichspräsident nach Hindenburgs Tod Anfang August 1934 und die „Blomberg/Fritsch-Krise" im Januar/Februar 1938, in deren Folge Hitler die unmittelbaren Kommandobefugnisse des bisherigen Reichskriegsministers an sich zog. Über die Vorgeschichte der Vereinigung der Ämter von Staatsoberhaupt und Regierungschef wissen wir kaum etwas. Die alsbald nach dem „Enthaup-

---

[48] Hans-Heinrich Wilhelm, Die Prognosen der Abteilung Fremde Heere Ost 1942-1945, in: Ders./Louis de Jong, Zwei Legenden aus dem Dritten Reich, Stuttgart 1974, S. 7-75, hier S. 8.

[49] Vgl. dazu auch Enrico Syring/Ronald Smelser, Eine Elite im Widerstreit, in: Dies. (Hrsg.), Die Militärelite des Dritten Reiches. 27 biographische Skizzen, Berlin-Frankfurt a.M. 1995, S. 9-27, hier S. 13 f.

tungsschlag“ gegen Röhms SA verfügte systematische Vernichtung aller mit diesem Ereignis zusammenhängenden Unterlagen hat möglicherweise auch eventuelle schriftliche Zeugnisse zu jener Frage mit umfaßt. Jedenfalls aber notierte sich Joseph Goebbels bereits am 25. August 1933 in sein Tagebuch:

„Nach [Reichsinnenminister] Frick lange grundsätzliche Aussprache mit Chef [Hitler] : [...] 3.) Was nach Hindenburgs Tod? Sofort Hitler ausrufen. Aber doch Votum des Volkes. Kanzler u[nd] R[eichs] - Pr[äsident] in einem Amt vereinigt. Neue Stellung des Kanzlers in jeder Hinsicht. Hitler eindeutig Führer in jeder Richtung.“[50]

Und am 13. März 1946 sagte Hermann Göring vor dem Nürnberger Hauptkriegsverbrechertribunal aus, es sei zunächst erwogen worden, Hitler zum Reichspräsidenten zu erheben und ihn selbst, Göring, zum Reichskanzler. Auch habe man darüber nachgedacht, „irgendeine andere Persönlichkeit als Strohpuppe als Staatsoberhaupt hinzusetzen“. Schließlich sei dann aber doch beschlossen worden, die Ämter des Staatsoberhauptes und des Regierungschefs nach amerikanischem Vorbild zu vereinigen.[51] Allerdings ist auch hieraus nicht eindeutig zu entnehmen, von wem die Ideen jeweils stammten und von wem sie verfochten wurden. Auch darüber, wer sie wie weiterverfolgt und schließlich durchgesetzt hat, läßt sich nur spekulieren. Fest steht jedoch, daß der Entschluß, Hindenburg zu „beerben“ für Hitler bereits seit September 1933 feststand.[52]

Über die sogenannte „Blomberg/Fritsch-Krise“ vom Januar 1938, in die nach 1945 alles mögliche hineingeheimnist wurde, sind wir durch eine Untersuchung aus dem Jahre 1994 dagegen recht gut informiert[53]: Der verwitwete Reichskriegsminister Generalfeldmarschall Werner von Blomberg heiratete am 12. Januar 1938 in aller Stille eine sehr viel jüngere Frau, die bei der Polizei dadurch aktenkundig geworden war, daß sie einmal für pornographische Aufnahmen posiert

---

[50] Fröhlich(Anm. 15), Bd. 2, S. 461.

[51] Vgl. Der Prozeß gegen die Hauptkriegsverbrecher vor dem internationalen Militärgerichtshof Nürnberg. 14. November 1945 - 1. Oktober 1946, Nürnberg 1947-1949 [im folgenden zitiert als: IMT], Bd. IX, S. 288.

[52] Vgl. Horst Mühleisen, Das Testament Hindenburgs vom 11. Mai 1934, in: *Vierteljahrshefte für Zeitgeschichte* 44(1996), S. 355-371, hier S. 357 f.

[53] Vgl. Karl-Heinz Janßen/Fritz Tobias, Der Sturz der Generäle. Hitler und die Blomberg-Fritsch-Krise 1938, München 1994. Der Autor folgt bei der Schilderung der Affäre im wesentlichen dieser Darstellung.

hatte. Dadurch war die Frau nach damaligen Maßstäben für einen Mann in Blombergs Position, zumal für Offiziere in dieser Hinsicht ganz besonders strenge Regeln galten, politisch wie gesellschaftlich gleichermaßen untragbar. Und das war dem Feldmarschall auch nur allzu klar. Käme die Vergangenheit seiner Braut heraus, dann würde ihn dies nach aller Voraussicht sein Amt kosten.

Blomberg setzte daher alles daran, die Identität seiner Verlobten zu verschleiern. Er konnte Hitler und Göring als Trauzeugen gewinnen - freilich ohne sie über die Vergangenheit seiner zweiten Frau aufzuklären. Offenbar wollte er sich auf diese Weise gegen den zu erwartenden Sturm der Entrüstung aus der Generalität und Admiralität der Wehrmacht wappnen, zu dem es unweigerlich kommen mußte, sobald das „Vorleben" seiner Gattin ruchbar wurde. Nur der erste und der zweite Mann im Staate zusammen wären dann unter Umständen noch in der Lage gewesen, den Reichskriegsminister gegen diesen Widerstand weiter im Amt zu halten. Er nahm Hitler und Göring also ohne deren Wissen gewissermaßen als „Geiseln" und spekulierte darauf, sie würden ihm im Falle des Falles schon allein deshalb zur Seite stehen müssen, um sich selbst eine deftige Blamage zu ersparen. Und tatsächlich versuchte der einigermaßen fassungslose und enttäuschte Hitler, nachdem die Sache nahezu umgehend „aufgeflogen" war, zunächst, Blomberg im Amt zu halten und die peinliche Affäre unter den Teppich zu kehren. Doch war der Druck aus der Generalität zu stark, als daß selbst Hitler sich ihm lange hätte widersetzen können, und der Feldmarschall mußte gehen.

Nach Blombergs Entlassung wollte Hitler den bisherigen Oberbefehlshaber des Heeres, Generaloberst Werner von Fritsch, zu dessen Nachfolger ernennen. Da erinnerte er sich, daß man ihm vor einigen Jahren eine Polizeiakte vorgelegt hatte, in welcher der Generaloberst damals strafbarer homosexueller Handlungen bezichtigt worden war. Unwillig hatte der Diktator damals die Vernichtung dieser Akte befohlen. Nun, nach der Pleite mit Blomberg, hielt er alles für möglich und wollte der Sache auf den Grund gehen, da er sich einen weiteren Skandal im Reichskriegsministerium nicht mehr leisten konnte. Fritsch, zu den gegen ihn erhobenen Beschuldigungen (die sich wenige Monate später als völlig haltlos erwiesen) befragt, verhielt sich ungeschickt und konnte oder wollte manche Ungereimtheit in seinem Lebenswandel nicht ausräumen. Angesichts dessen glaubten damals auch diejenigen nicht mehr an seine „Unschuld“, die ihn dann nach 1945 als argloses Opfer Hitlerscher Machenschaften darstellten.

Man hat lange vermutet, Göring und Himmler hätten diesen Doppelskandal mit oder ohne Wissen des Diktators arrangiert. Entweder, so wurde gemutmaßt, habe Hitler sich auf diesem Wege unliebsamer „Bremser“ gegenüber seinem immer risikoreicheren außenpolitischen Kurs entledigen wollen[54], oder der ehrgeizige Göring sei auf das Amt des Reichskriegsministers erpicht gewesen, dessen Untergebener er als Oberbefehlshaber der Luftwaffe bis dahin gewesen war. Die Quellen sprechen jedoch - zumindest was Hitler anbelangt - eine andere Sprache. So schrieb etwa Joseph Goebbels am 27. Januar 1938 mit spürbarem Entsetzen in sein Tagebuch: „Es ist unausdenkbar. Die schwerste Krise des Regimes seit der Röhmaffäre. Ich bin ganz zerschmettert. Der Führer sieht aus wie eine Leiche“[55]- und dieser Tagebucheintrag ist durchaus kein Einzelfall.

Dok. 12: Aus dem Tagebucheintrag Joseph Goebbels’ vom 1. Februar 1938

„Der Führer läßt mich zu sich rufen. Ich bin mit ihm allein 2 Stunden in seinem Privatzimmer. Er ist wieder etwas gefaßt, aber immer noch sehr bleich, grau und erschüttert. Er klagt mir sein ganzes Leid. Wie ihm alle menschlichen Ideale zerbrochen sind. Blomberg heiratet eine Nutte und bleibt bei ihr und läßt den Staat fahren. Der Führer glaubt, daß er das alles vorher gewußt habe. Er ist weich und verspielt, kam aus bürgerlicher Enge und fällt nun auf das erste Mensch herein. Er hat den Führer mit seiner Heirat direkt überrumpelt. Der Führer hat ihm blind vertraut. Das war ein großer Fehler. Fritsch als 175er [dieser Paragraph des damaligen Strafgesetzbuches bezog sich auf Homosexualität] nahezu entlarvt. Zwar liegt das 3 Jahre zurück, aber der Führer glaubt fest daran. Fritsch leugnet, aber das tun ja diese Menschen immer. Auch nicht mehr zu halten. [...] Um die ganze Sache zu vernebeln, soll großes Revirement [d.h.: ein großer Personalaustausch] stattfinden. Anstelle Neuraths Ribbentrop als Außenminister. [...] Keinesfalls darf die Sache als Triumph der Partei aufgemacht werden. Und die wahren Hintergründe müssen hinter einer Ne-

[54] Diese überholte Sichtweise findet sich sogar noch bei Stefan Kley, Hitler, Ribbentrop und die Entfesselung des Zweiten Weltkrieges, Paderborn u.a. 1996, S. 15.

[55] Fröhlich (Anm. 15), Bd. 3, S. 416.

belwand verschwinden. [...] Ich hoffe, in dem großen Personenschub gehen die eigentlichen Beweggründe vollkommen unter. Der Führer ist ganz erschüttert. Die Tränen stehen ihm in den Augen. Eine sehr ernste Stunde. Hoffentlich kommen wir mit einem blauen Auge davon."

[Elke Fröhlich (Hrsg.), Die Tagebücher von Joseph Goebbels. Sämtliche Fragmente. Teil I: Aufzeichnungen 1924-1941, München u.a. 1987, Bd. 3, S. 423 f.]

Erst jetzt, nachdem auch Fritsch als Nachfolger Blombergs nicht mehr in Frage kam, zeigte der ohnehin schon mit allen möglichen Ämtern und Würden überhäufte Hermann Göring ein sehr lebhaftes Interesse an der Übernahme auch noch des Reichskriegsministeriums. Nach einigem Hin und Her folgte Hitler am Ende der Anregung des scheidenden Blomberg und zog die Kommandobefugnisse des Reichskriegsministers an sich, während er die Verwaltungsaufgaben des bisherigen Ministeriums einem eigens eingerichteten „Oberkommando der Wehrmacht" unter General Wilhelm Keitel übertrug. Diese Aufteilung mag Hitlers persönlicher Machtgier entsprungen sein. Zugleich aber war sie auch die einzige denkbare Regelung, mit der sich Hermann Göring, der sich mit seiner Anwartschaft auf die Blomberg-Nachfolge sehr weit exponiert hatte (und der von Hitler immerhin insgeheim bereits am 13. Dezember 1934 zu seinem Nachfolger bestimmt worden war[56]) abfinden konnte, ohne „sein Gesicht zu verlieren". Hierin sieht auch Hitlers Luftwaffenadjutant der Jahre 1937 bis 1945, Nicolaus von Below, den eigentlichen Beweggrund für diese Regelung des Diktators. Völlig zutreffend stellt Below darüber hinaus fest:

„Hätte Hitler die Absicht gehabt, Blomberg und Fritsch von sich aus zu entfernen, würde es Mittel und Wege gegeben haben, dies eleganter, ohne Skandalaffären zu erledigen. Es war abwegig, Hitler zu unterstellen, er wolle nunmehr die Befehlsgewalt über die Wehrmacht übernehmen. Er besaß sie seit dem Tode von Hindenburg am 2. August 1934, als er Staatsoberhaupt und damit oberster Befehlshaber der Wehrmacht geworden war."

---

[56] Vgl. Minuth (Anm. 6), Bd. 2, Nr. 382, S. 1385, Anm. 4. Erst am 1. September 1939 brachte Hitler diese Regelung im Rahmen einer Reichstagsrede auch an die Öffentlichkeit. Vgl. dazu Max Domarus (Hrsg.), Hitler. Reden und Proklamationen 1932-1945. Kommentiert von einem deutschen Zeitgenossen, Wiesbaden 1973, Bd. II/1, S. 1316.

Zudem betrachte er, Below, die tiefe Betroffenheit, ja Verstörtheit, die der deutsche Diktator angesichts des Doppelskandals an den Tag legte, als echt - und folgenreich: „Mit dieser Affäre brach für Hitler eine Welt zusammen. Bis zu diesem Vorfall war Hitlers Hochachtung für Generale - und den Adel - nicht zu erschüttern gewesen."[57]

Alles in allem wurde Hitler im Laufe der Jahre zu einem immer stärkeren Diktator - nicht zuletzt aufgrund der verschiedenen Amtsgewalten, die er nach und nach an sich gezogen hatte. Er war jedoch nicht gleich von Beginn der nationalsozialistischen Herrschaft in Deutschland an jener unumschränkte Alleinherrscher, als der er in Erinnerung geblieben ist. Auch stellt sich das, was sich im nachhinein als eine gut durchdachte und zielstrebig umgesetzte Strategie zur Ausweitung seiner persönlichen Machtposition ausnimmt, bei näherer Betrachtung der damaligen Zusammenhänge nicht ganz so eindeutig dar. Oft handelte Hitler unter dem Druck von außen auf ihn einwirkender Interessen. Ebenfalls haben Zufälligkeiten eine Rolle gespielt, die Hitler nicht alle vorausgesehen oder gar selbst arrangiert haben kann. In der „Blomberg/Fritsch-Krise" ist er haarscharf an einer ungeheuren persönlichen Blamage vorbeigeschrammt, die seiner innenpolitischen wie seiner außenpolitischen Position gleichermaßen erheblich geschadet hätte. Ferner war die Anhäufung von immer mehr Machtbefugnissen in seiner Person gelegentlich auch die einzig gangbare Lösung für bestimmte Problemlagen, von der er annehmen konnte, sie würde - jedenfalls von der Mehrheit seiner Anhänger, den wichtigsten Macht- und Interessengruppen in Deutschland und nicht zuletzt auch von der deutschen Bevölkerung - akzeptiert werden. Aber auch als Hitler während des Krieges den absoluten Höhepunkt seiner persönlichen Macht erreichte, sanken weder seine Mitarbeiter noch der Staatsapparat oder gar die militärischen Führungsstäbe zu völlig willen- und seelenlosen Ausführungsorganen seiner Entschlüsse herab. Selbst jetzt konnte er seinen Willen nicht immer und in allen Fragen durchsetzen. Zudem blieb Hitler auf allen Gebieten stets in sehr viel höherem Maße von seinen Ratgebern abhängig und unternahm sehr viel weniger Alleingänge, als man dies nach 1945 wahrhaben wollte.

---

[57] Nicolaus von Below, Als Hitlers Adjutant 1937-1945, Mainz 1980, S. 67; dort auch das vorige Zitat.

Außenpolitik: Von der Revision zur Expansion

Die Entwicklung der deutschen Außenpolitik ab bzw. nach 1935 wurde von einer Reihe grundlegender Gegebenheiten mitbestimmt. Da war zunächst die zügellose, untereinander nicht abgestimmte, sondern in rücksichtsloser Konkurrenz gegeneinander betriebene Aufrüstung von Heer, Marine und Luftwaffe, die sich nach der Wiedereinführung der Allgemeinen Wehrpflicht noch weiter beschleunigte. Ihre Rückwirkungen waren erheblich, zumal sie außenpolitisch in keiner Weise abgesichert war, sondern sich in geradezu arrogant wirkender Selbstherrlichkeit und Rücksichtslosigkeit vollzog. Insbesondere die Westmächte zeigten sich dadurch alarmiert. Mithin wurde die internationale Lage durch die deutsche Aufrüstung destabilisiert. Die außenpolitische Situation des Deutschen Reiches verschlechterte sich in ihrer Folge um so mehr, als sich nun auch Großbritannien und Frankreich zu verstärkten Rüstungsanstrengungen gezwungen fühlten. In deren Aufrüstung sahen nun aber die führenden deutschen Militärs wiederum eine Bedrohung und reagierten darauf mit noch weiterem Drehen der Rüstungsspirale.[58] Auf diese Weise war ein allgemeiner Rüstungswettlauf in Gang gekommen, den Deutschland infolge der überlegenen Ressourcen der Westmächte langfristig kaum gewinnen konnte. Und alsbald wurde absehbar, daß das Reich das von ihm selbst ausgelöste Wettrüsten unter den europäischen Großmächten am Ende unweigerlich verlieren würde.

Durch die auf immer höheren Touren gefahrene deutsche Rüstungsmaschinerie wurde zudem auch in volkswirtschaftlicher Hinsicht eine selbstzerstörerische Zeitbombe in Gang gesetzt. Bereits am 28. Februar 1934 hatte sich Hitler in einer Rede vor Generalen und höheren SA- und SS-Führern sehr pessimistisch über die mittel- bis langfristigen Wirtschaftsaussichten geäußert:

„‚Das deutsche Volk geht einem furchtbaren Elend entgegen.‘ [...] Die NSDAP habe die Arbeitslosigkeit beseitigt. Diese Blüte wird aber nur etwa acht Jahre dauern, dann müssen wirtschaftliche Rückschläge eintreten. Diesem Übel könne man nur dadurch abhelfen, daß man für

---

[58] Vgl. Klaus-Jürgen Müller, Revision, Aufrüstung und nationale Sicherheit. Der Grundsatzkonflikt zwischen Militär und Diplomatie in Deutschland 1933-1935, in: Karl Dietrich Bracher/Manfred Funke/Hans-Peter Schwarz (Hrsg.), Deutschland zwischen Krieg und Frieden. Beiträge zur Politik und Kultur im 20. Jahrhundert. Festschrift für Hans-Adolf Jacobsen, Düsseldorf 1991, S. 19-30, hier S. 28.

den Bevölkerungsüberschuß Lebensraum schaffe. Diesen würden uns aber die Westmächte nicht gönnen. Daher könnten kurze entscheidende Schläge nach Westen und dann nach Osten notwendig werden. [...] Die [...] neue Armee müsse nach fünf Jahren für jede Verteidigung, nach acht Jahren auch für den Angriff geeignet sein."[59]

Und in August 1936 machte der Chef des Allgemeinen Heeresamtes im Oberkommando des Heeres, der damalige Generalmajor Friedrich Fromm[60], seinen Oberbefehlshaber auf das rüstungswirtschaftlich-volkswirtschaftliche Dilemma aufmerksam, in das man in nicht allzu ferner Zukunft zu geraten drohe:

„Ab 1940 würden die Kosten des geplanten Heeres eine derartige schwindelerregende Höhe erreicht haben, daß ein ständig einsatzbereites Heer in der vorgesehenen Größenordnung nicht mehr lange unterhalten werden könne. Man müsse entweder die dann erreichte Kriegsbereitschaft wieder abbauen - was die Sinnlosigkeit des ganzen Unternehmens offenkundig gemacht hätte - oder es müsse ‚anschließend an die Aufrüstungsperiode bald der Einsatz der Wehrmacht erfolgen'."[61]

Fromm warf denn bei dieser Gelegenheit auch gleich die Frage auf, ob denn bereits „eine feste Absicht" bestehe, die Wehrmacht zu einem bestimmten „schon festgelegte[n] Zeitpunkt einzusetzen oder nicht."

Die Konsequenzen, die sich mittelfristig aus dem bis Sommer 1936 eingeschlagenen Kurs der deutschen Rüstungspolitik unweigerlich ergeben mußten, sind mithin bereits damals von hohen Verantwortungsträgern klar erkannt worden. Es nimmt daher nicht wunder, wenn seither unter Historikern immer wieder darüber diskutiert wurde [62], inwieweit die völlig ungebremste, „regellose" deutsche Aufrüstung im

[59] Klaus-Jürgen Müller, Armee und Drittes Reich 1933-1939. Darstellung und Dokumente, Paderborn ²1989, Dok. 58, S. 195.

[60] Zu dessen Person vgl. die biographische Skizze von Bernhard R. Kroener, Friedrich Fromm - Der „starke Mann im Heimatkriegsgebiet", in: Smelser/Syring (Anm. 49), S. 171-186.

[61] So die prägnante Inhaltsangabe bei Müller (Anm. 58), S. 28. Vgl. dazu auch Wilhelm Deist/Manfred Messerschmidt/Hans-Erich Volkmann/Wolfram Wette, Ursachen und Voraussetzungen des Zweiten Weltkrieges, Frankfurt a.M. 1989, S. 519; von hier stammt auch das folgende Zitat.

[62] Vgl. dazu Ludolf Herbst, Die Krise des nationalsozialistischen Regimes am Vorabend des Zweiten Weltkrieges und die forcierte Aufrüstung. Eine Kritik, in: *Vierteljahrshefte für Zeitgeschichte* 26(1978), S. 347-392.

Laufe der Jahre eine Art „Schubwirkung" entwickelte, welche „die Linie der Politik Hitlers beeinflußte" und auch seine politischen Entscheidungen zumindest im Kern vorbildete.

Auch wenn die Quellen eine eindeutige Antwort auf diese Frage nicht zulassen, so muß bei der Beurteilung von Hitlers Kriegspolitik zumindest ab 1936 doch immerhin in Rechnung gestellt werden, „daß die politische Realität in Deutschland vor Ausbruch des Zweiten Weltkrieges in stärkstem Maße von den Folgeerscheinungen des militärischen Unternehmens Aufrüstung bestimmt wurde."[63] Diese hatte die wirtschaftliche Lage prekär werden lassen und die Staatsfinanzen zerrüttet. Hiervon wiederum waren inflationäre Tendenzen ausgegangen, die angesichts des inzwischen bestehenden Arbeitskräftemangels und der sich daraus ergebenden Notwendigkeit einer staatlichen Bewirtschaftung des Arbeitsmarktes[64] zu erheblichen sozialpolitischen Problemen geführt hatten. Alle diese Elemente ließen die Möglichkeit einer unkalkulierbaren Gefährdung der innenpolitischen Basis des Regimes in greifbare Nähe rücken. Die Explosion dieser selbstzerstörerischen Zeitbombe konnte zwar durch die - so oder so zu bewerkstelligende - Hinzugewinnung weiterer wirtschaftlich und/oder industriell bedeutsamer Gebiete eine Weile hinausgezögert werden. Zu entschärfen wäre sie jedoch nur durch einen Abbruch der zügellosen deutschen Aufrüstung gewesen. Doch weder Hitler noch seine Spitzenmilitärs (auch diejenigen nicht, die später zum deutschen Widerstand gehören sollten) verschwendeten offenbar auch nur einen Gedanken an diese Option.

Schon Anfang 1936 wurde klar, daß eine zentrale Bewirtschaftung der in Deutschland vorhandenen Rohstoffvorräte und der für weitere Ankäufe im Ausland erforderlichen Devisenvorräte unumgänglich war - sollte die deutsche Aufrüstung im bis dahin geplanten Rahmen fortgesetzt werden können. Durch Geheimerlaß vom 4. April 1936 übertrug Hitler diese Aufgabe an Hermann Göring. Hieraus entwickelte sich der Vierjahresplan[65], in welchem die politische Führung der

---

[63] Deist/Messerschmidt u. a. (Anm. 61), 635

[64] Vgl. etwa Dietmar Petzina, Die Mobilisierung deutscher Arbeitskräfte vor und während des zweiten Weltkrieges, in: *Vierteljahrshefte für Zeitgeschichte* 18 (1970), S. 443-455.

[65] Vgl. dazu Dietmar Petzina, Autarkiepolitik im Dritten Reich. Der nationalsozialistische Vierjahresplan, Stuttgart 1968, und Ders., Vierjahresplan und Rüstungspolitik, in: Friedrich Forstmeier/Hans-Erich Volkmann (Hrsg.), Wirtschaft und Rüstung am Vorabend des zweiten Weltkrieges, Düsseldorf ²1981, S. 65-80.

deutschen Privatwirtschaft die im entsprechenden Zeitraum zu lösenden Aufgaben zuwies.

Dok. 13: Aus Hitlers Denkschrift zum Vierjahresplan von Ende August 1936

„Seit sich der Marxismus durch seinen Sieg in Rußland eines der größten Reiche der Welt als Ausgangsbasis für seine weiteren Operationen geschaffen hat, ist diese Frage zu einer bedrohlichen geworden. Einer in sich selbst weltanschaulich zerrissenen demokratischen Welt tritt ein geschlossener autoritär weltanschaulich fundierter Angriffswille gegenüber.
Die militärischen Machtmittel dieses Angriffswillens steigern sich dabei in rapider Schnelligkeit von Jahr zu Jahr. [...] Europa hat zur Zeit nur zwei dem Bolschewismus gegenüber als standfest anzusehende Staaten: Deutschland und Italien. Die anderen Länder sind [...] durch ihre demokratische Lebensform zersetzt, marxistisch infiziert und damit in absehbarer Zeit selbst dem Zusammenbruch verfallen [...]. Alle diese Länder wären unfähig, jemals einen aussichtsvollen Krieg gegen Sowjetrußland zu führen.
Wie denn überhaupt außer Deutschland und Italien nur noch Japan als eine der Weltgefahr gegenüber standhaltende Macht angesehen werden kann.
[...] Wenn es uns nicht gelingt, in kürzester Frist die deutsche Wehrmacht in der Ausbildung, [...] in der Ausrüstung und vor allem auch in der geistigen Erziehung zur ersten Armee der Welt zu entwickeln, wird Deutschland verloren sein. [...]
1) Wir sind überbevölkert und können uns auf der eigenen Grundlage nicht ernähren. [..]
6) Die endgültige Lösung liegt in einer Erweiterung des Lebensraumes bzw. der Rohstoff- und Ernährungsbasis unseres Volkes. Es ist die Aufgabe der politischen Führung, diese Frage dereinst zu lösen. [...]
Das Wirtschaftsministerium hat nur die nationalwirtschaftlichen Aufgaben zu stellen, und die Privatwirtschaft hast sie zu erfüllen. [...] Die deutsche Wirtschaft aber wird die neuen Wirtschaftsaufgaben begreifen oder sie wird sich eben unfähig erweisen in dieser modernen Zeit, in der ein Sowjet-Staat einen Riesenplan aufrichtet, noch weiter zu bestehen. [...]

Kurz zusammengefaßt: Ich halte es für notwendig, daß nunmehr mit eiserner Entschlossenheit auf all den Gebieten 100 %ige Selbstversorgung eintritt, auf denen diese möglich ist und daß dadurch nicht nur die nationale Versorgung mit diesen wichtigen Rohstoffen vom Ausland unabhängig wird, sondern daß dadurch auch jene Devisen eingespart werden, die wir im Frieden für die Einfuhr unserer Nahrungsmittel benötigen. [...]
Ich stelle damit folgende Aufgabe
I. Die deutsche Armee muß in 4 Jahren einsatzfähig sein.
II. Die deutsche Wirtschaft muß in vier Jahren kriegsfähig sein."

[Wilhelm Treue, Denkschrift Hitlers über die Aufgaben eines Vierjahresplanes, in: *Vierteljahrshefte für Zeitgeschichte* 3(1955), S. 204-210.]

Die deutsche Öffentlichkeit versuchte Göring mit der Parole „Kanonen statt Butter!" für die Aufgaben seines neuen Amtes zu begeistern - was angesichts seiner beträchtlichen Leibensfülle für einige Heiterkeit unter den Zeitgenossen sorgte. Die Spannungen unter den Teilstreitkräften wurden durch Görings Ernennung allerdings noch weiter verschärft, denn Heer und Marine argwöhnten aus gutem Grund, er benachteilige sie bei der Zuteilung der knappen Rohstoffe zugunsten „seiner" Luftwaffe. Endlose Reibereien waren die Folge.

Zu den grundlegenden Rahmenbedingungen der deutschen Außenpolitik ab 1935 gehört auch der Wandel im persönlichen Selbstverständnis, den Hitler 1936/37 durchmachte.[66] War er bis dahin augenscheinlich der Auffassung gewesen, es sei seine Aufgabe, jene innenpolitischen Voraussetzungen zu schaffen, die seinen Nachfolgern die Eroberung von neuem Grund und Boden ermöglichen würden, gelangte er nun zu der Ansicht, selbst noch möglichst viel von seinem außenpolitischen „Programm" in Angriff nehmen zu müssen. Vielleicht waren ihm seine bisherigen Erfolge zu Kopf gestiegen und er fühlte sich nun zu „historischer Größe" berufen. Vielleicht traute er seinem von ihm bestimmten Nachfolger Hermann Göring auch nicht mehr zu, das zu leisten, was - so wie die Dinge inzwischen standen - seiner

[66] Zu den Ausführungen in diesem Absatz vgl. beispielsweise Fröhlich (Anm. 15), Bd. 2, Eintr. 8. Juni 1936, S. 621; ebd., Bd. 3, Eintr. 17. März 1937, S. 81; ebd., Eintr. 3. Mai 1937, S. 132 und öfter; Albert Speer, Erinnerungen, Frankfurt a.M.-Berlin (Neuausgabe) 1993, S. 148; Schroeder (Anm. 41), S. 80; Karl-Wilhelm Krause, Zehn Jahre Kammerdiener bei Hitler, Hamburg 1949, S. 60 f., und Emmy Göring, An der Seite meines Mannes. Begebenheiten und Bekenntnisse, Göttingen 1967, S. 150.

Meinung nach in den nächsten Jahren geleistet werden mußte. Jedenfalls soll Hitler dann im Sommer 1938 seinem neuen Wehrmachtsadjutanten Rudolf Schmundt gegenüber geäußert haben: „Ich habe noch etwa 20 Jahre voller Schaffenskraft vor mir. Was ich in dieser Zeit von meinem Programm nicht erfülle, wird kaum je Wirklichkeit werden. Ich kann nur mit einem Nachfolger rechnen, der in der Lage ist, zu erhalten und zu sichern, nicht zu vollenden."[67]

Zu alledem verfiel Hitler, der oft unter allen möglichen mehr oder weniger eingebildeten Krankheiten litt, damals auf die fixe Idee, er habe nicht mehr lange zu leben und müsse die ihm noch verbleibende Zeit nutzen. (Auf diesen Gedanken kam er in den folgenden Jahren immer wieder zu sprechen.) Auch meinte Hitler spätestens ab Ende 1937 - viel früher als erwartet - das erste Wetterleuchten des von ihm mit Bangen erwarteten Eintritts der Vereinigten Staaten in die Weltpolitik zu erkennen. So nahm er etwa die berühmte Rede des amerikanischen Präsidenten Franklin D. Roosevelt vom 5. Oktober 1937, in welcher dieser die Weltöffentlichkeit zu einer internationalen „Quarantäne" der Agressor-Nationen Italien, Japan und Deutschland aufgerufen hatte, offenbar sehr ernst. Er soll damit gerechnet haben, daß Roosevelt die amerikanische Öffentlichkeit auf diese Weise auf den Übergang zu einer verstärkten Aufrüstung vorbereiten wolle - unter anderem um durch ein solches staatlich finanziertes Arbeitsbeschaffungsprogramm die noch immer hohe Arbeitslosigkeit in den Vereinigten Staaten zu bekämpfen. Und um dies zu motivieren, benötige er ein Feindbild.[68]

Alle bisher genannten grundlegenden Gegebenheiten der deutschen Außenpolitik ab 1935 flossen - ausgesprochen oder unausgesprochen - in Hitlers Rede auf jener Konferenz vom 5. November 1937 zusammen, die uns durch die berühmte Gedächtnis-Niederschrift seines damaligen Wehrmachtsadjutanten Friedrich Hoßbach überliefert ist.[69] Eigentlich war es Reichswehrminister von Blomberg gewesen, der zu

---

[67] Adolf Heusinger, Befehl im Widerstreit. Schicksalsstunden der deutschen Armee 1923-1945, Tübingen-Stuttgart 1950, S. 40.

[68] Vgl. Below (Anm. 57), S. 47 f.; Fröhlich (Anm. 15), Bd. 3, Eintr. 6. Oktober 1937, S. 291, und Joachim von Ribbentrop, Zwischen London und Moskau. Erinnerungen und letzte Aufzeichnungen. Aus dem Nachlaß hrsg. von Annelies von Ribbentrop, Leoni am Starnberger See 1961, S. 239 f.

[69] Zum Quellenwert des Hoßbach-Protokolls und zum jahrzehntelang umstrittenen Verlauf insbesondere des Schlußteils der diesem zu Grunde liegenden Zusammenkunft vgl. Janßen/Tobias (Anm. 53), S. 9-21.

dem Treffen geladen hatte, damit Hitler die Streitigkeiten zwischen Heer, Marine und Luftwaffe um die Rohstoffzuteilungen schlichte. Dieser ging hierauf jedoch gar nicht ein, sondern „erfreute“ die Anwesenden, zu denen neben den Oberbefehlshabern auch Reichsaußenminister von Neurath gehörte, mit einem vierstündigen Monolog.

Dok. 14: Aus Hoßbachs Niederschrift der Hitler-Rede vom 5. November 1937

„[...E]r [Hitler] wolle den anwesenden Herren seine grundlegenden Gedanken über die Entwicklungsmöglichkeiten und -notwendigkeiten unserer außenpolitischen Lage auseinandersetzen, wobei er im Interesse einer auf weite Sicht eingestellten deutschen Politik seine Ausführungen als eine testamentarische Hinterlassenschaft für den Fall seines Ablebens anzusehen bitte. [...]
Die deutsche Politik habe mit den beiden Haßgegnern England und Frankreich zu rechnen, denen ein starker deutscher Koloß inmitten Europas ein Dorn im Auge sei, wobei beide Staaten eine weitere deutsche Erstarkung sowohl in Europa als auch in Übersee ablehnten [...]. Immerhin seien heute in unsere politischen Berechnungen als Machtfaktoren einzusetzen: England, Frankreich, Rußland und die angrenzenden kleinen Staaten. [...]
FALL 1: Zeitpunkt 1943-1945. Nach dieser Zeit sei nur noch eine Veränderung zu unseren Ungunsten zu erwarten. [...] Im Verhältnis zu der bis dahin durchgeführten Aufrüstung der Umwelt nähmen wir an relativer Stärke ab. Wenn wir bis 1943/45 nicht handelten, können infolge des Fehlens von Reserven jedes Jahr die Ernährungskrise bringen, zu deren Behebung ausreichende Devisen nicht verfügbar seien. Hierin sei ein ‚Schwächemoment des Regimes‘ zu erblicken. Zudem erwarte die Welt unseren Schlag und treffe ihre Gegenmaßnahmen von Jahr zu Jahr mehr. [...] Sollte der Führer noch am Leben sein, so sei es sein unabänderlicher Entschluß, spätestens 1943/45 die deutsche Raumfrage zu lösen. Die Notwendigkeit zum Handeln vor 1943/45 käme in Fall 2 und 3 in Betracht.
FALL 2: [... Handeln gegen die Tschechoslowakei, falls französische Armee infolge innenpolitischer Wirren in Frankreich handlungsunfähig wird]
FALL 3:[... Gleichzeitiges Niederwerfen Österreichs und der Tschechoslowakei, wenn Frankreich durch einen Krieg mit einem anderen

Staat derart gefesselt sei, daß es nicht gegen Deutschland vorgehen könne]
Unsere Abmachungen mit Polen behielten nur solange Geltung, als Deutschlands Stärke unerschüttert sei, bei deutschen Rückschlägen müsse ein Vorgehen Polens gegen Ostpreußen, vielleicht auch gegen Pommern und Schlesien in Rechnung gestellt werden. [...] An sich glaubte der Führer, daß mit hoher Wahrscheinlichkeit England, voraussichtlich aber auch Frankreich die Tschechei bereits im Stillen abgeschrieben und sich damit abgefunden hätten, daß diese Frage eines Tages durch Deutschland bereinigt würde. [...] In gewisse Nähe sähe der Führer den Fall 3 gerückt, der sich aus den derzeitigen Spannungen im Mittelmeer entwickeln könne und den er eintretendenfalls zu jedem Zeitpunkt, auch bereits im Jahre 1938 auszunutzen entschlossen sei."

[Der Prozeß gegen die Hauptkriegsverbrecher vor dem internationalen Militärgerichtshof Nürnberg. 14. November 1945 - 1. Oktober 1946, Nürnberg 1947-1949, Bd. XXV, Dok. 386-PS, S. 403-413.]

Entgegen einer zählebigen Legende reagierten die Anwesenden keineswegs bestürzt auf Hitlers Ausführungen, denn sie waren ihnen inhaltlich nicht neu. Zudem konfrontierte der deutsche Diktator, wie zutreffend festgestellt worden ist, seine höchsten Berater aus Militär und Diplomatie im Grunde ja „nur" mit „den Konsequenzen ihrer eigenen Militärpolitik; diese hatte internationale Gegenwirkungen hervorgerufen, die den Zeitplan der Aufrüstung in absehbarer Zeit konterkarieren müßten. Also müsse man ihnen zuvorkommen. Hitler zog damit nur halsbrecherische Folgerungen aus einer Militärpolitik, auf deren nicht weniger halsbrecherische Konsequenzen ja auch [...andere] schon verwiesen hatte[n]."[70] Er führte seinen Zuhörern vor Augen, daß die von ihnen „mitzuverantwortenden Folgen des Wettrüstens - ökonomische, rüstungstechnische Engpässe -" in absehbarer Zeit zum offensiven Handeln zwangen und bekundete seine Bereitschaft, den Notwendigkeiten dieser mutwillig selbst erzeugten Zwangslage zu entsprechen. Und auch die Anwesenden zogen nicht das „Ob" dieser zu gewärtigenden Konsequenzen in Frage, sondern gaben je-

[70] Klaus-Jürgen Müller, Deutsche Militär-Elite in der Vorgeschichte des Zweiten Weltkieges, in: Broszat/Schwabe (Anm. 30), S. 226-290, hier S. 275.

weils nur das zu bedenken, was bei der Umsetzung des „Wie" aus der Warte ihrer Ressorts zu beachten war.[71]

Die deutsche Außenpolitik geriet also ab 1936/37 zunehmend unter einen selbst erzeugten Zugzwang, dem man sich nur durch eine radikale Abkehr von den Leitlinien der bis dahin verfolgten Politik hätte entziehen können. Dazu aber waren - aus den verschiedensten Gründen - weder Hitler noch die überwiegende Mehrheit seiner Ratgeber aus Partei, Diplomatie und Militär bereit. Dabei hatte sich die außenpolitische Lage des nationalsozialistischen Deutschen Reiches nach dem deutsch-britischen Flottenabkommen im Sommer 1935 noch hoffnungsfroher ausgenommen als jemals zuvor. Die außenpolitische Isolierung schien aufgebrochen.

Zudem wurde der außenpolitische Handlungsspielraum des Deutschen Reiches 1935/36 durch zwei Ereignisse noch zusätzlich erweitert: durch Italiens Krieg in Abessinien und durch den Spanischen Bürgerkrieg. Durch sie wurde die Front der Westmächte gesprengt und der entscheidende Anstoß zur deutsch-italienischen Annäherung gegeben. Frankreich und Großbritannien gerieten durch den von Mussolini vom Zaun gebrochenen Krieg in eine Zwickmühle: „Sie mußten sich entscheiden, ob sie diesen Schritt ihres Stresa-Partners billigen oder ob sie das Prinzip der kollektiven Sicherheit (hier zugunsten des Völkerbundsmitgliedes Abessinien) aufrechterhalten wollten, konnten aber nicht zu einer einheitlichen Linie finden."[72] Unter dem Eindruck dieser Entwicklung frohlockte Joseph Goebbels am 19. August 1935 in seinem Tagebuch:

„Nachricht Paris: Abrüstungsberatungen ergebnislos abgebrochen. Nun wird Krieg in Abessinien unvermeidlich sein. Der Führer ist glücklich. Gibt einen Abriß seiner außenpolitischen Pläne: mit England ewiges Bündnis. Gutes Verhältnis Polen. [...] Dagegen nach Osten Ausweitung. Baltikum gehört uns. Osten... . Konflikte Italien-Abessinien-England, dann Japan-Rußland vor der Tür. [...] Dann kommt unsere große geschichtliche Stunde. Wir müssen dann parat sein."[73]

Deutschland wahrte in diesem Konflikt, der drei europäische Großmächte im fernen Afrika in Frontstellung gegeneinander brachte, eine Neutralität, die sich durch ein besonderes Wohlwollen gegenüber Ita-

[71] Vgl. Janßen/Tobias (Anm. 53), S. 15-21.

[72] So knapp und präzise Marie-Luise Recker, Die Außenpolitik des Dritten Reiches, München 1990, S. 12.

[73] Fröhlich (Anm. 15), Bd. 2, S. 504.

lien auszeichnete. Gleichwohl war die deutsche Führung gleichzeitig an einer möglichst langen Fortdauer der Spannungen interessiert, da sich hierdurch in Europa Freiräume zur Verwirklichung eigener Vorhaben ergaben, und spielte die Konfliktparteien in kühler Berechnung gegeneinander aus. „All das kommt uns 3 Jahre zu früh. Führer sieht die Situation sehr klar. Weiß auch genau, was er will. Im übrigen rüsten und bereit machen. Europa ist wieder in Bewegung. Wenn wir klug sind, werden wir die Gewinner sein. Nur keine Sentimentalitäten machen“[74], notierte Joseph Goebbels am 19. Oktober 1935 dazu in sein Tagebuch.

Welche Rolle der deutsche Diktator Italien zu dieser Zeit im Rahmen der deutschen Außenpolitik zumaß, geht aus einer Unterredung hervor, die er am 17. Januar 1936 mit dem deutschen Botschafter in Rom, Ulrich von Hassell, führte. Hitler habe, so schrieb der Diplomat, bei dieser Gelegenheit erklärt, „sich keinerlei Illusionen darüber hinzugeben, daß Deutschland heute tatsächlich so gut wie isoliert sei. Wirklich verläßliche Freunde hätten wir nicht. Auf die polnische Politik sei kein wirkliches Vertrauen zu setzen und Italien befände sich selbst in einer sehr schwierigen Lage. Daß diese Isolierung durch einen Zusammenbruch des Faschismus in Italien auch noch eine moralische Isolierung würde, sei im höchsten Grade unerwünscht. Wir müßten alles tun, um zu vermeiden, daß sich die mannigfache Gegnerschaft der Welt gegen das autoritäre Regierungssystem auf uns als einzigen Gegenstand konzentriere. Davon abgesehen aber läge es auch in unserem Interesse, daß Italien als Faktor im europäischen Spiel nicht allzu sehr geschwächt würde.“[75]

Im Januar 1936 entschloß sich Hitler, im Windschatten des Abessinienkrieges einen Schritt zu vollziehen, den der nunmehrige Generalstabschef des Heeres, Ludwig Beck, bereits Ende 1934 ins Auge gefaßt hatte[76]: die nach den Verträgen von Versailles und Locarno entmilitarisierte Rheinlandzone wieder militärisch zu besetzen.[77] Er ließ die Aktion unter größter Geheimhaltung vorbereiten und wartete -

---

[74] Ebd., S. 529.

[75] Akten zur Deutschen Auswärtigen Politik 1918-1945. Aus dem Archiv des Deutschen Auswärtigen Amtes. Serie C: 1933-1937, Göttingen 1971-1975, Bd. IV/2, Dok. 506, S. 994.

[76] Vgl. Müller (Anm. 59), Dok. 128, S. 286.

[77] Zum Ablauf der Ereignisse im einzelnen vgl. Max Braubach, Der Einmarsch deutscher Truppen in die entmilitarisierte Zone am Rhein im März 1936. Ein Beitrag zur Vorgeschichte des Zweiten Weltkrieges, Köln-Opladen 1956.

nachdem Italiens Desinteresse auf diplomatischem Wege festgestellt worden war - auf eine günstige Gelegenheit. Diese schien ihm am 7. März 1936 gekommen zu sein: 30 000 Mann marschierten unter dem Jubel der dortigen Bevölkerung in die entmilitarisierten Gebiete ein. Damit begann für die deutsche Führung eine zermürbende Nervenprobe, da niemand voraussehen konnte, ob Frankreich dies hinnehmen würde. Während Hitler diesmal die Ruhe bewahrte und damit durchkam, hatten insbesondere seine militärischen Berater sich ihre große Nervosität nur allzu deutlich anmerken lassen - und ihn damit schwer enttäuscht. „Wir [Hitler und Goebbels] sprechen über die Festigkeit der Minister. Die ganzen Militärs sind sehr schwach. Blomberg und [der Marineoberbefehlshaber] Raeder an der Spitze. Nur Fritsch ist härter. Neurath ist auch nur hart, wenn er vom Führer aufgepumpt wird. Jedenfalls sind die geschichtlichen Erfolge alle ausschließlich dem Führer zu verdanken", notierte Goebbels dazu noch über ein Jahr später in sein Tagebuch.[78]

Mit der Rheinlandbesetzung, dem ersten der „Wochenendcoups", und dessen begleitender Propagandakampagne wurde erstmals das Handlungsmuster deutlich, nach dem Hitler bis Ende 1938 seine großen außenpolitischen Erfolge erringen sollte: „Gewaltsam Tatsachen zu schaffen und verlockend von der Verständigung zu sprechen; den Westen barsch zu überrumpeln und scheinbar fair entgegenzukommen; etwas bis zu einem gewissen Grade Verständliches auf unrechtmäßige Weise zu tun und für die Zukunft den ewigen Frieden in schöne Aussicht zu stellen - dies waren die raffiniert miteinander verbundenen Bestandteile einer Verwirrung stiftenden Methode", mit der Hitler bis zum Frühjahr 1939 durchkam.[79]

Nachdem Mussolini seinen Abessinienkrieg erfolgreich abgeschlossen hatte, war es ab Sommer 1936 der Putsch des spanischen Generals Franco gegen die rechtmäßige Madrider Linksregierung, aus dem sich ein bis Frühjahr 1939 währender Bürgerkrieg entwickeln sollte, der die Großmächte vom Zentrum Europas ablenkte. Bei offizieller Neutralität entschied Hitler im Juli 1936 auf Drängen Görings, einem Hilfeersuchen Francos um Luftunterstützung zu folgen.[80] Damit enga-

---

[78] Fröhlich (Anm. 15), Bd. 3, Eintr. 24. Juni 1937, S. 184.

[79] So zureffend Klaus Hildebrand, Das vergangene Reich. Deutsche Außenpolitik von Bismarck bis Hitler 1871-1945, Stuttgart 1995, S. 608.

[80] Zu diesem Themenkomplex vgl. die bei Wolfgang Schieder/Christof Dipper (Hrsg.), Der Spanische Bürgerkrieg in der internationalen Politik (1936-1939), München 1976, versammelten Beiträge, sowie Hans-Henning Abendroth, Mit-

gierte sich Deutschland an der Seite Italiens in verdeckter Form in einer mit äußerster Brutalität geführten Auseinandersetzung, die sich zu einem regelrechten Stellvertreterkrieg auswuchs, da die Regierung in Madrid von der Sowjetunion und Freiwilligen aus aller Herren Länder unterstützt wurde. Schließlich kämpften insgesamt rund 20 000 deutsche Soldaten, vor allem der Luft- und der Panzerwaffe auf spanischem Boden - was natürlich nicht geheim bleiben konnte, auch wenn es die deutsche Regierung hartnäckig bestritt.

Über seine außenpolitischen Zielvorstellungen hatte Hitler Ende Mai 1936 gegenüber Goebbels bemerkt: „Vereinigte Staaten von Europa unter deutscher Führung. Das wäre die Lösung. Viele Jahre oder Jahrzehnte noch daran zu arbeiten. Aber ein Ziel!“ Weiter notierte Goebbels: „Führer sieht Konflikt im Fernen Osten kommen. Und Japan wird Rußland verdreschen. Und dieser Koloß wird ins Wanken kommen. Und dann ist unsere große Stunde da. Dann müssen wir uns für 100 Jahre mit Land eindecken. Hoffentlich sind wir dann fertig und der Führer lebt noch. Daß gehandelt wird.“[81]

Den Hintergrund der aktuellen Außenpolitik bildete allerdings der spanische Bürgerkrieg, der von beiden Seiten immer mehr zu einer „Entscheidungsschlacht“ zwischen Faschismus und Bolschewismus emporgeredet wurde. Dies führte bündnispolitisch mit zur Bildung der „Achse Berlin-Rom“, die Mussolini am 1. November 1936 verkündete. Ebenfalls spielte es bei der deutschen Annäherung an Japan eine Rolle, die Hitler gegen den Widerstand der chinaorientierten Wehrmachtführung und des Auswärtigen Amtes betrieb und die am 25. November 1936 zum Abschluß des sogenannten „Antikominternpaktes“ führte. Dieser Vertrag verpflichtete beide Parteien „zur Bekämpfung der Kommunistischen Internationale [...] und in einem geheimen Zusatzprotokoll schrieb er jedem Partner wohlwollende Neutralität im Falle eines militärischen Konflikts des anderen mit der UdSSR vor.“[82] Darüber hinaus wurde ihm von deutscher Seite noch eine unausgesprochene England-politische Funktion zugeschrieben: Entweder sollte er Großbritannien zu einem gemeinsamen Bündnis auf der Basis des Antibolschewismus bewegen oder aber die Grundlage für einen erfolgreichen Krieg gegen das Inselreich darstellen; denn

telmann zwischen Franco und Hitler. Johannes Bernhardt erinnert 1936, Maktheidenfeld 1978.

[81] Fröhlich (Anm. 15), Bd. 2, S. 618, 622.

[82] Recker (Anm. 72), S. 16. 39

infolge seines weltumspannenden militärischen Potentials verfügte er durchaus über das Instrumentarium, im Bedarfsfalle das Mutterland des Empire via dessen Besitzungen im asiatisch-pazifischen Raum unter Druck zu setzen. Mit diesem Szenario hoffte man das britische Weltreich „im Falle des Falles“ zumindest zu wohlwollender Neutralität gegenüber den Aktivitäten der im Antikomintern-Pakt verbunden Vertragspartner zu nötigen.[83] Italien trat diesem Pakt ein Jahr später bei.

Anfang Dezember 1936 entfaltete Hitler dann vor dem versammelten Kabinett seine Sicht der außenpolitischen Gesamtlage des Deutschen Reiches und nahm dabei bereits wesentliche Elemente seines durch das „Hoßbach-Protokoll“ überlieferten Vortrags vom 5. November 1937 vorweg.

Dok. 15: Aus Joseph Goebbels' Tagebucheintrag vom 2. Dezember 1936

„Beim Führer zu Mittag. [...] Presse des Auslands bringt große Berichte über deutsche Truppenlandungen in Spanien. Sollte man nicht einfach erklären, jawohl, wir dulden die Einmischung Rußlands nicht mehr und verhindern sie. Das würde zweifellos die Situation klären. [...] Dann Kabinett. Führer hält 3stündigen Vortrag über die Lage. Gefahr des Bolschewismus aufgezeigt. Europa ist bereits in 2 Lager aufgeteilt. Wir können nicht mehr zurück. Er zeigt Taktik der Roten auf. Spanien zur Weltfrage erhoben. Frankreich nächstes Opfer. [Französischer Ministerpräsident] Blum bewußter Agent der Sowjets. Zionist und Weltzerstörer. Wer in Spanien siegt, hat das Prestige für sich. Von großen Auswirkungen so oder so für das übrige Europa. Auch für Deutschland und die noch hier verbliebenen Reste des Kommunismus. Darum vor allem deutsche Waffenhilfe. [...] In Frankreich Gefahr im Verzuge. Deutschland kann nur wünschen, daß Krise vertagt wird, bis wir fertig sind. Wenn sie kommt, dann zugreifen. In den Paternoster-Aufzug rechtzeitig hineinsteigen. Aber auch rechtzeitig wieder aussteigen. Aufrüsten, das Geld darf keine Rolle spielen. Denn in der Krise entscheiden die Waffen, nicht gedeckte oder ungedeckte Wechsel. Die autoritären Staaten (Polen, Österreich,

[83] Vgl. dazu Andreas Hillgruber, Die „Hitler-Koalition“. Eine Skizze zur Geschichte des Weltpolitischen „Dreiecks“ Berlin-Rom-Tokio 1933 bis 1945, in: Ders., Die Zerstörung Europas. Beiträge zur Weltkriegsepoche, Frankfurt a.M. [2]1989, S. 169-185, hier S. 171 f., und Kley (Anm. 54), S. 23.

Jugoslawien, Ungarn) nicht krisenfest. Einzige bewußt antibolschewistischen Staaten Deutschland, Italien, Japan. Darum Abreden mit ihnen. England wird hinzustoßen, wenn in Frankreich Krise ausbricht. Mit Polen keine Liebesehe, aber Vernunftverhältnis. Hat uns die Aufrüstung ermöglicht. Kleinere Fragen spielen vor der Weltentscheidung eine untergeordnete Rolle. Darum nach Möglichkeit hintanstellen. [...] Starker Appell an die Größe des Mutes aller Mitarbeiter. Hinterläßt beim ganzen Kabinett tiefsten Eindruck."

[Elke Fröhlich (Hrsg.), Die Tagebücher von Joseph Goebbels. Sämtliche Fragmente. Teil I: Aufzeichnungen 1924-1941, München u.a. 1987, Bd. 2, S. 742 f.]

Im Verlauf des Jahres 1937 wurde Hitler allerdings klar, daß er seine politischen Ziele nicht, wie erhofft, mit England, sondern allenfalls ohne und mit einiger Wahrscheinlichkeit sogar gegen England würde verfolgen müssen. Gleichwohl versuchte er unermüdlich, Großbritannien auf folgende Linie festzulegen: „‚England soll uns freie Hand auf dem Kontinent lassen, und wir werden uns in seine überseeischen Angelegenheiten nicht einmischen'."[84] Auf die ihm von der britischen Regierung im November 1937 signalisierte Bereitschaft, ihm in Mitteleuropa entgegenzukommen, und sich einer Österreich, die Tschechoslowakei und auch Danzig umfassenden Änderung der gegenwärtigen europäischen Ordnung nicht zu widersetzen[85], reagierte er daher eher gereizt: „Mitteleuropa geht England nichts an. Auch Danziger Frage müsse gelöst werden. Was bekümmert das London."[86] Er war um keinen Preis bereit, eine wie auch immer geartete Schiedsrichterrolle Großbritanniens (und/oder der USA) in Europa anzuerkennen. Für ihn war und blieb der Kontinent seine höchst eigene Domäne.

---

[84] Paul Schmidt, Statist auf diplomatischer Bühne. Erlebnisse des Chefdolmetschers im Auswärtigen Amt mit den Staatsmännern Europas, Wiesbaden [12]1983, S. 375.

[85] Vgl. dazu Akten zur Deutschen Auswärtigen Politik 1918-1945. Aus dem Archiv des Deutschen Auswärtigen Amtes. Serie D: 1937-1941 [im folgenden zitiert: ADAP] , Baden-Baden 1950-1956, Bd. I, Nr. 31 (Anlage), S. 52. Ob es ein Jahr später auch von französischer Seite aus entsprechende Avancen gegeben hat, ist umstritten. Vgl. dazu Franz Knipping, Die deutsch-französische Erklärung vom 6. Dezember 1938, in: Klaus Hildebrand/Karl F. Werner (Hrsg.), Deutschland und Frankreich 1936-1939. 15. Deutsch-französisches Historikerkolloqium des Deutschen Historischen Instituts Paris (Bonn, 26.-29. September 1979), München-Zürich 1981, S. 523-551.

[86] Fröhlich (Anm. 15), Bd. 3, Eintr. 27. November 1937, S. 348.

Seine sich seit Spätsommer 1936 immer deutlicher herausschälenden nächsten außenpolitischen Absichten soll Hitler am 31. Januar 1938 gegenüber einem alten Mitstreiter so umrissen haben:

„Wir müssen noch in unserer Generation unsere Fragen lösen, unter meiner Führung, denn wer wird nach mir noch einmal die Chancen haben, über die ich verfüge? [-] Ich bin entschlossen, die Frage Österreich, Sudetenland, Danzig und Korridor als Einheit zu behandeln. Davon gehe ich nicht ab. Ich will mich aber bei Polen mit irgendeiner Art Verkehrsweg begnügen. Am liebsten wäre mir eine Reichsautobahn nach Ostpreußen.“[87]

Als Hebel zum „Aufbrechen“ dieser Frage wollte sich Hitler nach der während der nationalsozialistischen „Machtergreifung“ bewährten Methode der österreichischen Nationalsozialisten gegenüber Österreich und der sudetendeutschen Minderheit gegenüber der Tschechoslowakei bedienen. Allerdings hätte er offenbar zunächst ein allmähliches „Reifenlassen“ dieser Angelegenheiten bevorzugt.[88] Um von der fatalen „Blomberg/Fritsch-Krise“ abzulenken, erhöhte er den Druck auf die österreichische Regierung im Januar 1938 dann aber doch sprunghaft. Und als der österreichische Bundeskanzler Schuschnigg dem dadurch entgegenzuwirken versuchte, daß er kurzfristig eine „Überrumpelungsvolksabstimmung“ für den 13. März ansetzte, von der er sich ein deutliches Votum der Österreicher für die auch fernere Unabhängigkeit ihres Staates erhoffte, entschloß sich Hitler spontan zu einem überstürzten Einmarsch - freilich nicht ohne sich zuvor bei den deutschen Botschaften in Rom und London rückversichert zu haben, daß ein derartiger Schritt von den entsprechenden Regierungen aller Wahrscheinlichkeit nach hingenommen werden würde.

Unter dem Eindruck des triumphalen Empfangs, der Hitler in seiner alten Heimat bereitet wurde, verkündete er dann in Wien auch die Verschmelzung Österreichs mit dem Deutschen Reich. Dem italieni-

[87] Hans Frank, Im Angesicht des Galgens. Deutung Hitlers und seiner Zeit auf Grund eigener Erlebnisse und Erkenntnisse. Geschrieben im Nürnberger Justizgefängnis, München-Gräfelfing 1953, S. 282. Die Glaubwürdigkeit dieser Erinnerung wird u.a. gestützt durch Fröhlich (Anm. 15), Bd. 3, Eintr. 15. März 1937, S. 79; ebd., Eintr. 3. August 1937, S. 223 f.; ebd., Eintr. 6. November 1937, S. 327, und Schmidt (Anm. 84), S. 375.

[88] Vgl. dazu die bei Gerald Stourzh/Brigitta Zaar (Hrsg.), Österreich, Deutschland und die Mächte. Internationale und östrreichische Aspekte des Anschlusses vom März 1938, Wien 1990, zusammengetragenen Beiträge.

schen Diktator Mussolini, dessen Stillhalten den „Anschluß" überhaupt erst möglich gemacht hatte, versicherte ein augenscheinlich überglücklicher Hitler telefonisch wieder und wieder: „Duce, das werde ich Ihnen nie vergessen."[89]

Es spricht einiges für die These, man hätte Hitler als einen der größten Staatsmänner der deutschen Geschichte in Erinnerung behalten, wäre er im Frühjahr 1938 etwa durch einen Unfall ums Leben gekommen.[90] Jedenfalls erreichte er - von einer Woge der Begeisterung getragen - damals den Höhepunkt seiner bisherigen Laufbahn. Es kann nur vermutet werden, wie dieser allgemeine Begeisterungstaumel auf ihn zurückwirkte. Sein damals ständig in seiner Umgebung lebender Luftwaffenadjutant Nicolaus von Below schreibt zu dieser Frage:

„Seit dem Einmarsch am 12. März stand er fast vier Wochen lang unter dem Eindruck der ihm zujubelnden Menschen. Dies löste die Wirkung bei ihm aus, vom Volk den Auftrag für seine Politik zu haben und verpflichtet zu sein, in seinem Einsatz zum Wohle des deutschen Volkes und Reiches nicht zu erlahmen. Die nächste Folgerung war seine Überzeugung, daß es außer ihm jetzt und in der nächsten Zukunft niemanden in Deutschland gebe, der die dem deutschen Volk gestellte Aufgabe lösen könne. Er steigerte sich damit in ein Sendungsbewußtsein hinein und begann, den Boden der Wirklichkeit unter den Füßen zu verlieren."[91]

Die mit dem unzutreffenden Hinweis auf angebliche deutsche Truppenkonzentrationen an der gemeinsamen Grenze begründete tschechische Mobilmachung vom 21. Mai 1938 wurde zum Anlaß für die beschleunigte Inangriffnahme des „Sudetenproblems".[92] Als die deutschen Beteuerungen, es gebe keinen solchen Aufmarsch, in der wegen

---

[89] Herbert Michaelis/Ernst Schraepler (Hrsg.), Ursachen und Folgen. Vom deutschen Zusammenbruch 1918 und 1945 bis zur staatlichen Neuordnung Deutschlands in der Gegenwart. Eine Urkunden- und Dokumentensammlung zur Zeitgeschichte, Berlin 1958-1980, Bd. XI, Dok. 2622 d), S. 658.

[90] Diese These geht zurück auf Joachim C. Fest, Hitler. Eine Biographie, Frankfurt a.M.-Berlin 1973, S. 25. Vgl. dazu auch Sebastian Haffner, Anmerkungen zu Hitler, Frankfurt a.M. 1981, S. 43 ff.

[91] Below (Anm. 57), S. 96.

[92] Zur Rolle dieser Minderheit im Rahmen des nationalsozialistischen Außenpolitik vgl. Ronald M. Smelser, Das Sudetenproblem und das Dritte Reich 1933-1938. Von der Volkstumspolitik zur nationalsozialistischen Außenpolitik, München-Wien 1980.

des Geschehens in Österreich sehr beunruhigten tschechischen und britischen Presse als ein deutsches Zurückweichen vor einer entschlossenen Haltung gewertet wurden, sah Hitler buchstäblich rot und war seither wild entschlossen, die Tschechoslowakei mit kriegerischen Mitteln zu zerschlagen.[93] Unter diesen Umständen erboste es ihn sehr, daß seine ein militärisches Eingreifen Großbritanniens und Frankreichs fürchtenden Generale - nach seinen Worten - „die Hosen voll" hatten.

Als Gründe für seine kriegerischen Absichten lassen sich erkennen: 1. sein ohnehin vorhandenes Vorhaben, das „Sudetenproblem" in absehbarer Zeit zu lösen; 2. sein „Rachebedürfnis" für die von ihm als „Gesichtsverlust" empfundene Reaktion der internationalen Presse auf den 21. Mai; 3. Hitlers grollender Wunsch, dem in seinen Augen uneinsichtigen und ob seiner weltweiten Verpflichtungen erkennbar überforderten Großbritannien einmal ganz drastisch vor Augen zu führen, daß es auf dem europäischen Kontinent nichts mehr zu sagen habe und 4. eine „pädagogische" Absicht gegenüber der deutschen Bevölkerung. „‚Clausewitz hat recht, der Krieg ist der Vater aller Dinge. [...] Jede Generation muß einmal einen Krieg mitgemacht haben, wir müssen sehen, daß bei der tschechischen Sache die Jahrgänge von 30-35 Jahren hineinkommen, also die Reservedivisionen, beim nächsten Gang kommen dann die Jungen dran'"[94], soll er im Sommer 1938 gegenüber einem Vertrauten geäußert haben.

Hitler hat sich nur zähneknirschend dazu bereit gefunden, die sudetendeutsch besiedelten Gebiete der Tschechoslowakei dann doch noch auf dem Verhandlungswege „heim ins Reich" zu holen. Auf den Vermittlungsvorschlag seines Freundes Mussolini hin wurde für Ende September 1938 eine Konferenz nach München einberufen. Die europäischen Großmächte Deutschland, Italien, Großbritannien und Frankreich blieben hier unter sich, die Tschechoslowakei selbst, aber

---

[93] Vgl. dazu etwa das Tagebuch Alfred Jodls in IMT (Anm. 51), Bd. XXVIII, Dok. 1780-PS, S. 372, und Reinhardt Spitzy, So haben wir das Reich verspielt. Bekenntnisse eines Illegalen, München-Wien 1986, S. 277. Ob der neu ernannten Reichsaußenminister Joachim von Ribbentrop - vielleicht sogar mehr noch als Hitler selbst - krisenverschärfend wirkte, ist umstritten. Vgl. dazu Wolfgang Michalka, Ribbentrop und die deutsche Weltpolitik 1933-1940. Außenpolitische Konzeptionen und Entscheidungsprozesse im Dritten Reich, München 1980, S. 229 ff., und Kley (Anm. 54), S. 49-146.

[94] Institut für Zeitgeschichte/München (Archiv), Bestand ED 100: Wiedemann-Papiere.

auch die Sowjetunion, lud man erst gar nicht ein. Zwar legte Hitler im Laufe der Verhandlungen alles andere eher als eine konstruktive Haltung an den Tag, wollte augenscheinlich aber doch eine direkte Konfrontation insbesondere mit Großbritannien vermeiden. Jedenfalls wich er trotz aller demonstrativer Härte mehrfach zurück, als ein Scheitern der Konferenz drohte.[95] Trotz alledem kamen ihm Großbritannien und Frankreich dort so weit entgegen, daß er der Öffentlichkeit keinen auch nur halbwegs einleuchtenden Kriegsgrund mehr hätte präsentieren können. Schließlich konnte er ja schlecht zugeben, daß es ihm um die Zerschlagung der Tschechoslowakei und nicht nur um die „Heimholung" der Sudetendeutschen gegangen war. Zudem zeigte Hitler sich gegenüber Mitarbeitern von der demonstrativ zur Schau getragenen Kriegsunlust der deutschen Bevölkerung zutiefst betroffen, insbesondere als der beifallheischende Durchmarsch einer motorisierten Division der Wehrmacht durch Berlin unter eisigem Schweigen der Einwohner der Reichshauptstadt stattgefunden hatte. „‚Mit diesem Volk kann ich noch keinen Krieg führen'"[96], soll er unter dem Eindruck dieses Ereignisses geäußert haben.

Der deutsche Diktator zog aus dieser Erfahrung jedoch die Konsequenzen, indem er am 10. November 1938 eine grundlegende Umsteuerung der deutschen Inlandspropaganda anordnete.

Dok. 16: Aus Hitlers Rede vor der deutschen Presse vom 10. November 1938

„Die Umstände haben mich gezwungen, jahrzehntelang fast nur vom Frieden zu reden. Nur unter der fortgesetzten Betonung des deutschen Friedenswillens [...] war es mir möglich, dem deutschen Volk Stück für Stück die Freiheit zu erringen und ihm die Rüstung zu geben, die immer wieder für den nächsten Schritt als Voraussetzung nötig war. Es ist selbstverständlich, daß eine solche jahrzehntelang betriebene Friedenspropaganda auch ihre bedenklichen Seiten hat; denn es kann [...] leicht dazu führen, daß sich in den Gehirnen vieler Menschen die Auffassung festsetzt, daß das heutige Regime [...] identisch sei mit dem [...] Willen, den Frieden unter allen Umständen zu bewahren. Das würde aber nicht nur zu einer falschen Beurteilung der Zielset-

[95] Vgl. etwa Schmidt (Anm.84), S. 397, 406 f., 409 f.

[96] Zitiert nach Detlef Graf von Schwerin, Dann sind' s die besten Köpfe, die man henkt. ... Die junge Generation im deutschen Widerstand, München-Zürich 1991, S. 160 f.

zung dieses Systems [...] , sondern [...] auch dahin führen, daß die deutsche Nation [...] mit einem Geist erfüllt wird, der auf die Dauer als Defaitismus gerade die Erfolge des heutigen Regimes nehmen würde [...] . Es [...] ist nunmehr notwendig, das deutsche Volk allmählich umzustellen und ihm langsam klarzumachen, daß es Dinge gibt, die, wenn sie nicht mit friedlichen Mitteln durchgesetzt werden können, mit Mitteln der Gewalt durchgesetzt werden müssen."

[Wilhelm Treue, Rede Hitlers vor der deutschen Presse (10. November 1938), in: *Vierteljahrshefte für Zeitgeschichte* 6(1958), S. 175-191, hier S. 182.]

Die durch das Münchener Abkommen in ganz Europa ausgelösten Hoffnungen auf eine friedliche Zukunft[97] hielten jedoch nicht lange vor. Die reichsweiten Judenpogrome vom 9./10. November 1938 sorgten für nachhaltige Ernüchterung. Die barbarischen Ausschreitungen wurden in Großbritannien, Frankreich und den Vereinigten Staaten mit Abscheu und Entsetzen zur Kenntnis genommen und veranlaßte die amerikanische Regierung, sich jetzt deutlicher als je zuvor hinter die Westmächte zu stellen.

Und Hitler seinerseits entwickelte nur allzu bald „das dringende Bedürfnis, nachzuholen, was im September [19]38 [aus seiner Sicht zwangsweise] preisgegeben worden war. Er war entschlossen, ab Mitte März [1939] das Problem [„Rest-Tschechei"] zu lösen und zwar [zunächst] ausgehend von einem slowakisch-tschechischen Streit und Zerwürfnis."[98] Nur unter dem Druck der Umstände hatte es der Diktator hingenommen, daß der Fortbestand der nach der Abtretung der sudetendeutschen Gebiete noch verbliebenen Tschechoslowakei von Großbritannien und Frankreich im Münchener Abkommen garantiert worden war. Die weitere machtpolitische Anwesenheit insbesondere der Briten in Mitteleuropa - ganz im Gegensatz zu seinen Absichten - damit auch noch selbst mit festgeschrieben zu haben, ließ ihm keine Ruhe. Er wollte dies um jeden Preis rückgängig machen und Großbritannien machtpolitisch endgültig aus Europa hinausdrängen.

Allerdings war Hitler klar, daß ein weiteres Vorgehen gegen die „Rest-Tschechei" die deutsch-britischen Spannungen bis zum kriti-

---

[97] Vgl. etwa Manfred Funke, München 1938: Illusion des Friedens, in: *Aus Politik und Zeitgeschichte* B 43/[19]88, S. 3-13.

[98] So notierte der Staatssekretär im Auswärtigen Amt Ernst von Weizsäkker am 16. März 1939 im Rückblick auf die Ereignisse in sein Tagebuch: Leonidas E. Hill (Hrsg.), Die Weizsäcker-Papiere 1933-1950, Frankfurt a.M.-Berlin-Wien 1974, S.152.

schen Punkt verschärfen mußten. Die Herbst- und Wintermonate 1938/39 waren daher durch fieberhafte deutsche Bemühungen gekennzeichnet, ein Bündnis zustande zu bringen, welches Großbritannien im Moment der Krise von „unbedachten Schritten“ abschrecken würde. Zumal sie im Falle des Falles Druck auf das „Herzstück des britischen Empire“, Indien, sowie die kürzeste Seeverbindung dorthin (Suezkanal) ausüben könnten, schienen hierfür Italien und Japan die geeigneten Partner zu sein. Man war daher deutscherseits bemüht, den „Antikominternpakt“ und die „Achse Berlin-Rom“ zu einem Dreierpakt Berlin-Rom-Tokio mit deutlich antibritischer/antifranzösischer Stoßrichtung auszubauen.[99] Japan entzog sich diesem deutschen Ansinnen jedoch hartnäckig und beharrte auf dem Vorrang seines Engagements auf dem chinesischen Festland, dem eine antisowjetische Spitze eigen war. (In der Tat sollten Japan und die Sowjetunion dann im Sommer 1939 an der mandschurischen Grenze einen unerklärten Krieg gegeneinander führen, in dessen Verlauf eine ganze japanische Armee von hochmodern ausgerüsteten und geführten sowjetischen Panzer- und Schlachtfliegerverbänden aufgerieben wurde.[100]) Die deutschen Bemühungen gegenüber Italien führten dagegen am 22. Mai 1939 zur Unterzeichnung des „Stahlpaktes“.[101]

Für den Fall, daß die Westmächte versuchen sollten, Deutschland durch ein bündnispolitisches Arrangement mit der Sowjetunion „in die Zange zu nehmen“, versuchte Hitler gleichzeitig, eine deutsch-polnische Absprache mit antisowjetischer Stoßrichtung zu erreichen.[102] Polen, das damals infolge seiner Beteiligung an der „Fledderei“ der Tschechoslowakei im Frühherbst 1938 den Gipfel seiner internationalen Unbeliebtheit erreicht hatte, entzog sich gleichwohl dem deutschen Drängen. Daraufhin entschloß sich Hitler im März 1939 zu einer an-

---

[99] Vgl. Hillgruber (Anm. 83), S. 172 f. Zum deutsch japanischen Verhältnis insgesamt vgl. die bei Gerhard Krebs/Bernd Martin (Hrsg.), Formierung und Fall der Achse Berlin-Tokyo, München 1994, versammelten Beiträge.

[100] Die umfassendste Darstellung zu diesem damals kaum bemerkten und heute weitgehend vergessenen Krieg, der für eine zutreffende Einschätzung des Potentials der Roten Armee in jener Zeit nicht unerheblich ist: Alvin D. Coox, Nomonhan. Japan angainst Russia, 1939, 2 Bde., Stanford (Cal.) 1985.

[101] Vgl. Ferdinand Siebert, Der deutsch-italienische Stahlpakt, in: *Vierteljahrshefte für Zeitgeschichte* 7(1959), S. 372-395.

[102] Zu diesen Gesprächen vgl. etwa ADAP (Anm. 85), Bd. V, Nr. 119, S. 128-131, und Müller (Anm. 59), Dok. 168, S. 375 f. Zum Ablauf der Ereignisse insgesamt vgl. Kley (Anm. 54), S. 201-224.

tipolnischen Wendung und übte in der Danzig- und der Korridorfrage sich zunehmend verschärfenden Druck auf den polnischen Nachbarn aus. Um für alle Eventualitäten gerüstet zu sein, ließ er ab Anfang April Pläne für eine militärische Niederwerfung Polens ausarbeiten, deren Durchführung „ab 1.9.39 jederzeit möglich“[103] sein sollten.

Der deutsche Einmarsch in die rüstungswirtschaftlich nicht unbedeutende Tschechei vom 16. März 1939, die Errichtung eines „Reichsprotektorats Böhmen und Mähren“, sowie die Übernahme der „Schutzherrschaft“ über den deutschen Satellitenstaat Slowakei am 23. März (am gleichen Tag, an dem auch das Memelgebiet „heimgeholt“ wurde), hatte die Geduld der Westmächte allerdings endgültig überstrapaziert. Denn im September 1938 hatte Hitler noch ausdrücklich beteuert „er wolle gar keine Tschechen“, ihm gehe es nur um die deutschen Minderheiten.[104] Das aber glaubte ihm nun niemand mehr. Eine britische Garantie für das nunmehr unter deutschen Druck geratende Polen war am 31. März 1939 die Folge. Deutschland kündigte daraufhin am 28. April das deutsch-britische Flottenabkommen aus dem Sommer 1935 und versuchte in den Folgemonaten durch allerlei militärische Muskelspielereien Eindruck zu schinden.

Trotz alledem bleibt festzuhalten, daß die deutsche Wendung gegen Polen im Frühjahr 1939 nicht auf lang zuvor gehegte Absichten und Pläne zurückgeht. Der deutsche Diktator hätte in diesem Falle eine andere Entwicklung vorgezogen. Er war angesichts der polnischen Hinhalte-Taktik in der Frage eines bündnispolitischen Arrangements zwischen dem Reich und Polen zunächst unschlüssig und betrachtete das daraufhin eingeleitete Forcieren der Danzig-Frage zunächst auch als ein Druckmittel, welches die widerspenstigen Polen den deutschen Avancen gegenüber vielleicht doch noch umstimmen könnte.[105] Allerdings geriet er „in eine Art Zugzwang“[106], als sich die polnische Haltung bedingt durch das britische Garantieversprechen zunehmend verhärtete und Polen nun - entgegen den britischen Absichten - auch in der Danzig-Frage keinerlei Entgegenkommen mehr zeigte. Durch den im Frühjahr 1939 vollzogenen Kurswechsel der britischen Politik wurde für Hitler absehbar, daß sich das durch seinen derzeitigen Rü-

---

[103] ADAP (Anm. 85), Bd. VI, Nr. 149, S. 154.

[104] Vgl. Domarus (Anm. 56), Bd. I/2, S. 932.

[105] Vgl. Fröhlich (Anm. 15), Bd. 3, Einträge vom 25. u. 26. März 1939, S. 582 f., und Below (Anm. 57), S. 155, 169 f.

[106] So zutreffend Hans Mommsen, Adolf Hitler als Führer der Nation, Tübingen 1984, S. 106.

stungsvorsprung markierte „strategische Fenster“[107] nun noch schneller schließen würde, als er dies in den zurückliegenden Jahren ohnehin schon prophezeit hatte. Die Nachrüstungsanstrengungen der Westmächte würden sich jetzt noch weiter beschleunigen, während die deutsche Volkswirtschaft infolge des chronischen Mangels an Rohstoffen und Arbeitskräften endgültig die Grenzen ihrer Belastbarkeit erreichte. Die Zeit wurde knapp.

In dieser Situation bemerkte Hitler im Sommer 1939 wiederholt gegenüber Mitarbeitern: „Ich habe das Warten verlernt, ganz abgesehen davon, daß ich nicht die Zeit habe zu warten.“[108] Trotzdem schwankte er wiederum monatelang unschlüssig hin und her: „Die Entscheidung dieses Sommers über Krieg oder Frieden will man bei uns davon abhängig machen, ob die schwelenden Verhandlungen in Moskau zum Beitritt Rußlands in den Kreis der Westmächte führen. Wo nicht, wäre die Depression dort so groß, daß wir uns gegen Polen alles erlauben könnten“, notierte der Staatssekretär im Auswärtigen Amt dazu am 30. Juli 1939.[109]

Je näher jedoch der Herbst heranrückte, der - wie Briten und Franzosen sehr wohl wußten - etwaige deutsche militärische Operationen gegen Polen für dieses Jahr zumindest sehr erschweren würden, desto hektischer wurde Hitler. Angesichts der weiter ohne jedes Ergebnis vor sich hinplätschernden britisch-französisch-sowjetischen Gespräche riß er daher Anfang August die bis dahin eher abtastend geführten deutsch-sowjetischen Wirtschaftsverhandlungen an sich und ließ sie nunmehr energisch in eine bündnispolitische Richtung vorantreiben.[110]

---

[107] Dieser Interpretationsansatz geht zurück auf Bernd-Jürgen Wendt, Durch das strategische Fenster in den Zweiten Weltkrieg. Die Motive Hitlers, in: Backes/Jesse (Anm. 42), S. 344-374.

[108] Below (Anm. 57), S. 201.

[109] Hill (Anm. 98), S. 157.

[110] Ob die Initiative zur deutsch-sowjetischen Annäherung von deutscher oder von sowjetischer Seite ausging, ist nach wie vor umstritten: vgl. dazu beispielsweise Ingeborg Fleischhauer, Der Pakt. Hitler, Stalin und die Initiative der deutschen Diplomatie 1938-1939, Berlin-Frankfurt a.M. 1990; Hermann Graml, Europas Weg in den Krieg. Hitler und die Mächte 1939, München 1990, S. 198-276; Günter Rosenfeld, Das Zustandekommen und die Auswirkungen des Hitler-Stalin-Paktes, in: Roland G. Foerster, Unternehmen Barbarossa. Zum historischen Ort der deutsch-sowjetischen Beziehungen von 1933 bis Herbst 1941, München 1993, S. 35-53; Sergej Slutsch, Voraussetzungen des Hitler-Stalin-Pakts: Zur Kontinuität totalitärer Außenpolitik, in: Bernd Faulenbach/Martin

Mehrfach erklärte er, „er binde mit den Polen nicht an, wenn er der Russen nicht sicher sei."[111] Er glaubte damit einen Ausweg gefunden zu haben, der es ihm ermögliche, gegen Polen vorzugehen und die durch ihre inneren Friedensbewegungen „gelähmten" Westmächte von einem Eingreifen abzuschrecken, zumal diesen klar geworden sein müsse, daß eine Seeblockade Deutschlands, anders als im Ersten Weltkrieg, wirkungslos bleiben würde, da das Reich das, was er brauche, aus der rohstoffreichen Sowjetunion beziehen könne. Nach einem persönlichen Telegramm Hitlers an Stalin kam es am 23. August 1939 schließlich zur Unterzeichnung eines deutsch-sowjetischen Nichtangriffspaktes.[112] Die Nachricht davon schlug in aller Welt wie eine Bombe ein, zumal sofort weitere geheime Absprachen zwischen beiden Partnern gemutmaßt wurden. Und tatsächlich lag die eigentliche Brisanz des Paktabschlusses in dem geheimen Zusatzprotokoll.

Dok. 17: Geheimes Zusatzprotokoll zum deutsch-sowjetischen Nichtangriffspakt

„1. Für den Fall einer territorial-politischen Umgestaltung in den zu den baltischen Staaten gehörenden Gebieten bildet die nördliche Grenze Litauens zugleich die Grenze der Interessensphäre Deutschlands und der UdSSR. [...]

2. Für den Fall einer territorial-politischen Umgestaltung der zum polnischen Staate gehörenden Gebiete werden die Interssensphären Deutschlands und der UdSSR ungefähr durch die Linie der Flüsse Narew, Weichsel und San abgegrenzt.

Die Frage, ob die beiderseitigen Interessen die Erhaltung eines unabhängigen polnischen Staates erwünscht erscheinen lassen, und wie dieser Staat abzugrenzen wäre, kann endgültig erst im Laufe der weiteren politischen Entwicklung geklärt werden. [...]

3. Hinsichtlich des Südostens Europas wird von sowjetischer Seite das Interesse an Bessarabien betont. Von deutscher Seite wird das völlige Desinteressement an diesen Gebieten erklärt."

[Walther Hofer (Hrsg.), Der Nationalsozialismus. Dokumente 1933-1945, Frankfurt a.M. ^{27}1976, Dok. 127, S. 230 f.]

Stadelmaier (Hrsg.), Diktatur und Emanzipation. Zur russischen und deutschen Entwicklung 1917-1991, Essen 1993, S. 144-158, und Kley (Anm. 54), S. 261-279.

[111] Hill (Anm. 98), S. 181.

[112] Die bei Erwin Oberländer (Hrsg.) Hitler-Stalin-Pakt 1939. Das Ende Ostmitteleuropas, Frankfurt a.M. 1989, versammelten Beiträge geben einen gerafften Überblick über die Folgen dieses Vertragsabschlusses.

Nun hielt Hitler - obwohl insgeheim doch mancher Zweifel an ihm nagte - ein Eingreifen der Westmächte in einen deutsch-polnischen Konflikt für denkbar unwahrscheinlich. Als jedoch am Nachmittag des 25. August 1939 in etwa gleichzeitig die Nachrichten vom Abschluß eines britisch-französisch-polnischen Bündnisses und von einem Beiseitestehen Italiens im Falle eines deutschen Angriffs auf Polen eintrafen, erlitt er einen Nervenzusammenbruch und ließ die Bereitstellungen der Wehrmacht zum Angriff auf Polen, der für den nächsten Tag vorgesehen war, in letzter Sekunde wieder abblasen.[113] In Kreisen des deutschen militärischen Widerstandes wurde daraufhin bereits frohlockt, ein Staatsoberhaupt, das einen im Grunde bereits angelaufenen Krieg in einer derartig panischen „Notbremsung" abbreche, sei innenpolitisch für alle Zeiten erledigt.[114] Allerdings gelang es dem Oberbefehlshaber des Heeres, Generaloberst von Brauchitsch, Hitler noch am Abend des 25. August wieder aufzurichten und schon am 26. hatte sich der Diktator wieder gefangen. Zwar war für ihn die Frage, ob die Westmächte in einen deutsch-polnischen Konflikt eingreifen würden, jetzt vollends unkalkulierbar geworden; doch nach dem Motto „Augen zu und durch" entfesselte er den Krieg gegen Polen[115], indem er die Wehrmacht in den frühen Morgenstunden des 1. September 1939 marschieren ließ.

---

[113] Zu den Ereignissen an diesem Nachmittag vgl. u.a. Speer (Anm. 66), S. 178 f.; Walter Görlitz (Hrsg.), Generalfeldmarschall Keitel. Verbrecher oder Offizier? Erinnerungen, Briefe, Dokumente des Chefs OKW, Göttingen-Frankfurt a.M. 1961, S. 210ff, und Peter Steinbach (Hrsg.), Albrecht von Kessel. Verborgene Saat. Aufzeichnungen aus dem Widerstand 1933 bis 1945, Berlin-Frankfurt a.M. 1992, S. 70 f.

[114] Vgl. dazu Romedio Galeazzo Reichsgraf von Thun-Hohenstein, Der Verschwörer. General Oster und die Militäropposition, Berlin 1994, S. 132, und Heusinger (Anm. 67), S. 57 ff.

[115] Vgl. hierzu Walther Hofer, Entfesselung oder Ausbruch des Zweiten Weltkrieges? Eine grundsätzliche Auseinandersetzung mit dem Buch von A.J.P. Taylor über die Ursprünge des Zweiten Weltkrieges (1964), in: Gottfried Niedhart (Hrsg.), Kriegsbeginn 1939. Entfesselung oder Ausbruch des Zweiten Weltkrieges?, Darmstadt 1976, S. 470-513, hier S. 479: „Die These von der ‚Entfesslung' des Krieges von 1939 durch Hitler meint nur, daß er den Krieg mit Polen bewußt herbeigeführt hat und daß er allerdings das Risiko einer Ausweitung des Krieges durch das Eingreifen anderer Mächte, vor allem der Westmächte, ebenfalls bewußt eingegangen ist." Im Sinne dieser Richtigstellung wurde der Terminus „entfesseln" auch an dieser Stelle verstanden.

Als dann am 3. September ein in eine Kriegserklärung an Deutschland mündendes britisches Ultimatum in Berlin eintraf, reagierte allerdings die gesamte deutsche Führung fassungslos. Der damalige Chefdolmetscher des Auswärtigen Amtes, der das Dokument den Spitzen des Reiches zur Kenntnis zu bringen hatte, erinnert sich:

„Als ich geendet hatte, herrschte völlige Stille [...]. Wie versteinert saß Hitler da und blickte vor sich hin. [...] Er saß völlig still und regungslos an seinem Platz. Nach einer Weile, die mir wie eine Ewigkeit vorkam, wandte er sich Ribbentrop zu, der wie erstarrt am Fenster stehen geblieben war. ‚Was nun?‘ fragte Hitler seinen Außenminister [...]. Ribbentrop erwiderte mit leiser Stimme: ‚Ich nehme an, daß die Franzosen uns in der nächsten Stunde ein gleichlautendes Ultimatum überreichen werden.‘ [...] Auch [...] im Vorraum herrschte [...] Totenstille. Göring drehte sich zu mir um und sagte: ‚Wenn wir diesen Krieg verlieren, dann möge uns der Himmel gnädig sein!‘“[116]

---

[116] Schmidt (Anm. 84), S. 464. Im Kern ähnlich auch die Erinnerungen von Below (Anm. 57), S. 192 und Sonnleithner (Anm. 40), S. 13 f.

IV. Deutschland und der Zweite Weltkrieg 1939-1945

Mit der britischen und französischen Kriegserklärung vom 3. September 1939 geriet Hitlers Herrschaft nicht nur außenpolitisch in eine denkbar brenzlige Situation, sondern auch innenpolitisch. Zu oft und zu vollmundig hatte der „Führer“ in den zurückliegenden Jahren und Monaten verkündet, er werde nach den Erfahrungen des Ersten Weltkrieges doch nicht so dumm sein, Deutschland noch einmal in einen Zweifrontenkrieg zu führen.[1] Alle Eventualplanungen für einen solchen Fall hatte er denn auch als geradezu ungehörigen Ausdruck des Zweifels an seiner Staatskunst untersagt [2]- obgleich er sich seit Sommer 1939 in dieser Frage nicht mehr gar so sicher war, wie er nach außen hin zu sein vorgab.

Die Unsicherheit in der deutschen Bevölkerung war ebenfalls gewachsen. Zwar hatte Hitler bis dahin immer recht behalten und man hoffte, er werde auch diesmal trotz allen Säbelrasselns letztendlich ohne Krieg erreichen, was er erreichen wolle. Trotzdem standen viele Deutsche der Aussicht, einmal mit den ihnen verhaßten Polen „aufzuräumen“ recht aufgeschlossen gegenüber - nur fürchteten sie (nach den Erfahrungen des Ersten Weltkrieges) eine unkontrollierte Ausweitung eines solchen Konflikts durch das Eingreifen Großbritanniens und Frankreichs. Die bedrückte Stimmung bei Beginn des Angriffs auf Polen rührte denn auch vor allem aus dieser Angst her und nicht so sehr aus der Ablehnung eines Krieges - und noch dazu gegen Polen

---

[1] Vgl. hierzu etwa Der Prozeß gegen die Hauptkriegsverbrecher vor dem internationalen Militärgerichtshof Nürnberg. 14. November 1945 - 1. Oktober 1946, Nürnberg 1947-1949 [im folgenden zitiert: IMT], Bd. XXXVII, Dok. 079-L, S. 549; Leonidas E. Hill (Hrsg.), Die Weizsäcker-Papiere 1933-1950, Frankfurt a.M.-Berlin-Wien 1974, Eintr. 21.VII.39, S. 155 f., und Tendenzen und Gestalten der NSDAP. Erinnerungen an die Frühzeit der Partei von Albert Krebs, Stuttgart 1959, S. 152.

[2] Neben den Akten zur Deutschen Auswärtigen Politik 1918-1945. Aus dem Archiv des Deutschen Auswärtigen Amtes, [im folgenden zitiert: ADAP] Serie D: 1937-1941, Baden-Baden 1950-1956, Bd. VI, Nr. 187, S. 187; Bernhard von Loßberg, Im Wehrmachtführungsstab. Bericht eines Generalstabsoffiziers, Hamburg 1950, S. 27, und Erich Raeder, Mein Leben, 2 Bde., Tübingen 1956/57, hier Bd. II, S. 163, vgl. hierzu auch die bei Andreas Hillgruber, Hitlers Strategie. Politik und Kriegführung 1940-1941, München [2]1982, S. 40, Anm. 57, aufgeführten Belege.

- an und für sich.[3] Doch trotz aller Zweifel wurde den Beteuerungen Hitlers geglaubt, es werde nicht zu einem Dazwischentreten der Westmächte kommen, - weil man dies glauben wollte.

Als die Kriegserklärungen Großbritanniens und Frankreichs dann aber doch eintrafen, hatte sich der Außenpolitiker Hitler mithin auch innenpolitisch blamiert. „Sonntag, 3. September 1939 [-] 11.20 [Uhr] Kriegserklärung Englands und Frankreichs. Hitler ist ein verblendeter Narr, ein Verbrecher“ [4], notierte denn auch der Oberbefehlshaber der wenigen an der Westgrenze noch verbliebenen deutschen Truppen, der damalige Generaloberst Wilhelm Ritter von Leeb, in sein Tagebuch. So wie er dachten - ausgesprochen oder unausgesprochen - wahrscheinlich viele Deutsche in- und außerhalb der Wehrmacht.

Auch irritierte es gerade die ältesten und treuesten Mitstreiter Hitlers ganz erheblich, daß man sich nun im Kriegszustand mit einem Lande (Großbritannien) befand, das man eigentlich als Verbündeten hatte gewinnen wollen - und das auch noch mit einem Bundesgenossen (UdSSR) an der Seite, den Hitler seit den zwanziger Jahren als gefährlichsten Feind des deutschen Volkes ideologisch bekämpft hatte. Viele verstanden die Welt nicht mehr.

Hinzu kam, daß Deutschland und seine Wehrmacht, trotz aller gegenteiligen Propagandabehauptungen, für einen längeren Krieg in keiner Hinsicht vorbereitet war. So hatte man zwar nach außen hin eine beeindruckende Fassade vorspiegeln können; hinter dieser aber war man nun praktisch gezwungen, einen „Krieg des armen Mannes“ zu führen. Beispielsweise waren die deutschen Munitionsvorräte so gering, daß der Zusammenbruch der Munitionsversorgung allein durch die sehr kurze Dauer des polnischen Feldzuges vermieden werden

---

[3] Vgl. Ian Kershaw, Der Überfall auf Polen und die öffentliche Meinung in Deutschland, in: Ernst Willi Hansen/Gerhard Schreiber/Bernd Wegner (Hrsg.), Politischer Wandel, organisierte Gewalt und nationale Sicherheit. Beiträge zur neueren Geschichte Deutschlands und Frankreichs. Festschrift für Klaus-Jürgen Müller, München 1995, S. 237-250.

[4] Georg Meyer (Hrsg.), Generalfeldmarschall Wilhelm Ritter von Leeb. Tagebuchaufzeichnungen und Lagebeurteilungen aus zwei Weltkriegen, Stuttgart 1976, S. 172. Ähnliche Reaktionen überliefert auch Adolf Heusinger, Befehl im Widerstreit. Schicksalsstunden der deutschen Armee 1923-1945, Tübingen-Stuttgart 1950, S. 60. Loßberg (Anm. 2), S. 37, zufolge wollte selbst der als besonders „führergläubig“ geltende Chefadjutant Hitlers, Rudolf Schmundt, die Nachricht von der britisch-französischen Kriegserklärung zunächst gar nicht glauben, denn der Gedanken, daß der „unfehlbare Führer“ sich doch geirrt haben sollte, schien ihm einfach unfaßbar.

konnte. Auch standen neben der deutschen Luftwaffe insbesondere die Panzerverbände derartig im Vordergrund der Propaganda, daß - nicht nur unter den Zeitgenossen - der Eindruck entstand, die Wehrmacht sei eine vollmotorisierte, durchweg mit modernsten Waffen ausgerüstete Armee. In Wirklichkeit traf dies aber nur auf eine verschwindend kleine Zahl der deutschen Kampfverbände zu - selbst im Frühjahr 1940 nur auf 16 von damals insgesamt 157 deutschen Divisionen.[5] Die Ausrüstung der großen Masse des deutschen Heeres war und blieb hingegen ebenso erbärmlich, wie ihre Ausbildung unvollständig (was im Polenfeldzug auch deutlich zutage trat). Wie auf allen Sektoren der deutschen Wirklichkeit klafften damals auch hier Schein und Sein sehr weit auseinander. Man kann daher wohl mit einiger Berechtigung formulieren, der Zweite Weltkrieg sei - sofern es nicht gelang, ihn sehr schnell wieder zu beenden - für das Deutsche Reich politisch und wirtschaftlich schon verloren gewesen, bevor er militärisch überhaupt richtig begonnen hatte. Die Deutsche Führung war mit dem 3. September 1939 durch eigene Schuld in eine aussichtslose Lage geraten und suchte nun angesichts der letztendlich fast unausweichlichen Niederlage verzweifelt nach einem rettenden Ausweg.

Vom „Blitzkrieg" zum „Weltblitzkrieg" 1939-1942

Trotz der im Grunde armseligen Verfassung der deutschen Wehrmacht war die völlig veraltet ausgerüstete und anachronistisch geführte polnische Armee jedoch kein ernstzunehmender Gegner. Tapferkeit allein vermochte die waffentechnische Unterlegenheit nicht aufzuwiegen. Wie weit die militärischen Welten auseinander lagen, die in Polen aufeinander trafen, veranschaulicht eine vielgenannte Begebenheit, welche sich allerdings womöglich so nie wirklich ereignet hat: Einer unsicheren Zeugenaussage zufolge[6] soll eine polnische Kavalleriebrigade am 3. September 1939 mit gezückten Säbeln und eingelegten Lanzen einen wütenden Angriff auf einen deutschen Panzerverband

---

[5] Zur tatsächlichen Struktur der Wehrmacht bei Beginn des Krieges vgl. Karl-Heinz Frieser, Blitzkrieg-Legende. Der Westfeldzug 1940, München ²1996, S. 24-39.

[6] Vgl. dazu Heinz Guderian, Erinnerungen eines Soldaten, Stuttgart 1986, S.64. Das dieser Legende zu Grunde liegende Ereignis hat sich aller Wahrscheinlichkeit nach ganz anders abgespielt; vgl. hierzu Janusz Piekalkiewicz, Der Zweite Weltkrieg, Herrsching 1986, S. 82 f.

geritten haben. Zum Entsetzen der Polen seien die deutschen Panzer allerdings nicht mehr - wie noch zu Reichswehrzeiten - aus Spanholz und Segeltuch, sondern aus Stahl gewesen und hätten mit ihren Maschinengewehren und Kanonen ein fürchterliches Gemetzel unter den tollkühnen Reitern angerichtet.

Die deutschen Verbände wurden allerdings unter weitgehender Entblößung der westlichen Reichsgrenze derart gegen Polen konzentriert, daß einer Nachkriegsaussage des Chefs des Oberkommandos der Wehrmacht, Wilhelm Keitel, zufolge ein französischer Angriff während dieses Feldzuges allenfalls „auf einen deutschen militärischen Schleier gestoßen wäre, aber nicht auf Abwehr“[7]. Von Ostpreußen und den ehemals tschechischen Gebieten aus stieß die Wehrmacht in zwei Stoßkeilen in einer Zangenbewegung auf Warschau vor. Auch errang die Luftwaffe ohne größere Schwierigkeiten schon in den ersten Tagen des Krieges die uneingeschränkte Luftherrschaft über Polen. Im Grunde war dieser Feldzug bereits nach vier Tagen entschieden und nach 14 weiteren Tagen im wesentlichen beendet. Er nahm sich - aus deutscher Sicht - tatsächlich eher wie eine „Expedition“, denn wie ein wirklicher Krieg aus.

Neben der nie gefährdeten Überlegenheit der deutschen Waffen gaben vor allem die im unmittelbaren Hinterland der vorrückenden deutschen Front verübten Massenmorde an polnischen Juden und Angehörigen der polnischen Intelligenz diesem Konflikt sein besonderes Gepräge. Vor allem die Einsatzgruppen der Sicherheitspolizei und des Sicherheitsdienstes der SS (SD) führten hier - durchaus unter gelegentlicher Beteiligung von Wehrmachtdienststellen bzw. -verbänden - einen an Grausamkeit kaum noch zu übertreffenden „Volkstumskampf“[8]. Bereits am 22. August 1939 hatte Hitler persönlich versucht, die Befehlshaber der gegen Polen aufmarschierenden Verbände hierauf vorzubereiten und diese selbst auf eine völlig rücksichtslose Art der Kampfführung einzuschwören. Auch wenn der genaue Wortlaut der genaugenommen zwei Ansprachen, die der deutsche Diktator an diesem Tage hielt, umstritten ist, führte er doch bei dieser Gelegenheit zumindest dem Sinne nach aus:

---

[7] IMT (Anm. 1), Bd. X, S. 583,

[8] Zum Charakter des Krieges gegen Polen und der sich daran anschließenden Besatzungszeit vgl. Helmut Krausnick, Hitlers Einsatzgruppen. Die Truppen des Weltanschauungskrieges 1938-1942, Frankfurt a.M. 1985, S. 26-88, und die bei Christoph Kleßmann (Hrsg.), September 1939. Krieg, Besatzung, Widerstand in Polen, Göttingen 1989, versammelten Beiträge.

„Unsere Stärke ist die Schnelligkeit und unsere Brutalität. Dschingis Chan hat Millionen Frauen und Kinder in den Tod gejagt, bewußt und fröhlichen Herzens. Die Geschichte sieht in ihm nur den großen Staatengründer [...] Ich habe Befehl gegeben [...], daß das Kriegsziel nicht im Erreichen bestimmter Linien, sondern in der physischen Vernichtung des Gegners besteht. So habe ich, einstweilen nur im Osten, meine Totenkopfverbände bereitgestellt mit dem Befehl, unbarmherzig und mitleidlos Mann, Weib und Kind polnischer Abstammung und Sprache in den Tod zu schicken. [...] Polen wird entvölkert und mit Deutschen besiedelt. [...] Seien Sie hart, seien Sie schonungslos, handeln Sie schneller und brutaler als die anderen. Die Bürger Westeuropas müssen vor Entsetzen erbeben. Das ist die humanste Kriegsführung."[9]

Trotz dieser Vorbereitung zeigte sich eine Reihe der gegen Polen eingesetzten deutschen Oberbefehlshaber und höheren Offiziere von der Wirklichkeit des Mordens denn doch einigermaßen entsetzt. Sogar der als besonders „nazifreundlich" geltende Generaloberst von Reichenau erhob gegen das Treiben der Einsatzgruppen wütenden Protest.[10] Und als der Führer einer Einsatzgruppe mit der Bitte um Unterstützung an den Oberbefehlshaber der 3. Armee, General von Küchler, herantrat, beschied dieser ihn gar, die deutsche Armee sei „kein Lieferant für eine Mörderbande"[11]. Schließlich protestierte auch der von Oktober 1939 bis Mai 1940 als Oberbefehlshaber Ost amtierende Generaloberst Johannes Blaskowitz so hartnäckig gegen die massenmörderische deutsche Besatzungspolitik, daß er sich damit für den Rest des Krieges jede weitere Karrierechance verdarb und für Hitler buchstäblich zu einem „roten Tuch" wurde.[12] Die überwältigende Mehrheit

[9] ADAP (Anm. 2), Serie D, Bd. VII, Nr. 193 (Anmerkung), S. 171 f. Zu den anderen Überlieferungen dieser Ansprachen vgl. IMT (Anm. 1), Bd. XXVI, Dok. 798-PS und Dok. 1014-PS; Hans-Adolf Jacobsen (Bearb.), Generaloberst Halder. Kriegstagebuch. Tägliche Aufzeichnungen des Chefs des Generalstabes des Heeres 1939-1942, Stuttgart 1964, Bd. I, Eintr. 22.8.1939, S. 23 ff.

[10] Vgl. Hanns von Krannhals, Der Warschauer Aufstand 1944, Frankfurt a.M. 1962, S. 35.

[11] Zitiert nach Gerd F. Heuer, Georg von Küchler, in: Ders., Die deutschen Generalfeldmarschälle und Großadmirale, Rastatt (Baden) 1978, S. 71-75, hier S. 74.

[12] Vgl. dazu Christopher Clark, Johannes Blaskowitz - Der christliche General, in: Ronald Smelser/Enrico Syring, Die Militärelite des Dritten Reiches. 27 biographische Skizzen, Berlin-Frankfurt a.M. 1995, S. 28-49.

der in Polen eingesetzten Soldaten und Offiziere der Wehrmacht zog sich gegenüber dem Geschehen jedoch auf den „Das-geht-mich-nichts-an-Standpunkt“ zurück - sofern sich einzelne nicht sogar hier und da am Morden beteiligten. Bei einigen wenigen allerdings führte das Entsetzen über das in Polen Erlebte zu einem Bruch mit dem Nationalsozialismus und zu einer Hinwendung zum Widerstand. Dies war auch bei dem damaligen Major in der Operationsabteilung im Generalstab des Heeres Hellmuth Stieff der Fall, der sich später - wenn auch schwankend und zaudernd - am Umsturzversuch vom 20. Juli 1944 beteiligen sollte.[13]

Dok. 18: Aus einem Privatbrief Hellmuth Stieffs vom 21. November 1939

„Der Krieg in dieser Auswirkung ist etwas Furchtbares, und auch der letzte Krieg hat solche Auswirkungen nicht zur Folge gehabt. Damals wußte man, daß nachher irgendwie eine Aufbauarbeit einsetzt, weil irgendwer, neuer oder alter Staat, am Aufbau ein Interesse hat oder über die Mittel dazu verfügt. Dies Gefühl fehlt vollkommen, wenn man die Ruine Warschau erlebt hat. Man bewegt sich dort nicht als Sieger, sondern als Schuldbewußter! [...] Dazu kommt noch all das Unglaubliche, was dort am Rande passiert, und wo wir mit verschränkten Armen zusehen MÜSSEN ! Die blühendste Phantasie einer Greuelpropaganda ist arm gegen die Dinge, die eine organisierte Mörder-, Räuber- und Plündererbande unter angeblich höchster Duldung dort verbricht. Da kann man nicht mehr von ‚berechtigter Empörung über an Volksdeutschen begangenen Verbrechen‘ sprechen. Diese Ausrottung ganzer Geschlechter mit Frauen und Kindern ist nur von einem Untermenschentum möglich, das den Namen Deutsch nicht mehr verdient. ICH SCHÄME MICH, EIN DEUTSCHER ZU SEIN! Diese Minderheit, die durch Morden, Plündern und Sengen den deutschen Namen besudelt, wird das Unglück des ganzen deutschen Volkes werden, wenn wir ihnen nicht bald das Handwerk legen.“

[Horst Mühleisen (Hrsg.), Hellmuth Stieff. Briefe, Berlin 1991, Nr. 63, S 107 f.]

---

[13] Vgl. Horst Mühleisen, Hellmuth Stieff - Patriot und Zauderer, in: Klemens von Klemperer/Enrico Syring/Rainer Zitelmann (Hrsg.), „Für Deutschland“. Die Männer des 20. Juli, Frankfurt a.M.-Berlin 1994, S. 247-260.

Hitler fühlt sich nach dem Sieg über Polen durch die internationale Lage noch mehr unter Zeitdruck gesetzt, als dies bis dahin ohnehin schon der Fall gewesen war. Die Haltung der beiden „Flügelmächte", insbesondere die der Vereinigten Staaten aber auch diejenige der Sowjetunion, erschien ihm mittelfristig als höchst undurchsichtig. Er war der festen Überzeugung, daß es bei einer längeren Fortdauer des Krieges unweigerlich zu einem gegen Deutschland gerichteten Eingreifen beider Mächte kommen werde.[14] Da er im Herbst 1939 das erreicht hatte, was er fürs erste hatte erreichen wollen, suchte er deshalb nach einem Ausweg aus dem Krieg, in den er - aus seiner Sicht - „hineingeraten" war, den er so, in dieser Zusammenstellung und zu diesem Zeitpunkt nicht gewollt hatte. Daher richtete er am 6. Oktober 1939 von der Tribüne des Deutschen Reichstages aus einen Friedensappell an die Westmächte -„selbstverständlich" auf der Grundlage der von ihm in Zusammenarbeit mit Stalin inzwischen in Ostmitteleuropa geschaffenen Tatsachen, die für ihn nicht verhandelbar waren.

Dok. 19: Aus Hitlers Reichstagsrede vom 6. Oktober 1939

„Die Aufrechterhaltung des jetzigen Zustandes im Westen ist undenkbar. Jeder Tag wird bald steigende Opfer erfordern. [...] Und dieser Kampf der Vernichtung wird sich nicht nur auf das Festland beschränken. Nein, er wird weit hinausgreifen über die See. Es gibt heute keine Inseln mehr. [-] Und das europäische Volksvermögen wird in Granaten zerbersten, und die Volkskraft wird auf den Schlachtfeldern verbluten. [...]
Es mögen diese meine Auffassungen nun die Herren Churchill und Genossen ruhig als Schwäche oder als Feigheit auslegen. Ich habe mich mit ihren Meinungen nicht zu beschäftigen. Ich gebe diese Erklärung nur ab, weil ich selbstverständlich auch meinem Volk dieses Leid ersparen will. [-] Sollte aber die Auffassung des Herrn Curchill und seines Anhanges erfolgreich bleiben, dann wird eben diese Erklärung meine letzte gewesen sein. Wir werden dann kämpfen. Weder Waffengewalt noch die Zeit werden Deutschland bezwingen. Ein November 1918 wird sich in der deutschen Geschichte nicht mehr wieder holen. Die Hoffnung auf eine Zersetzung unseres Volkes ist kindlich.

[14] Vgl. Enrico Syring, Hitlers Kriegserklärung an Amerika vom 11. Dezember 1941, in: Wolfgang Michalka (Hrsg.), Der Zweite Weltkrieg. Analyse - Grundzüge - Foschungsbilanz, München-Zürich ²1990, S. 683-696, hier S.684 f.

Herr Churchill mag der Überzeugung sein, daß Großbritannien siegen wird. Ich zweifle keine Sekunde, daß Deutschland siegt. Das Schicksal wird entscheiden, wer Recht hat. Nur eins ist sicher: Es hat in der Weltgeschichte noch niemals zwei Sieger gegeben, aber oft nur Besiegte. [...] Mögen diejenigen Völker und ihre Führer nun das Wort ergreifen, die der gleichen Auffassung sind. Und mögen diejenigen meine Hand zurückstoßen, die im Kriege die bessere Lösung sehen zu müssen glauben."

[Max Domarus (Hrsg.), Hitler. Reden und Proklamationen 1932-1945. Kommentiert von einem deutschen Zeitgenossen, Wiesbaden 1973, Bd. II/1, S. 1393.]

Großbritannien und Frankreich zeigten jedoch keinerlei Bereitschaft, sich mit den von Deutschland durch kriegerische Gewalt geschaffenen Veränderungen abzufinden, zumal sie damit auch ihren endgültigen machtpolitischen Rückzug aus Mittel- und Ostmitteleuropa festgeschrieben hätten. Sobald Hitler klar wurde, daß er wider Erwarten mit seiner offenbar durchaus ernstgemeinten „Friedensoffensive"[15] klar gescheitert war, drängte er, unter dem Eindruck, ihm laufe die Zeit davon, auf eine sofortige deutsche Offensive gegen Frankreich. Sicherlich spielte dabei ebenfalls eine Rolle, daß die Stimmung in der deutschen Bevölkerung infolge einer nur unzureichenden Kohleversorgung im Winter 1939/40 einen neuen Tiefstpunkt erreichte.[16]

Für die Generalität war Frankreich allerdings noch immer der „Angstgegner", an dem man im Ersten Weltkrieg gescheitert war. Sie fühlte sich auf eine solche Auseinandersetzung nicht hinreichend vorbereitet, zumal bekannt war, daß man es diesmal mit einem Gegner zu tun bekommen würde, der den eigenen Kräften sowohl zahlenmäßig als auch in den meisten waffentechnischen Bereichen deutlich überlegen war. Zudem waren die ohnehin nicht sehr großen Munitions- und Treibstoffvorräte der Wehrmacht im Polenfeldzug bedenklich geschrumpft. Insbesondere das Oberkommando des Heeres stemmte sich daher mit aller Kraft gegen die sehr risikoreiche, von Hitler erwünschte schnelle Ausweitung eines Krieges, der an der

---

[15] Vgl. Ulrich Schlie, Kein Friede mit Deutschland. Die geheimen Gespräche im Zweiten Weltkrieg 1939-1941, München-Berlin 1994, S. 26 ff.

[16] Vgl. dazu Elke Fröhlich (Hrsg.), Die Tagebücher von Joseph Goebbels. Sämtliche Fragmente. Teil I: Aufzeichnungen 1924-1941, München u.a. 1987, Bd. 3, Eintr. 23. Dezember 1939, S. 674, sowie Bd. 4, Eintr. 4. Januar 1940, S. 3, und öfter.

deutsch-französischen Grenze bis dahin von bei den Seiten als „Sitzkrieg“ geführt worden war. Die Planungen für die Westoffensive wurden unter diesen Umständen eher schleppend und gleichermaßen lust- wie ideenlos betrieben, was Hitler sehr erboste, der immer neue Angriffstermine festsetzte, die dann aus den verschiedensten Gründen immer wieder verschoben werden mußten. Insgesamt 29 Mal.[17]

Eine Wende trat erst ein, als Hitler unter Umgehung des Dienstweges von dem Operartionsentwurf eines Außenseiters - des Generals Erich von Manstein [18]- erfuhr, der vom Oberkommando des Heeres als zu abenteuerlich verworfen worden war. Dieser sah, statt des vom Oberkommando des Heeres favorisierten geraden Stoßes nach Belgien hinein und der von den Alliierten erwarteten „Neuauflage“ des „Schlieffenplanes“ von 1914, nur deren Vortäuschung vor, während die eigentliche Entscheidung weiter südlich, mit dem Vortreiben eines massierten Panzerkeiles durch die Ardennen gesucht werden sollte. Auch wenn Hitler den Gedanken des Manstein-Plans nicht voll erfaßte, so sah er doch, daß dessen Ansatz - im Gegensatz zu all den Vorschlägen, die ihm bisher vorgelegt worden waren - den Gegner überraschen würde - auch wenn er mit Risiken verbunden war. Hitler zwang ihn daher dem widerstrebenden Oberkommando des Heeres geradezu auf; doch außer Manstein, dem Panzergeneral Guderian und - mit Abstrichen - allmählich auch Generalstabschef Halder, glaubte eigentlich niemand an dessen Gelingen. Selbst Hitler rechnete nach wie vor mit einem langen Krieg gegen Frankreich, in dessen Verlauf man allenfalls einige Stützpunkte für eine Luftoffensive gegen Großbritannien an der belgischen und niederländischen Kanalküste würde erobern können.

Um die Ostseeausgänge ganz unter deutsche Kontrolle zu bringen, die Erzzufuhr aus Skandinavien gegen feindliche Angriffe sicherzustellen und sich günstigere Operationsbasen für den See- und Luftkrieg gegen Großbritannien zu verschaffen, landete die Wehrmacht auf Drängen der Marineführung im April 1940 in Dänemark und

---

[17] Zur hier geschilderten Vorgeschichte des Westfeldzuges von 1940 vgl. vor allem Frieser (Anm. 5), S. 30-116.

[18] Zur Lebensgeschichte dieser wohl bedeutendsten deutschen militärischen Persönlichkeit des Zweiten Weltkrieges vgl. Enrico Syring, Erich von Manstein - Das operative Genie, in: Smelser/Syring (Anm. 12), S. 325-348.

Norwegen.[19] In Nordnorwegen kam man dabei einem britischen Landungsunternehmen nur um wenige Stunden zuvor. Die harten und wechselvollen deutsch-britischen Kämpfe im Raum Narvik, die ein nervlich überlasteter Hitler zeitweilig bereits verloren gegeben hatte, endeten erst mit dem Losbrechen der deutschen Westoffensive, da die britischen Verbände jetzt auf dem Kontinent dringender gebraucht wurden.

Als die deutsche Westoffensive am 10. Mai 1940 endlich tatsächlich begann, erwischte sie mit ihrem unvermuteten Ansatz nicht nur die Alliierten völlig auf dem falschen Fuß; auch der obersten deutschen Führung wurde der mit unglaublicher Schnelligkeit errungene volle Durchbruch immer unheimlicher. Sie wurde mehr und mehr von einer „Flankenpanik" erfaßt und fürchtete gar eine alliierte Falle gigantischen Ausmaßes. Von tatkräftigen und energischen, ihre zögerlichen Vorgesetzten nicht selten einfach „überfahrenden" und vor vollendete Tatsachen stellenden Panzergeneralen vorangetrieben, stießen die deutschen Verbände mit ungeheurer Rasanz immer tiefer in den Rücken der wie gebannt wirkenden alliierten Hauptstreitmacht. Die zahlenmäßige und waffentechnische deutsche Unterlegenheit wurden durch den operativen Ansatz und das atemberaubende Tempo seiner Umsetzung mehr als wett gemacht. Das deutsche Heer glich damals „seiner Struktur nach einer Lanze, deren Spitze aus gehärtetem Stahl bestand"; doch deren hölzerner Schaft war „je länger, desto morscher. Es war jedoch diese stählerne Spitze, die den Alliierten den tödlichen Stoß versetzte." Und für den Verlauf der Operation „Sichelschnitt" war es charakteristisch, „daß sich diese Spitze vom Schaft lostrennte. Die ‚schnellen Truppen', also [die insgesamt nur] 16 Panzerdivisionen und motorisierten Infanteriedivisionen, griffen derart ungestüm an, daß sie - entgegen allen Planungen - der nichtmotorisierten Masse des Heeres auf und davon fuhren." Deren Aufgabe erschöpfte sich oft darin, „hinter den Panzerdivisionen herzumarschieren und das von diesen eroberte Gelände zu besetzen." Die sich hieraus ergebende Situation ist geradezu grotesk zu nennen: Die vollmotorisierten „schnellen Truppen" hatten „bereits im ersten Ansturm den operativen Durchbruch und damit die Vorentscheidung des Feldzuges geschafft", während der ihnen mühsam zu Fuß durch die Ardennen

[19] Zur Geschichte und Vorgeschichte dieses Unternehmens vgl. Hans-Martin Ottmer, Weserübung. Der deutsche Angriff auf Dänemark und Norwegen im April 1940, München 1994.

folgende lange Heerwurm der nichtmotorisierten Infanteriedivisionen, vielfach während des gesamten Feldzuges „überhaupt keinen Feind gesehen, geschweige denn einen einzigen Schuß aus ihren veralteten Waffen abgegeben“ hatte.[20]

Der in nur knapp sechs Wochen errungene „totale Sieg“ über die stärkste Militärmacht des europäischen Kontinents ließ damals die ganze Welt fassungslos aufhorchen.[21] Man munkelte, die Deutschen hätten eine völlig neue, geradezu revolutionäre Art der Kriegführung erfunden: den „Blitzkrieg“. Heer und Luftwaffe galten seither geradezu als unbesiegbar. Hitler erreichte im Sommer 1940 den absoluten Höhepunkt seiner gesamten Laufbahn. Erst jetzt kam er wieder aus dem innenpolitischen Tief heraus, in das er mit dem 3. September 1939 geraten war; und zwar als uneingeschränkt bejubelter Triumphator. Selbst der damals schon seit Jahren in Opposition zum nationalsozialistischen Regime stehende ehemalige deutsche Botschafter in Rom, Ulrich von Hassell, der im August 1944 wegen seiner Beteiligung am Umsturzversuch vom 20. Juli gehängt werden sollte, schrieb am 24. Juni 1940 in sein Tagebuch: „Niemand wird die Größe des von Hitler Erreichten bestreiten.“[22] Die Position des deutschen Diktators war jetzt stärker als jemals zuvor - auch und gerade gegenüber der Generalität. Sie konnte nicht verdrängen, daß es Hitler selbst gewesen war, der ihr einen Plan aufgezwungen hatte, der sich als Schlüssel zu einem Erfolg erwiesen hatte, wie sie ihn sich so glänzend gar nicht zugetraut hatte. General Wilhelm Keitel sprach daher vielen - nicht nur seiner Kameraden - aus dem Herzen, als er Hitler im Sommer 1940 ohne jede Ironie als „größten Feldherrn aller Zeiten“[23]

---

[20] Frieser (Anm. 5), S. 39.

[21] Ein Dokument dieser Fassungslosigkeit sind etwa die zu dieser Zeit entstandenen Tagebuchaufzeichnungen eines amerikanischen Rundfunkorrespondeten, der sich freilich in allerlei Spekulationen über die Gründe für diesen deutschen Triumph ergeht, die nach heutigem Kenntnisstand schlicht absurd zu nennen sind: William S. Shirer, Berliner Tagebuch. Aufzeichnungen 1934-1941, Leipzig und Weimar 1991, bes. S. 349-416.

[22] Friedrich Frhr. Hiller von Gaertringen (Hrsg.), Die Hassell-Tagebücher 1938-1944. Aufzeichnungen vom Anderen Deutschland. Nach der Handschrift revidierte und erweiterte Ausgabe, Berlin 1988, S. 199.

[23] Albrecht Zoller, Hitler privat. Erlebnisbericht seiner Geheimsekretärin, Düsseldorf 1949, S. 141. Zur Genesis dieser keineswegs unumstrittenen Quelle vgl. Christa Schroeder, Er war mein Chef. Aus dem Nachlaß der Sekretärin von Adolf Hitler, hrsg. von Anton Joachimsthaler, München 1985,S. 18-24.

feierte; (erst nach den Rückschlägen in Rußland im Winter 1941/42 wurde Hitler dann als „GröFaZ“ verulkt).

Gleichwohl gilt es festzuhalten, daß der Westfeldzug vom Mai/Juni 1940 „kein geplanter Eroberungsfeldzug [war], vielmehr handelte es sich um eine operative Verzweiflungsaktion, um aus einer verzweifelten strategischen Situation herauszukommen. Das sogenannte ‚Blitzkrieg-Denken‘ entwickelte sich erst nach dem Westfeldzug. Was im Mai 1940 zur allgemeinen Überraschung gelungen war, sollte von nun an als ‚Geheimnis des Sieges‘ zur Verwirklichung von Hitlers Eroberungsvisionen dienen.“[24]

An der verzweifelten strategischen Gesamtsituation des Deutschen Reiches hatte sich allerdings auch durch diesen überwältigenden Sieg nur wenig geändert. Allenfalls hatte sich die Grundlage der deutschen Macht sowie die ihr zur Verfügung stehende Wirtschaftskraft deutlich vergrößert. Noch immer, ja, nicht ohne Grund sogar mehr denn je, ging Hitler davon aus, es werde unweigerlich zu dem gefürchteten, gegen Deutschland gerichteten Eingreifen der USA und der Sowjetunion kommen, wenn er nicht bald einen Ausweg aus einem Krieg fand[25], in welchem er bereits mehr erreicht hatte, als er je zuvor erhoffen durfte. Er richtete daher am 19. Juli 1940 noch einmal einen - augenscheinlich wiederum durchaus ernstgemeinten[26], gleichwohl vergeblichen - „Friedensappell“ an Großbritannien, wobei er deutlich die Haltung des Siegers hervorkehrte.

Dok. 20: Aus Hitlers Reichstagsrede vom 19. Juli 1940

„Das alles hätte [...] nicht zu kommen brauchen. Denn ich habe noch im Oktober weder von Frankreich noch von England etwas anderes verlangt als nur den Frieden. [...] Ich bin selber zu sehr Soldat, als daß ich nicht für das Unglück einer solchen Entwicklung Verständnis hätte. Ich höre nun aus London nur ein Geschrei - es ist nicht das Geschrei der Massen, sondern der Politiker -, daß der Kampf erst recht fortgesetzt werden müsse. [...] Ich habe bisher darauf kaum antworten lassen. Aber das soll nun nicht bedeuten, daß dies die einzige Antwort ist oder bleiben wird. [...] Und Herr Churchill sollte mir dieses Mal vielleicht ausnahmsweise glauben, wenn ich als Prophet jetzt folgendes ausspreche: [-] Es wird dadurch ein großes Weltreich zer-

[24] So zutreffend Frieser (Anm. 5), S. 435.
[25] Vgl. dazu Syring (Anm. 14), S. 685 f.
[26] Vgl. Schlie (Anm. 15), S. 247-254.

stört werden. Ein Weltreich, das zu vernichten oder auch nur zu schädigen, niemals meine Absicht war. Allein ich bin mir darüber im klaren, daß die Fortführung dieses Kampfes nur mit der vollständigen Zertrümmerung des einen der beiden Kämpfenden enden wird. Mister Churchill mag glauben, daß dies Deutschland ist. Ich weiß, es wird England sein.
In dieser Stunde fühle ich mich verpflichtet, vor meinem Gewissen noch ein mal einen Appell an die Vernunft auch in England zu richten. Ich glaube dies tun zu können, weil ich ja nicht als Besiegter um etwas bitte, sondern als Sieger nur für die Vernunft spreche. Ich sehe keinen Grund, der zur Fortführung dieses Kampfes zwingen könnte."

[Max Domarus (Hrsg.), Hitler. Reden und Proklamationen 1932-1945. Kommentiert von einem deutschen Zeitgenossen, Wiesbaden 1973, Bd.II/1, S. 1557 f.]

Als Hitler dem Grund für die neuerliche „Friedensunwilligkeit" Großbritanniens nachspürte, glaubte er diese - nicht zu Unrecht - in der Hoffnung auf ein gegen Deutschland gerichtetes Eingreifen der Vereinigten Staaten und der Sowjetunion gefunden zu haben. „Englands Hoffnung ist Rußland und Amerika. Wenn Hoffnung auf Rußland wegfällt, fällt auch Amerika weg, weil Wegfall Rußlands eine Aufwertung Japans in Ostasien in ungeheurem Maße folgt"[27] ,gab Heeres-Generalstabschef Halder Hitlers Kalkül am 31. Juli 1940 in seinem Tagebuch wieder.

Schon Ende Juni 1940 hatte Hitler begonnen, seine Augen zunehmend auf den Osten, d.h. auf die Sowjetunion zu richten. Auch hiermit stand er nicht allein, denn noch bevor er sich überhaupt zu seinen neuen Gedankengängen geäußert hatte, war im Oberkommando des Heeres auf eigene Faust damit begonnen worden, Pläne für einen Krieg gegen die Sowjetunion zu bearbeiten.[28] Offenbar ging man hier davon aus, man werde mit der Roten Armee, die sich im Winterkrieg 1939/40 gegen Finnland blamiert hatte, spielend fertig werden, nachdem gerade die stärkste Militärmacht des Kontinents in Rekordzeit aus dem Felde geschlagen worden war.

---

[27] Jacobsen (Anm. 9), Bd. II, S. 49.

[28] Vgl. Horst Boog/Jürgen Förster/Joachim Hoffmann u.a., Das Deutsche Reich und der Zweite Weltkrieg, Bd. 4: Der Angriff auf die Sowjetunion, Stuttgart 1983, S. 9 f.

Hitler selbst war der Pakt mit seinem ideologischen Todfeind nie recht geheuer gewesen. Zwar hatte er mehrfach, u.a. auch während einer Besprechung am 27. August 1939 behauptet: „Sowjetpakt ist von vielen Parteigenossen mißverstanden. Er paktiere aber mit dem Satan, um den Teufel auszutreiben. Sowjetunion sei nicht mehr ein Bolschewistenstaat, sondern ein autoritärer Militärstaat.“[29] Und tatsächlich belegt Goebbels in seinem Tagebuch, daß Hitler Stalins blutrünstige „Große Säuberungen“ von 1936/37 zumindest zeitweilig für eine antisemitische Maßnahme des sowjetischen Diktators hielt.[30] Insgesamt aber blieb die Sowjetunion für Hitler - trotz seiner persönlichen Bewunderung für Stalin[31]- stets ein „bolschewistischer Judenstaat“.

Eine Beendigung des Krieges durch den Versuch einer Eroberung der britischen Inseln, hielt Hitler - wohl vor allem infolge des hierfür völlig ungenügenden Standes der deutschen Marinerüstung - für ein zu risikoreiches Unterfangen. „Hier sei Deutschland in einer Lage wie jemand, der nur noch einen Schuß in der Büchse habe; gehe er fehl, so sei die Lage viel schlimmer als vorher“[32], bemerkte er dazu noch am 20. Januar 1941 gegenüber dem italienischen Diktator Mussolini.

Trotz dieser ihm bewußten Unfähigkeit, Großbritannien auf direktem Wege militärisch anzugehen, trieb Hitler seit dem deutschen Sieg über Frankreich gleichwohl nichts mehr um, als seine Mutmaßungen über Großbritanniens Gründe für die Weigerung, sich auf der Basis des gegenwärtigen Status quo mit ihm zu arrangieren. In immer neuen Variationen widmete er sich den Gefahren, die sich für das Deutsche Reich aus dieser unbefriedigenden Situation ergeben könnten. Am 14. August 1940 führte er etwa gegenüber seinen neuernannten Generalfeldmarschällen aus:

---

[29] Helmut Krausnick u.a. (Hrsg.), Helmuth Groscurth: Tagebücher eines Abwehroffiziers 1938-1940. Mit weiteren Dokumenten zur Militäropposition gegen Hitler, Stuttgart 1970, S. 190. Bereits zuvor hatte Hitler verschiedentlich mit dem Gedanken eines Bündnisses mit einem nationalen Rußland gespielt; vgl. dazu Enrico Syring, Hitler. Seine politische Utopie, Berlin 1994, S. 220-223.

[30] Vgl. Fröhlich (Anm. 16), Bd. 3, Eintr. 10. Januar 1937, S. 198.

[31] Vgl. Rainer Zitelmann, Hitler. Selbstverständnis eines Revolutionärs, Stuttgart ²1989, S. 476-483.

[32] Percy Ernst Schramm (Hrsg.), Kriegstagebuch des Oberkommandos der Wehrmacht (Wehrmachtführungsstab) 1940-1945. Geführt von Helmuth Greiner und Percy Ernst Schramm, Frankfurt a.M. 1961-1979, Bd. I/1, S. 275.

„England vermutlich aus zwei Gründen nicht friedensbereit: 1. hofft es auf Unterstützung U.S.A. Diese können aber nicht vor 1941 tatkräftige Unterstützung durch Waffenlieferungen im Großen leisten. 2. hofft es, Rußland gegen Deutschland ausspielen zu können. Deutschland ist aber Rußland militärisch weit überlegen. Film über russische Kriegführung gegen Finnland zeigt lächerliche Bilder. Ausfall des Benzins kann durch Rumänien leicht gedeckt werden. [-] Es gibt zwei Gefahrenpunkte, die zu einer Auseinandersetzung mit Rußland führen könnten: 1. Rußland steckt ganz Finnland ein. Dann ist Vorherrschaft Deutschlands auf der Ostsee verloren und ein Angriff Deutschlands auf Rußland erschwert. 2. weiteres Vordringen Rußlands gegen Rumänien. Dies kann wegen der Benzinlieferungen Rumäniens an Deutschland nicht zugelassen werden."[33]

Auch wenn Hitler auf außenpolitischer Ebene noch bis Ende November 1941 versuchte, die USA auf die Linie einer gegenseitigen Nichteinmischung nach dem Motto „Amerika den Amerikanern, Europa den Europäern" festzulegen, traten die Vereinigten Staaten seit dem Sommer 1940 in seinen Überlegungen immer deutlicher als der eigentliche Hauptgegner Deutschlands in Erscheinung. Und die Eroberung der europäischen Sowjetunion sollte ihm ja nicht zuletzt auch die uneingeschränkte Verfügungsgewalt über eine Rohstoffbasis verschaffen, auf der en Grundlage allein er sich Amerika gewachsen wähnte.

Zur Abschirmung seines neuen Vorhabens „hatte Hitler zudem seit August 1940 die Wiederannäherung an Japan betreiben lassen. Das Ergebnis dieser Bemühungen war der ‚Dreimächtepakt' zwischen Deutschland, Italien und Japan vom 27. September 1940. Wenn auch die tatsächliche Bedeutung dieses Vertragswerkes [... eher gering war], so diente es doch nach außen hin deutlich erkennbar dem Zweck, die Vereinigten Staaten für den Fall ihres Kriegseintritts an der Seite Großbritanniens zur Führung eines [weltweiten] Zweifrontenkrieges gegen Deutschland und Japan gleichzeitig zu zwingen. Durch dieses Szenario sollten die USA von einem Eingreifen in den Krieg abgeschreckt werden. Hätte Deutschland, so Hitlers Kalkül [...], sich erst einmal das Potential ganz Europas verfügbar gemacht, dann würde Amerika ohnehin ‚zurückweichen'."[34]

Eine Zeitlang ließ Hitler seinen Außenminister Ribbentrop gewähren, der auf dem Verhandlungswege und unter Einschluß der Sowjet-

[33] Meyer (Anm. 4), S. 251 f.
[34] Syring (Anm. 14), S. 686.

union gern einen „Kontinentalblock“ gegen die anglo-amerikanischen Seemächte zustande gebracht hätte. Als diese Verhandlungen infolge des sich immer deutlicher abzeichnenden wechselseitigen Mißtrauens zwischen den beiden Paktpartnern von 1939 im November 1940 endgültig gescheitert waren, setzte Hitler vollends auf einen Eroberungskrieg gegen die Sowjetunion.

Dok. 21: Aus Hitlers Weisung Nr. 21 vom 18. Dezember 1940

„Die deutsche Wehrmacht muß darauf vorbereitet sein, auch vor Beendigung des Krieges gegen England SOWJETRUSSLAND IN EINEM SCHNELLEN FELDZUG NIEDERZUWERFEN (Fall Barbarossa). [...] Vorbereitungen, die eine längere Anlaufzeit benötigen, sind - soweit noch nicht geschehen - schon jetzt in Angriff zu nehmen und bis zum 15.5.41 abzuschließen. Entscheidender Wert ist jedoch darauf zu legen, daß die Absicht eines Angriffs nicht erkennbar wird. Die Vorbereitungen des Oberkommandos sind auf folgender Grundlage zu treffen: [...] Die im westlichen Rußland stehende Masse des russischen HEERES soll in kühnen Operationen unter weitem Vortreiben von Panzerkeilen vernichtet, der Abzug kampfkräftiger Teile in die Weite des russischen Raumes verhindert werden. [...] In rascher Verfolgung ist dann eine Linie zu erreichen, aus der die russische Luftwaffe reichsdeutsches Gebiet nicht mehr angreifen kann. Das Endziel der Operation ist die Abschirmung gegen das asiatische Rußland aus der allgemeinen Linie Wolga-Archangelsk. So kann erforderlichenfalls das letzte Rußland verbleibende Industriegebiet durch die Luftwaffe ausgeschaltet werden.“

[Gerd R. Ueberschär/Wolfram Wette (Hrsg.), Der deutsche Überfall auf die Sowjetunion. „Unternehmen Barbarossa“ 1941, Frankfurt a.M. 1991, Dok. 1, S. 244.]

Unter welchem enormen Zeit- und Erfolgsdruck dieser Krieg stehen würde, hatte Hitler am 17. Dezember 1940 in einem Gespräch mit einem militärischen Berater noch einmal unmißverständlich deutlich gemacht: „Führer erörtert dann noch mögliche zeitliche Entwicklung im großen. Hierbei betont er, daß wir 1941 alle kontinentaleuropäischen Probleme lösen müßten, da ab 1942 USA in der Lage wäre, einzugreifen.“[35]

---

[35] Schramm (Anm. 32), Bd. I/2, Dok. 45, S. 996.

Ab Frühherbst 1940 verdichteten sich die Gedankenspiele Hitlers und des Oberkommandos des Heeres mithin allmählich zum Konzept eines „Weltblitzkrieges“[36]: Bevor 1942 die Amerikaner wirksam in den Krieg eingreifen könnten, sollte sich Deutschland bis spätestens Ende 1941 durch die Eroberung der europäischen Sowjetunion jene Industrie- und Rohstoffbasis verschaffen, welche die USA dann vielleicht doch noch von einem Kriegseintritt abschrecken oder das Deutsche Reich zumindest in die Lage versetzen würde, schlimmstenfalls auch einen langen Abnutzungskrieg gegen die anglo-amerikanischen Seemächte durchstehen zu können. Der deutschen Wiederannäherung an Japan fiel im Rahmen dieser Gesamtkonzeption die unterstützende Aufgabe zu, die Vereinigten Staaten für den Fall ihres Kriegseintritts von Beginn an dazu zu zwingen, einen Zweifrontenkrieg weltweiten Ausmaßes führen zu müssen. Hierdurch sollte es den USA unmöglich gemacht werden, ihre überwältigenden Machtmittel voll auf ein einziges Krisengebiet zu konzentrieren. Hitler hegte nach den Erfahrungen des Ersten Weltkrieges keinerlei Illusionen darüber, daß Deutschland wie Japan anderenfalls nacheinander einfach „erdrückt“ werden würden.[37]

Obgleich die Eroberung der Sowjetunion seit den zwanziger Jahren zu den unverrückbaren Zielsetzungen innerhalb der von Hitler entworfenen Weltanschauung zählte, gibt es doch keinerlei stichhaltige Hinweise darauf, daß er diesen Krieg seit 1933 langfristig vorbereitet hätte. Offenbar ist er vielmehr - zumindest bis zum Abschluß des Polenfeldzuges, ja, wahrscheinlich sogar bis zum Sommer 1940 - davon ausgegangen, diese seiner „fixen Ideen“ stehe in absehbarer Zeit nicht zur Verwirklichung an.[38] Ebenfalls weist der Zustand der deutschen Rüstungswirtschaft ganz deutlich in diese Richtung, denn bis ins dritte Kriegsjahr hinein wurde in Deutschland auf eine zentrale Lenkung der Rüstungsplanung und Rüstungsfertigung verzichtet. Heer, Marine und Luftwaffe rüsteten jeweils für sich allein und in aller Regel in harter Konkurrenz um Rohstoff- und Arbeitskräftezuteilungen gegeneinander, da ihre Rüstungsprogramme zwar als solche von Hitler gebilligt

---

[36] Dieser Terminus geht auf Hillgruber (Anm. 2), S. 317, zurück.

[37] Vgl. dazu die Aufzeichnung über Hitlers Unterredung mit dem japanischen Außenminister Matsuoka vom 4. April 1941, in: ADAP (Anm. 2), Serie D, Bd. XII/1, Dok. 266, S. 376 f.

[38] Vgl. Hermann Böhme, Der deutsch-französische Waffenstillstand im Zweiten Weltkrieg. Teil 1: Entstehung und Grundlagen des Waffenstillstandes von 1940, Stuttgart 1966, S. 79.

worden waren, deren Abstimmung untereinander jedoch unterblieb. Dieser nahezu schrankenlos waltende Ressortegoismus führte mit dazu, daß das deutsche Heer - bei einem insgesamt zureichenden Munitionsbestand - am Vorabend des Krieges gegen die Sowjetunion in bestimmten Waffengattungen, beispielsweise der Artillerie, nicht einmal den Sollbestand an Waffenausrüstung der Kampfverbände annähernd erreichte, geschweige denn irgendwelche Bevorratung vornehmen konnte. Daß der deutsche Diktator aber darauf verzichtete, die Rüstungswirtschaft rechtzeitig entsprechend umzusteuern, wird zu Recht als ein weiteres Indiz dafür gewertet, „daß Hitler den Feldzug gegen die Sowjetunion materiell nicht langfristig, sondern im Gegenteil ausgesprochen kurzfristig geplant und vorbereitet hat."[39]

Die Wehrmacht konnte aus diesen Gründen im Sommer 1941 in den bedeutsamsten Waffengattungen des modernen Bewegungskrieges insgesamt kaum mehr, ja, in wichtigen Bereichen sogar weniger Material gegen die Sowjetunion zum Einsatz bringen, als noch ein Jahr zuvor gegen Frankreich an einer sehr viel kürzeren Front. Zudem gab es keine nennenswerten materiellen Reserven, d.h. es war absehbar, daß etwa diejenigen Panzer, die im Laufe der Operation durch Feindeinwirkung oder Verschleiß ausfielen, zahlenmäßig nicht mehr voll ersetzt werden konnten. Die an der Ostfront eingesetzten Verbände würden den gesamten Feldzug also im wesentlichen mit jener Erstausstattung zu bestreiten haben, über die sie bei Angriffsbeginn verfügten.[40] Dieser ohnehin schon unzureichende Ausgangsbestand wurde durch Abgaben an den Kriegsschauplatz in Nordafrika sowie durch den improvisierten Balkanfeldzug dann noch weiter vermindert.

All dies machte den deutschen Überfall auf die Sowjetunion von vornherein und für alle Beteiligten erkennbar zu einem außerordentlich risikoreichen, im Grunde aberwitzigen Wettlauf gegen die Zeit, der noch dazu mit einer nur ungenügenden Ausrüstung und mit praktisch nicht vorhandenen Vorräten angegangen werden mußte. Das sehr wahrscheinliche Scheitern zeichnete sich damit für jeden einigermaßen nüchternen Betrachter schon ab, bevor der Angriff überhaupt begonnen hatte. Daß es trotzdem, anders als noch im Winter 1939/40, diesmal innerhalb der militärischen Führung keinen nen-

[39] So Hartmut Schustereit, Vabanque. Hitlers Angriff auf die Sowjetunion1941 als Versuch, durch den Sieg im Osten, den Westen zu bezwingen, Herford-Bonn 1988, S. 38.

[40] Zu diesen Ausführungen vgl. ebd., S. 30-41.

nenswerten Widerstand gegen die se neuerliche Ausweitung des Krieges gab, ist wohl vor allem auf den nach dem sensationellen Sieg über Frankreich allgemein um sich greifenden Größenwahn zurückzuführen. Neigte die Wehrmacht bis zum Sommer 1940 eher zur Selbstunterschätzung, so kannte ihre Selbstüberschätzung seither offenbar kaum noch Grenzen.

„Achsenpartner" Italien sorgte zudem noch für zusätzliche Zersplitterungen der ohnehin schwerlich ausreichenden deutschen Kräfte. Als die Niederlage Frankreichs Anfang Juni 1940 feststand, war das bis dahin neutrale Italien rasch noch in den Krieg eingetreten, um als „Siegermacht" an der Verteilung der Beute teilhaben zu können. Mussolinis Eifersucht auf die militärischen Erfolge seines einstigen deutschen Juniorpartners ließ dem italienischen Diktator seither keine Ruhe mehr. Er wollte es ebenfalls, und ganz unabhängig von seinem ungeliebten Verbündeten, zu Feldherrenruhm bringen.

Sein Versuch, gegen britische Positionen in Nordafrika (Ägypten) vorzugehen, scheiterte jedoch so kläglich, daß sich Hitler im Januar 1941 zur Entsendung eines deutschen „Sperrverbandes" entschloß, um seinem Freunde eine Blamage zu ersparen, welche leicht einen für das „Achsenbündnis" nicht günstigen Umschwung in der italienischen Innenpolitik hätte nach sich ziehen können. Der überaus ehrgeizige General Rommel [41], den Hitler mit diesem Kommando betraut hatte, wollte sich aber nicht damit zufrieden geben, auf einen Nebenkriegsschauplatz abgeschoben zu werden. Gegen seinen Auftrag ging er daher auf eigene Faust zum Angriff über und eröffnete so eine weitere deutsche Front, die im Laufe der Zeit immer mehr Kräfte band, die dann anderenorts fehlten, ohne jedoch jemals eine solche Konzentration deutscher Truppen herbeiführen zu können, mit der ein wirklich durchschlagender Erfolg möglich gewesen wäre. Zudem wurden durch die ständigen Reibereien und Rivalitäten auf diesem Kriegsschauplatz die deutsch-italienischen Beziehungen zusehends angespannter.[42]

Auch bei seinem von Albanien aus gestarteten Angriff auf Griechenland kam Mussolini nur durch ein deutsches Eingreifen an einer

---

[41] Zur schillernden Persönlichkeit dieses legendenumwobenen Generals vgl. Ralf Georg Reuth, Erwin Rommel - Die Propagandaschöpfung, in: Smelser/Syring (Anm. 12), S. 460-475.

[42] Vgl. Ralf Georg Reuth, Entscheidung im Mittelmeer. Die südliche Peripherie Europas in der deutschen Strategie des Zweiten Weltkrieges 1940-1942, Koblenz 1985.

Blamage vorbei. Nachdem verschiedene deutsche Vermittlungsversuche gescheitert waren und Großbritannien in Griechenland militärisch in Erscheinung zu treten begann, wurde ab März 1941 fast der ganze Balkan in einem improvisierten deutschen Feldzug überrannt.[43] Die Auslösung von „Barbarossa" mußte dafür um vier Wochen verschoben werden. Doch mit den italienischen Bestrebungen zur Führung eines von Deutschland unabhängigen „Parallelkrieges" war es seitdem endgültig vorbei.[44]

Seitdem der Versuch der deutschen Luftwaffe, die Luftherrschaft über den britischen Inseln zu erkämpfen, Ende September 1940 erfolglos abgebrochen worden war[45], fand der Krieg gegen Großbritannien wieder vor allem auf See statt. Die kleine deutsche U-Bootflotte versuchte, bis Ende Mai 1941 von den wenigen schweren deutschen Überwassereinheiten nach Kräften unterstützt, so viele britische bzw. in britischen Diensten laufende Handelsschiffe wie nur irgend möglich zu versenken, um England auf diese Weise von seinen überlebensnotwendigen Zufuhren aus Übersee abzuschneiden. Bis zur deutschen Kriegserklärung an Amerika vom 11. Dezember 1941 galt allerdings die strikte Weisung, jeglichem Zusammenstoß mit amerikanischen Schiffen tunlichst aus dem Wege zu gehen - und dies, obgleich diese sich keineswegs „neutral" verhielten. Zwischenfälle blieben daher nicht aus.[46]

Der Versuch der Eroberung der europäischen Sowjetunion, der mit dem unprovozierten deutschen Überfall vom 22. Juni 1941 begann, war von vornherein als ein gegen jedes Völkerrecht verstoßender Rassenvernichtungskrieg geplant worden. Es trifft daher nicht zu, daß

---

[43] Vgl. dazu Klaus Olshausen, Zwischenspiel auf dem Balkan. Die deutsche Politik gegenüber Jugoslawien und Griechenland vom März bis Juli 1941, Stuttgart 1973, und Christian Hartmann, Halder. Generalstabschef Hitlers 1938-1942, Paderborn-München u.a. 1991, S. 254-262.

[44] Einen knappen Überblick über das deutsch-italienische Verhältnis während des Zweiten Weltkrieges bietet Jens Petersen, Deutschland und Italien 1939-1945, in: Michalka (Anm. 14), S. 108-118.

[45] Vgl. hierzu Patrick Facon, La Bataille d'Angleterre (1940). La bataille aérienne décisive de l'Histoire, Paris 1992.

[46] Zum Seekrieg vgl. etwa die Überblicke von Jak P. Showell, Das Buch der deutschen Kriegsmarine, Stuttgart ^{2}1985, und Karl Dönitz, Die Schlacht im Atlantik in der deutschen Strategie, in: Andreas Hillgruber (Hrsg.), Probleme des Zweiten Weltkrieges, Köln-Berlin 1967, S. 159-170, sowie Werner Rahn, Der Atlantik in der strategischen Perspektive Hitlers und Roosevelts 1941, in: Michalka (Anm. 14), S. 667-682.

sich die deutsche Kriegführung im Osten erst als Reaktion auf die rücksichtslose Kampfweise der Roten Armee und den sowjetischen Partisanenkrieg brutalisiert habe, denn die sogenannten „vier verbrecherischen Befehle", die den Rahmen des Verhaltens der Wehrmacht in Rußland absteckten, sind allesamt ergangen, bevor der deutsche Angriff überhaupt begonnen hatte. Bereits am 30. März 1941 hatte Hitler die Befehlshaber auf die - in seinen Augen - ganz besonderen Kampfbedingungen im Osten eingeschworen.

Dok. 22: Tagebucheintrag zu Hitlers Ansprache vom 30. März 1941

„Kampf zweier Weltanschauungen gegeneinander. Vernichtendes Urteil über Bolschewismus, ist gleich asoziales Verbrechertum. Kommunismus ungeheure Gefahr für die Zukunft. Wir müssen von dem Standpunkt des soldatischen Kameradentums abrücken. Der Kommunist ist vorher kein Kamerad und nachher kein Kamerad. Es handelt sich um einen Vernichtungskampf. Wenn wir es nicht so auffassen, dann werden wir zwar den Feind schlagen, aber in 30 Jahren wird uns wieder der kommunistische Feind gegenüberstehen. Wir führen nicht Krieg, um den Feind zu konservieren. [...]
Kampf gegen Rußland: Vernichtung der bolschewistischen Kommissare und der kommunistischen Intelligenz. [...] Es muß verhindert werden, daß eine neue Intelligenz sich bildet. [...] Der Kampf muß geführt werden gegen das Gift der Zersetzung. Das ist keine Frage der Kriegsgerichte. Die Führer der Truppe müssen wissen, worum es geht. [...] Kommissare und GPU-Leute sind Verbrecher und müssen als solche behandelt werden."

[Hans-Adolf Jacobsen (Bearb.), Generaloberst Halder. Kriegstagebuch. Tägliche Aufzeichnungen des Chefs des Generalstabes des Heeres 1939-1942, Stuttgart 1964, Bd. II, S. 336 f.]

Und die Generale, von denen anderthalb Jahre zuvor immerhin noch einige gegen die Massenmorde in Polen aufbegehrt hatten, „schluckten" diesmal - trotz manchen Unbehagens - nahezu widerspruchslos Befehle, die den demnächst im Osten neu zu eröffnenden Kriegsschauplatz von vornherein zu einer Zone schrankenloser deutscher Willkür machten und sie selbst unausweichlich in Massenmorde verstricken würde.[47] Mit Befehl vom 28. April 1941 wurden die Einsatzgruppen des Reichsführers-SS, die im Hinterland der kämpfenden Truppe „Sonderaufgaben“ erfüllen sollten, den Oberkommandos der Armeen in transport- und versorgungstechnischer Hinsicht angegliedert. Am 13. Mai 1941 erging der „Gerichtsbarkeitserlaß Barbarossa“.[48]

Dok. 23: Aus dem Kriegsgerichtsbarkeitserlaß „Barbarossa“

„I. [...]

1. Straftaten feindlicher Zivilpersonen sind der Zuständigkeit der Kriegsgerichte und der Standgerichte bis auf weiteres entzogen.
2. Freischärler sind durch die Truppe im Kampf oder auf der Flucht schonungslos zu erledigen.
3. Auch alle anderen Angriffe feindlicher Zivilpersonen gegen die Wehrmacht [...] sind von der Truppe auf der Stelle mit den äußersten Mitteln bis zur Vernichtung des Angreifers niederzukämpfen.
4. Wo Maßnahmen dieser Art [...] zunächst nicht möglich waren, werden tatverdächtige Elemente sogleich einem Offizier vorgeführt. Dieser entscheidet, ob sie zu erschießen sind. [-] Gegen Ortschaften, aus denen die Wehrmacht [...] heimtückisch angegriffen wurde, werden unverzüglich auf Anordnung eines Offiziers in der Dienststellung mindestens eines Bataillons- usw. -Kommandeurs kollektive Gewaltmaßnahmen durchgeführt, wenn die Umstände eine rasche Feststellung einzelner Täter nicht gestatten. [...]

II. [...]

1. Für Handlungen, die Angehörige der Wehrmacht [...] gegen feindliche Zivilpersonen begehen, besteht kein Verfolgungszwang, auch dann nicht, wenn die Tat zugleich ein militärisches Verbrechen oder Vergehen ist.
2. Bei der Beurteilung solcher Taten ist in jeder Verfahrenslage zu berücksichtigen, daß der Zusammenbruch im Jahre 1918, die spätere

[47] Die besten Überblicksdarstellungen zu dieser Problematik sind Helmut Krausnick/Hans-Heinrich Wilhelm, Die Truppe des Weltanschauungskrieges.Die Einsatzgruppen der Sicherheitspolizei und des SD 1938-1942, Stuttgart 1981, und Jörg Friedrich, Das Gesetz des Krieges. Das deutsche Heer in Rußland 1941 bis 1945. Der Prozeß gegen das Oberkommando der Wehrmacht, München-Zürich 1993.

[48] Zur Entstehungsgeschichte der Befehle im einzelnen vgl. Helmut Krausnick, Kommissarbefehl und Gerichtsbarkeitserlaß Barbarossa in neuer Sicht, in: *Vierteljahrshefte für Zeitgeschichte* 25(1977), S. 682-738.

Leidenszeit des deutschen Volkes und der Kampf gegen den Nationalsozialismus mit den zahllosen Blutopfern der Bewegung entscheidend auf bolschewistischen Einfluß zurückzuführen war und daß kein Deutscher dies vergessen hat. [...]
4. Bei der Beurteilung der Glaubwürdigkeit von Aussagen feindlicher Zivilpersonen ist äußerste Vorsicht geboten."

[Gerd R. Ueberschär/Wolfram Wette (Hrsg.), Der deutsche Überfall auf die Sowjetunion. „Unternehmen Barbarossa" 1941, Frankfurt a.M.1991, Dok. 6, S. 252.]

Die Konsequenzen dieses Erlasses waren absehbar. Der Oberbefehlshaber der sich im Osten bereitstellenden Heeresgruppe Mitte, Generalfeldmarschall Fedor von Bock, notierte dazu am 4. Juni 1941 in klarer Voraussicht in sein Tagebuch:

„Eine Verfügung des Oberkommandos der Wehrmacht regelt das Verhalten der Truppe gegenüber der russischen Zivilbevölkerung. Sie ist so gehalten, daß sie praktisch jedem Soldaten das Recht gibt, auf jeden Russen, den er für einen Freischärler hält - oder zu halten vorgibt - von vorne oder von hinten zu schießen."[49]

Es folgten „Richtlinien für das Verhalten der Truppe in Rußland", die das Oberkommando der Wehrmacht am 19. Mai 1941 erließ.

Dok. 24: Aus den „Richtlinien für das Verhalten der Truppe in Rußland"

„1.Der Bolschewismus ist der Todfeind des nationalsozialistischen deutschen Volkes. Dieser zersetzenden Weltanschauung und ihren Trägern gilt Deutschlands Kampf. 2. Dieser Kampf verlangt rücksichtsloses und energisches Durchgreifen gegen bolschewistische Hetzer, Freischärler, Saboteure, Juden und restlose Beseitigung jedes aktiven oder passiven Widerstandes.
[...]
3. Gegenüber allen Angehörigen der Roten Armee - auch den Gefangenen - ist äußerste Zurückhaltung und schärfste Achtsamkeit geboten, da mit heimtückischer Kampfesweise zu rechnen ist. Besonders

---

[49] Klaus Gerbet (Hrsg.), Generalfeldmarschall Fedor von Bock. Zwischen Pflicht und Verweigerung. Das Kriegstagebuch, München-Berlin 1995, S. 19

die asiatischen Soldaten der Roten Armee sind undurchsichtig, unberechenbar, hinterhältig und gefühllos."

[Gerd R. Ueberschär/Wolfram Wette (Hrsg.), Der deutsche Überfall auf die Sowjetunion. „Unternehmen Barbarossa" 1941, Frankfurt a.M. 1991, Dok. 7, S. 258.]

Am 8. Juni 1941 erging schließlich vom Oberkommando des Heeres eine „Geheime Kommandosache", in welcher angeordnet wurde, daß gefangengenommene Polit-Kommissare der Roten Armee „außerhalb der eigentlichen Kampfzone unauffällig auf Befehl eines Offiziers" unverzüglich „zu erledigen" seien.[50]

Zusammengenommen stellen diese vier Befehle einen Freibrief für Massenmord dar. Und trotz gegenteiliger Behauptungen, sind sie nach Beginn des deutschen Angriffs am 22. Juni 1941 in aller Regel auch tatsächlich befolgt bzw. ausgeführt worden. Ihre Nichtbeachtung blieb die Ausnahme, zumal es unter den hohen militärischen Führern der Wehrmacht neben eher verhaltener Kritik von vornherein auch viel Bereitschaft gab, diese barbarische Form der Kriegführung zumindest mitzutragen, ging es diesmal doch gegen einen Feind, den nicht allein Hitler für einen Todfeind der Menschheit hielt. Diese Bereitschaft läßt sich sogar unter denjenigen feststellen, die sich später am Umsturzversuch vom 20. Juli 1944 beteiligen sollten. So ist beispielsweise in den Anweisungen zur Kampfführung im Osten, die der Befehlshaber der Panzergruppe 4, Generaloberst Erich Hoepner, am 2. Mai 1941, also noch vor Angriffsbeginn, unterzeichnete zu lesen:

„Der Krieg gegen Rußland ist ein wesentlicher Abschnitt im Daseinskampf des deutschen Volkes. Es ist der alte Kampf der Germanen gegen das Slawentum, die Abwehr des jüdischen Bolschewismus. Dieser Kampf muß die Zertrümmerung des heutigen Rußland zum Ziel haben und deshalb mit unerhörter Härte geführt werden. Jede Kampfhandlung muß in Anlage und Durchführung von dem eisernen Willen zur erbarmungslosen, völligen Vernichtung des Feindes geleitet sein. Insbesondere gibt es keine Schonung für die Träger des heutigen russischbolschewistischen Systems."[51]

---

[50] Das Dokument selbst ist nebst Anlagen etwa bei Gerd R. Ueberschär/ Wolfram Wette (Hrsg.), Der Überfall auf die Sowjetunion. Unternehmen Barbarossa 1941, Frankfurt a.M. 1991, Dok. 8, S. 259 f., abgedruckt.

[51] Zitiert nach Boog/Förster/Hoffmann (Anm. 28), S. 446.

Vor dem Hintergrund der nationalsozialistischen Ideologie kann diesem vorsätzlichen Massenmord - so ungeheuerlich dies auch klingt - eine gewisse Folgerichtigkeit nicht abgesprochen werden; war man doch - auch infolge der eigenen Propaganda - von vornherein von der Grausamkeit des neuen Gegners tatsächlich überzeugt. Zudem wurde die bolschewistische Sowjetunion nicht nur von vielen Deutschen unsinnigerweise als ein im wesentlichen von Juden getragenes Staatswesen angesehen. Die Juden galten als diejenige Klammer, welche die Sowjetunion zusammenhielt. (Und die Polit-Kommissare wiederum galten als diejenige Klammer, welche ein Auseinanderfallen der Roten Armee verhinderte.[52]) Und je schneller und gründlicher - so der ungeheuerliche Gedankengang weiter - man diese Klammern beseitige, desto schneller werde auch zunächst die Rote Armee und dann die Sowjetunion selbst in sich zusammenbrechen.

Diese perverse „Logik" machten sich offenbar auch viele Generale, Offiziere und Soldaten der Wehrmacht zu Eigen, zumal gerade der Heeresführung ja nur allzu bewußt war, daß der Krieg im Osten so schnell wie nur irgend möglich zum erfolgreichen Abschluß gebracht werden mußte, und hierfür war ihr jedes geeignet erscheinende Mittel recht, welches dazu beitragen könnte, schneller zum Ziel zu gelangen. Zudem baute sie darauf, die Nationalsozialisten wüßten, da sie selbst eine Weltanschauungsbewegung darstellten, noch am besten, wie eine andere Weltanschauung am wirkungsvollsten bekämpft werden könne.

Seit einigen Jahren wird wieder heftiger darüber gestritten, ob der deutsche Überfall auf die Sowjetunion einem sowjetischen Überfall auf Deutschland nur mehr oder weniger knapp zuvorgekommen, mithin als „Präventivkrieg" zu werten sei.[53] Hierzu ist zu bemerken, daß es tatsächlich einige ernstzunehmende Hinweise gibt, die nach heuti-

---

[52] Vgl. Friedrich (Anm. 47), S. 288 ff.

[53] Da diese in Deutschland sehr polemisch geführte Debatte inzwischen völlig ausgeufert ist, kann hier nur auf diejenigen Veröffentlichungen verwiesen werden, die im Zentrum der Auseinandersetzung stehen: Boog/Förster/Hoffmann (Anm. 28), S. 38-97; Viktor Suworow, Der Eisbrecher. Hitler in Stalins Kalkül, Stuttgart 1989; Ders., Der Tag M, Stuttgart 1995; Bianka Pietrow-Ennker, Deutschland im Juni 1941 - ein Opfer sowjetischer Aggression? Zur Kontroverse über die Präventivkriegsthese, in: Michalka (Anm. 14), S. 586-607; Werner Maser, Der Wortbruch. Hitler, Stalin und der Zweite Weltkrieg, München 1995; Walter Post, Unternehmen Barbarossa. Deutsche und sowjetische Angriffspläne 1940/41, Hamburg-Berlin-Bonn 1995.

gem Kenntnisstand in diese Richtung zu deuten scheinen.[54] Gleichwohl muß ausdrücklich festgestellt werden, daß dererlei Erkenntnisse bzw. Überlegungen 1940 beim deutschen Entschluß zum Angriff auf die UdSSR keine Rolle spielten. Dieser erfolgte also nicht, *weil* man etwa eine sowjetische Angriffsabsicht erkannt hätte und dieser zuvorkommen wollte. Vielmehr lag ihm, wie wir bereits gesehen haben, ein Gemisch aus global-strategischen, rüstungswirtschaftlichen und nicht zuletzt auch rassenideologisch-weltanschaulichen Erwägungen zu Grunde. Das tatsächliche Verhalten der Sowjetunion geriet dagegen erst wieder verstärkt ins Blickfeld der deutschen Führung, *nachdem* die Entscheidung bereits gefallen war.

Nun allerdings, als die deutschen Angiffsvorbereitungen bereits liefen, sorgten die beobachteten Bewegungen der Roten Armee für nicht unerhebliche Irritationen. So wurden ab März 1941 umfängliche Transporte sowjetischer Truppen an die gemeinsame Grenze festgestellt.[55] Und der Oberbefehlshaber der sich im Osten zum Angriff bereitstellenden deutschen Heeresgruppe Mitte, Generalfeldmarschall Fedor von Bock, notierte am 11. März 1941 in sein Tagebuch:

„Agentennachrichten aus Litauen sprechen von großen russischen Manövern im Baltikum und behaupten, diese Manöver seien ein getarnter Aufmarsch zum Angriff auf Deutschland. Unglaubhaft! Aber daß die Russen von unserem Aufmarsch wissen und Gegenmaßnahmen treffen, ist sicher."[56]

Vierzehn Tage später scheint sich von Bock seiner Sache allerdings nicht mehr gar so völlig sicher gewesen zu sein. Am 27. März 1941 schrieb er nun:

„Die Bitte der Heeresgruppe um Befehl, daß im Falle russischen Angriffs die Grenze zu halten ist [...] wird [vom Oberkommando des Heeres] noch nicht entschieden. Wenn bisher auch wenig für die Wahrscheinlichkeit eines russischen Angriffs spricht, so dürfen wir doch nicht leichtfertig sein, denn jeder [etwaige russische] Vorstoß

---

[54] Vgl. Roland G. Foerster, Einleitung, in: Ders. (Hrsg.), Unternehmen Barbarossa. Zum historischen Ort der deutsch-sowjetischen Beziehungen von 1933 bis 1941, München 1993, S. 11.

[55] Vgl. dazu etwa Jacobsen (Anm. 9), Bd. II, S. 308, 312, 317, 325, und Meyer (Anm. 4), S. 269.

[56] Gerbet (Anm. 49), S. 177; vgl. auch ebd., Eintrag vom 15. März 1941.

über die Grenze gefährdet die dort für die [deutsche] Offensive gelagerten ungeheuren Mengen an Munition, Verpflegung und Gerät."[57]

Es ist jedoch nicht erkennbar, daß dieser im Frühjahr 1941 beobachtete sowjetische Truppenaufmarsch, den Generalfeldmarschall Erich von Manstein nach 1945 als „einen ‚Aufmarsch für alle Fälle'" wertete, dessen Umgruppierung zur Offensive gleichwohl „innerhalb kürzester Frist" technisch möglich gewesen sei[58], die deutschen Angriffsvorbereitungen in irgendeiner Weise beeinflußt hätte.

Dafür kam es aber in der Frage des operativen Ansatzes der geplanten deutschen Offensive zu schwerwiegenden Meinungsverschiedenheiten zwischen Hitler und dem Oberkommando des Heeres. Das OKH beabsichtigte, eine möglichst schnelle militärische Entscheidung herbeizuführen und daher den Gegner so früh als möglich zum Kampf zu stellen, um dessen Ausweichen in die Tiefe des russischen Raumes zu verhindern. Zu diesem Zweck sollte die mittlere der drei im Osten bereitstehenden deutschen Heeresgruppen einen konzentrierten Stoß in Richtung Moskau vorantreiben:

„Dort wurde die Masse der Roten Armee erwartet, da sie sich zum Schutz der russischen Hauptstadt dem Kampf stellen müsse, während sie im Süden leichter ausweichen könne. Moskau als das militärische, wirtschaftliche und verkehrstechnische Zentrum könne von den Russen nicht aufgegeben werden."[59]

Während es dem Oberkommando des Heeres also darum ging, die Rote Armee so schnell und so gründlich wie nur irgend möglich zu zerschlagen, wollte Hitler vor allem die reichen Rohstoffgebiete im Norden und im Süden der Sowjetunion in Besitz gebracht wissen. Das war im Rahmen seiner „Weltblitzkrieg-Strategie" nur konsequent, hoffte er doch durch die Verfügbarmachung aller Ressourcen des europäischen Kontinents die USA möglicherweise doch noch von einem

---

[57] Ebd., S. 180.

[58] Vgl. Erich von Manstein, Verlorene Siege, München 1981, S. 179 f.

[59] So zutreffend Klaus Reinhardt, Das Scheitern des deutschen Blitzkriegskonzeptes vor Moskau, in: Jürgen Rohwer/Eberhard Jäckel (Hrsg.), Kriegswende Dezember 1941. Referate und Diskussionsbeiträge des internationalen historischen Symposiums in Stuttgart vom 17. bis 19. September 1981, Koblenz 1984, S. 199-209, hier S. 200. Grundlage für jede Beschäftigung mit dem ersten halben Jahr des deutsch-sowjetischen Krieges ist neben Boog/ Förster/Hoffmann (Anm. 28), vor allem Klaus Reinhardt, Die Wende vor Moskau. Das Scheitern der Strategie Hitlers im Winter 1941/42, Stuttgart 1972.

Kriegseintritt an der Seite Großbritanniens abschrecken zu können. Für ihn hatten die Schwerpunkte des deutschen Angriffs gegen die Sowjetunion mithin klar auf den Flügeln zu liegen. Eine Abklärung dieser unterschiedlichen Vorstellungen kam allerdings vor Angriffsbeginn nicht mehr zustande. Sich über Monate hinziehende Auseinandersetzungen zwischen Hitler und der Heeresführung sowie eine unklare Schwerpunktsetzung bei den am 22. Juni 1941 anlaufenden deutschen militärischen Operationen waren die Folge.

Zunächst wurde dieser Mangel durch die großen Erfolge überdeckt. Bereits nach wenigen Wochen hatte die Wehrmacht ein Mehrfaches dessen an sowjetischen Flugzeugen, Panzern, Geschützen etc. zerstört oder erbeutet, was sie selbst insgesamt besaß. Und immer wieder konnten Hunderttausende Rotarmisten gefangengenommen werden. Unter diesem Eindruck notierte Heeresgeneralstabschef Halder bereits am 3. Juli 1941 in sein Tagebuch: „Es ist wohl nicht zuviel gesagt, wenn ich behaupte, daß der Feldzug gegen Rußland innerhalb der ersten 14 Tage gewonnen wurde."[60]

Allerdings waren diese großen deutschen Erfolge unter schweren eigenen Verlusten erkämpft. Die Wehrmacht hatte ihren bisher härtesten Kampf überhaupt zu bestehen und wurde im ersten halben Jahr des Rußlandkrieges regelrecht „durch den Fleischwolf gedreht". Bis Dezember 1941 verloren die im Osten eingesetzten Verbände alles in allem mehr als ein Drittel ihres Personal- und ihres ohnehin schon nicht genügenden Ausrüstungsbestandes (mehr als eine Million der insgesamt 3 Millionen Soldaten sowie fast 2 000 der insgesamt 3648 Panzer und Sturmgeschütze, mit denen sie am 22. Juni 1941 gegen die Sowjetunion angetreten waren). Sie erlitten damit Verluste, die nie wieder voll ausgeglichen werden konnten.[61]

Bereits ab Mitte Juli wurde absehbar, daß man deutlich hinter dem eigenen Zeitplan zurückbleiben würde. „Führer beschäftigt sich dauernd mit Einzelheiten, ist sehr nervös"[62], notierte der Oberbefehlshaber der Heeresgruppe Nord, Generalfeldmarschall Wilhelm Ritter von Leeb, am 30. Juli 1941 in sein Tagebuch. Die weitere Entwicklung des Krieges im Osten führte in den folgenden Wochen zu einer regelrechten Krise des nationalsozialistischen Regimes:

---

[60] Jacobsen (Anm. 9), Bd. III, S. 38.

[61] Zu den deutschen Beute- und Verlustzahlen während dieses Zeitraums im einzelnen vgl. Schustereit (Anm. 39), S. 69-103.

[62] Meyer (Anm. 4), S. 313.

„Nicht nur Hitler und die militärische Führung hatten Ende August eingestehen müssen, daß sie sich mit dem Vorhaben in Rußland übernommen hatten, auch in der deutschen Bevölkerung wurden Stimmen laut, die davon sprachen, daß der Feldzug schon viel zu lange dauerte, und die sich mit ‚Beklemmung' über die enormen Verluste, die das Ostheer erlitten hatte, äußerten. Auch aus diesem Grunde war es, um die deutsche Bevölkerung wieder eng an das Regime zu binden, nötig, den Rußlandfeldzug schnell zu beenden und so mit neuen Erfolgen aufzuwarten."[63]

Zumal der Gegner allein vor der deutschen Heeresgruppe Mitte wirklich geschlagen schien, schwenkte Hitler daher Anfang September 1941 schließlich auf die Linie der Heeresführung ein und befahl den konzentrierten Vorstoß auf Moskau. Die ausgemergelten deutschen Verbände blieben schließlich Ende November teilweise nur noch 30 km vor der sowjetischen Hauptstadt in Eis und Schnee liegen.

Und im Rücken der sich mühsam vorkämpfenden Wehrmachtverbände wüteten nahezu vom ersten Tage dieses Krieges an die Einsatzgruppen. Die nach 1945 jahrzehntelang aufrechterhaltene Behauptung, die Militärs hätten von all dem nichts gewußt, und seien dort, wo ihnen doch einmal etwas zu Ohren gekommen sei, sofort energisch eingeschritten, ist nach heutigem Kenntnisstand nicht mehr haltbar. Wohl für die Mehrzahl der deutschen Oberbefehlshaber im Osten war vielmehr eine Haltung typisch, wie sie sich in dem Tagebucheintrag des die Heeresgruppe Nord führenden Generalfeldmarschalls Wilhelm Ritter von Leeb vom 8. Juli 1941 dokumentiert:

„General v. Roques, Befehlshaber des rückwärtigen Heeresgebietes, klagt über die massenhaften Erschießungen von Juden in Kowno (Tausende!) auf Veranlassung der deutschen Polizeibehörden durch litauische Schutzverbände. Wir haben auf diese Maßnahmen keinen Einfluß. Es bleibt nur übrig, daß man sich fernhält. Roques meinte wohl zutreffend, daß auf diese Weise die Judenfrage wohl nicht gelöst werden kann. Am sichersten wäre sie durch Sterilisierung aller männlicher Juden zu lösen."[64]

Die Wehrmacht schaute allerdings nicht nur unbeteiligt zu, sondern hat sich gar nicht so selten spontan am Morden beteiligt oder durch allerlei kameradschaftlich geleistete Hilfestellungen zu dessen Gelin-

---

[63] So zutreffend Reinhardt, Wende (Anm. 59), S. 38.
[64] Meyer (Anm. 4), S. 288.

gen beigetragen.[65] Als etwa Ende September 1941 in der Schlucht von Babi Jar bei Kiew innerhalb von nur zwei Tagen rund 34 000 Juden erschossen wurden, war dies zuvor mit dem Oberkommando der für diesen Abschnitt verantwortlichen 6. Armee und den ihm unterstellten Generalkommandos vorab abgesprochen worden.[66] Offenbar war aber das, was Soldaten und Offiziere dann von dem Massenmord selbst mitbekamen für einige denn doch zu viel, denn es machte sich Unruhe breit, welche der Oberbefehlshaber dieser Armee, Generalfeldmarschall von Reichenau, durch einen Armeebefehl abzustellen suchte, der dann in den folgenden Wochen von vielen anderen Oberbefehlshabern nachempfunden wurde - wiederum auch von solchen, die später zum engeren Umfeld des 20. Juli gehören sollten.[67] Reichenau führte in seinem Befehl vom 10. Oktober 1941 unter anderem aus:

„Das wesentlichste Ziel des Feldzuges gegen das jüdisch-bolschewistische System ist die völlige Zerschlagung der Machtmittel und die Ausrottung des asiatischen Einflusses im europäischen Kulturkreis. Hierdurch entstehen auch für die Truppe Aufgaben, die über das hergebrachte einseitige Soldatentum hinausgehen. Der Soldat ist im Ostraum nicht nur ein Kämpfer nach den Regeln der Kriegskunst, sondern auch Träger einer unerbittlichen völkischen Idee und der Rächer für alle Bestialitäten, die deutschem und artverwandtem Volkstum zugefügt wurden. […] Deshalb muß jeder Soldat für die Notwendigkeit der harten, aber gerechten Sühne am jüdischen Untermenschentum volles Verständnis haben. Sie hat den weiteren Zweck, Erhebungen im Rücken der Wehrmacht, die erfahrungsgemäß stets von Juden angezettelt wurden, im Keime zu ersticken."[68]

Auf diplomatischer Ebene hatte die deutsche Führung das ganze Jahr 1941 über versucht, Japan zu einem Vorgehen gegen britische Positionen in Fernost zu bewegen. Auch an einer japanischen Beteiligung

---

[65] Vgl. dazu vor allem Krausnick/Wilhelm und Friedrich (beides Anm. 47).

[66] Vgl. Bernd Boll/Hans Safrian, Auf dem Weg nach Stalingrad. Die 6. Armee 1941/42, in: Hannes Heer/Klaus Naumann (Hrsg.), Vernichtungskrieg. Verbrechen der Wehrmacht 1941-1944, Hamburg 1995, S. 260-296, hier S. 278 f.

[67] Vgl. dazu beispielsweise Klaus-Jürgen Müller, Carl-Heinrich von Stülpnagel - Die Zentralfigur in Paris, in: von Klemperer/Syring/Zitelmann, (Anm. 13) S. 261-286, hier S. 273.

[68] Ueberschär/Wette (Anm. 50), Dok. 20, S. 285.

am Krieg gegen die Sowjetunion war man zeitweilig interessiert. Der ostasiatische „Dreibund"-Partner verfolgte jedoch eigenständige Interessen, schloß bereits am 13. April 1941 ein Neutralitätsabkommen mit der Sowjetunion und führte Geheimverhandlungen mit den Vereinigten Staaten - eine Tatsache, die von Berlin mit größtem Argwohn beobachtet wurde.[69] Immerhin hätte es Deutschland im Falle eines japanisch-amerikanischen Arrangements in absehbarer Zeit ganz allein mit den USA zu tun bekommen können, die seit dem 11. September 1941 vollends dazu übergingen, mit allen ihnen zu diesem Zeitpunkt zur Verfügung stehenden Machtmitteln vor allem auf dem Atlantik einen unerklärten Krieg gegen Deutschland zu führen.

Hitler griff daher schließlich zu, als seit Anfang November 1941 immer dringlicher die japanische Anfrage an ihn herangetragen wurde, ob Deutschland bereit sei, für den als wahrscheinlich bezeichneten Fall eines japanisch-amerikanischen Krieges „sofort" in diesen einzutreten und mit Japan eine förmliche Nicht-Sonderfriedensvereinbarung abzuschließen. Am 4. Dezember 1941 gab der deutsche Diktator die gewünschten Zusagen. Das entsprechende Abkommen wurde dann am 11. Dezember unterzeichnet. Beide Mächte, wie auch Italien, verpflichteten sich darin, „ohne volles gegenseitiges Einverständnis weder mit den Vereinigten Staaten von Amerika noch mit England Waffenstillstand oder Frieden zu schließen."[70]

Gleichwohl wurde auch die deutsche Regierung vom japanischen Überfall auf die amerikanische Pazifikflotte in Pearl Harbour am 7. Dezember 1941 überrascht. Die Nachricht davon wurde allerdings geradezu mit Erleichterung aufgenommen und Hitler stand zu seinem Japan gegebenen Wort, indem er den USA am 11. Dezember 1941 den Krieg erklärte. „Die Amerikaner schießen ja schon auf uns, wir sind also mit ihnen bereits im Kriegszustand. Wir müssen jetzt die Konsequenzen ziehen, sonst wird Japan uns das nie vergessen. Und

---

[69] Dazu und zum folgenden vgl. Andreas Hillgruber, Die Bedeutung der Schlacht von Smolensk in der zweiten Julihälfte 1941 für den Ausgang des Ostkrieges, in: Ders., Die Zerstörung Europas. Beiträge zur Weltkriegsepoche 1914 bis 1945, Frankfurt a.M.-Berlin ²1989, S. 296-312, hier bes. S. 303 ff., Gerhard Krebs, Japan und der deutsch-sowjetische Krieg 1941, in: Bernd Wegner (Hrsg.), Zwei Wege nach Moskau. Vom Hitler-Stalin-Pakt zum Unternehmen Barbarossa, München-Zürich 1991, S. 564-583, und Syring (Anm. 14), S. 687 ff.

[70] Hans-Adolf Jacobsen/Werner Jochmann (Hrsg.), Ausgewählte Dokumente zur Geschichte des Nationalsozialismus 1933-1945, Bielefeld 1961-1966, III, Dok. 75, S. 249.

binnen kurzem, wahrscheinlich aber sofort, kommt unser Krieg mit Amerika doch, denn das ist von Anfang an das Ziel Roosevelts gewesen"[71], soll er diesen Schritt, zu dem ihn die Marineführung schon seit langem zu drängen versucht hatte, gegenüber seinem Außenminister begründet haben.

Offenbar beabsichtigte er auf diese Weise sicherzustellen, daß die USA 1942 doch noch nicht mit all ihren Machtmitteln in Europa in Erscheinung treten könne, sondern sich zunächst auf den Pazifik konzentrieren müßte - dies aber wiederum auch nicht so ausschließlich, daß Japan möglicherweise schon binnen weniger Monate von ihnen „erdrückt" werden würde.

Damit glaubte Hitler für die Umsetzung seines „Weltblitzkrieg"-Konzeptes gewissermaßen die „Verlängerung" erzwungen zu haben. Deutschland mußte nun eben alles daran setzen, die durch den Kriegseintritt Japans gewonnene Zeit zu nutzen, um die Eroberung zumindest der wichtigsten Rohstoffgebiete der europäischen Sowjetunion 1942 zu vollenden - bevor dann 1943 die Amerikaner verstärkt in Europa eingreifen könnten. Würde dies gelingen, dann hielt er sogar eine Beendigung des seiner Kontrolle mehr und mehr entgleitenden Krieges für erreichbar, denn bereits am 19. November 1941 hatte er in Rahmen einer militärischen Besprechung mit Blick auf seine westlichen Gegner die Erwartung geäußert, „daß die Erkenntnis, daß die beiden Feindgruppen sich gegenseitig nicht vernichten können, zu einem Verhandlungsfrieden führt."[72]

Nachdem Hitler am 29. November 1941 von seinem Reichsminister für Bewaffnung und Munition, Fritz Todt, dazu aufgefordert worden war, den Krieg politisch zu beenden, da er rüstungswirtschaftlich bereits verloren sei[73], trat die Rote Armee am 5. Dezember 1941 im Raum Moskau zu einer großangelegten Gegenoffensive an, der sich die ausgemergelten, nur mit dünnen Sommeruniformen bekleideten und mit unterlegenen Waffen ausgerüsteten deutschen Soldaten mit letzter Kraft entgegenstemmten. Der im Amt verbrauchte Oberbefehlshaber des Heeres, Generalfeldmarschall von Brauchitsch, kam am gleichen Tag um seinen Abschied ein und ließ Hitler, um sich

[71] Joachim von Ribbentrop, Zwischen London und Moskau. Erinnerungen und letzte Aufzeichnungen. Aus dem Nachlaß hrsg. von Annelies von Ribbentrop, Leoni am Starnberger See 1954, S. 250.

[72] Jacobsen (Anm. 9), Bd. III, S. 295.

[73] Vgl. Reinhardt, Wende (Anm. 59), S. 184. Zum folgenden vgl. ebd., S. 215-220 und S. 305.

während der letzten Tage im Amt unnötigen Ärger zu ersparen, nur sehr schöngefärbt über das Geschehen unterrichten und zog sich damit den Unmut vieler seiner Kameraden zu. Einer seiner ehemaligen Mitarbeiter im Oberkommando des Heeres schrieb dazu am 22. Dezember 1941 in einem Privatbrief: „Es ist nur recht, daß er [Brauchitsch] gegangen wurde, weil er nicht den Mut fand, die Dinge so zu melden, wie sie sind."[74]

Daß Hitler sich auf Anregung seiner militärischen Berater am 19. Dezember 1941 in Nachfolge Brauchitschs - offenbar war dieser Schritt zunächst nur als Übergangsmaßnahme gedacht[75] - selbst zum Oberbefehlshaber des Heeres gemacht hatte, wurde in der deutschen Bevölkerung mit großer Befriedigung zur Kenntnis genommen. (Hitler war sich freilich darüber klar, daß er damit in Zukunft nun ganz unmittelbar als der für den Erfolg oder Mißerfolg des Kriegsgeschehens Verantwortliche in Erscheinung treten würde.) Obgleich der Schritt zur Trennung von Brauchitsch ausgegangen war, wird bei Hitlers Entscheidung sicherlich eine Rolle gespielt haben, daß er der ewigen Streitereien mit einem Oberkommando leid war, welches - so schien es ihm - seine Gedanken zur Kriegführung einfach nicht verstehen wollte. Und nun würde er ganz unmittelbar Befehle geben können. Zudem waren in der gerade ausgebrochenen „Winterkrise" im Osten bereits eine ganze Reihe der prominentesten Heerführer ihres Kommandos enthoben und in den (zeitweiligen) Ruhestand versetzt worden, so daß Mitte Dezember 1941 auch schlicht und einfach kein Kandidat für den Oberbefehl über das Heer mehr vorhanden war, der von der Generalität uneingeschränkt akzeptiert worden wäre.

Der Höhepunkt der „Winterkrise" stand zu diesem Zeitpunkt freilich erst noch bevor und viele namhafte hohe Befehlshaber bedrängten Hitler, ihre unterernährten, halberfrorenen und sich mit ihren unterlegenen Waffen verzweifelt wehrenden Soldaten in Rußland weit zurückzuziehen. Andere wieder bestürmten ihn, die Verbände um jeden Preis dort stehenzulassen, wo sie gerade standen, da alles andere unweigerlich zum Zusammenbruch des gesamten deutschen Ostheeres führen werde.[76] Der Oberbefehlshaber der vor Moskau liegengeblie-

---

[74] Horst Mühleisen (Hrsg.), Hellmuth Stieff. Briefe, Berlin 1991, Nr. 82, S.146.

[75] Vgl. Nicolaus von Below, Als Hitlers Adjutant 1937-45, Mainz 1980, S. 296 ff.

[76] Vgl. Hermann Balck, Ordnung im Chaos. Erinnerungen 1893-1948, Osnabrück ²1981, S. 353 f.

benen Heeresgruppe Mitte, Generalfeldmarschall Fedor von Bock, brachte das Dilemma, vor dem die deutsche militärische Führung im Osten in dieser Zeit stand, in seinem Tagebucheintrag vom 10. Dezember 1941 folgendermaßen auf den Punkt:

„Ein großzügiges Absetzen der Heeresgruppe in eine kürzere Linie [...] ist bei den vereisten und verschneiten Wegen, beim Zustand der Panzer, Zugmaschinen und Lastkraftwagen und bei der Erschöpfung der Truppe gleichbedeutend mit ganz hohen Verlusten an Waffen und Gerät. Das haben die geringen Ausweichbewegungen der letzten Tage erwiesen. Ein derartiges Ausweichen führt zudem die Truppe in unvorbereitete Verhältnisse mitten im Winter hinein; seine planmäßige Vorbereitung würde Wochen erfordern. Es bleibt daher nichts übrig, als in zähen Kämpfen jeden Fuß breit zu verteidigen und nur örtlich auszuweichen, wo es nicht anders geht. Das aber birgt beim gegenwärtigen Kräftezustand die Gefahr, daß irgendwo die Truppe völlig zusammenbricht, bevor die Stoßkraft der Russen erlahmt."[77]

Hitler befahl schließlich ein starres Halten und zwang damit die Verbände des Ostheeres, sich mit letzter Kraft in ihren Stellungen festzukrallen. (Unter Historikern scheint heute die Auffassung vorzuherrschen, allein diese brutale Durchhaltestrategie habe damals tatsächlich den Zusammenbruch der deutschen Ostfront verhindert.[78]) Dennoch hat der Diktator schwer an der Krise getragen. Den Anblick von Schnee konnte er seither einfach nicht mehr ertragen. Und wie sich einer seiner engsten militärischen Berater, Generaloberst Alfred Jodl, Mitte Mai 1945 erinnerte, war ihm zudem die Bedeutung des Geschehens damals durchaus nicht entgangen:

„Insbesondere wurde dem Führer [...] klar, als die Katastrophe des Winters 1941/42 hereinbrach [...], daß von diesem Kulminationspunkt des beginnenden Jahres 1942 an kein Sieg mehr errungen werden konnte."[79]

Einem anderen Gesprächspartner gegenüber wurde Jodl nach Kriegsende sogar noch deutlicher:

---

[77] Gerbet (Anm. 49), S. 345.

[78] Vgl. beispielsweise Karl Otmar Frhr. von Aretin, Henning von Tresckow, in: Ders., Nation, Staat und Demokratie in Deutschland. Ausgewählte Beiträge zur Zeitgeschichte. Zum 70. Geburtstag des Verfassers hrsg. von Andreas Kunz und Matin Vogt, Mainz 1993, S. 247-260, hier S. 256.

[79] Schramm (Anm. 32), Bd. IV/2, S. 1503.

„In dieser Katastrophenlage des Winters 1941/42 aber ist in Hitler als erstem die Sorge aufgekommen, daß ihn dieser Zweifrontenkrieg erdrücken, daß der Krieg verloren gehen könne."[80]

Es trifft mithin zweifellos zu: Dieser Krieg war „ab 1942 nicht mehr der Krieg Hitlers. Er hatte ihn unter politischen Rahmenbedingungen entfesselt, gegen die sich das militärische Geschehen völlig verselbständigte."[81] Und die Kriegserklärung an die Vereinigten Staaten sollte tatsächlich die letzte immerhin wenigstens halbwegs freie politisch-strategische Entscheidung sein, die Hitler noch treffen konnte.

Gleichwohl setzten Hitler und seine militärischen Berater 1942 noch einmal alles auf eine Karte. Allerdings waren den deutschen Möglichkeiten durch die bis dahin erlittenen Verluste von vornherein enge Grenzen gesetzt. Da das Ostheer bis zum Ende des Winters 1941/42 einen tiefgreifenden Entmodernisierungsprozeß[82] durchlaufen hatte, der die meisten Soldaten zu einem Kampf unter äußerst primitiven Bedingungen zwang, war nicht mehr daran zu denken, an der ganzen Ostfront gleichzeitig zur Offensive überzugehen. Vielmehr konnte nur noch jeweils eine der drei Heersgruppen dadurch wenigstens einigermaßen zureichend mit Panzer- und motorisierten Infanteriedivisionen versehen werden, indem man sie den anderen beiden Heeresgruppen nahezu vollständig entzog. Diese waren damit fortan zur Führung eines Stellungskrieges gezwungen, „der stark an die Westfront der Jahre 1914-18 erinnerte", nur daß man sich „diesmal einem Feind gegenübersah, der immer moderner ausgerüstet wurde."

Hitler versuchte dem Zustand der deutschen Ostverbände mit seiner „Weisung Nr. 41 für die Kriegführung" vom 5. April 1942 Rechnung zu tragen. In dieser wies er ihnen für den Sommer 1942 die Aufgabe zu, „bei Verhalten der Heeresmitte, im Norden Leningrad zu Fall zu bringen und die Landverbindung mit den Finnen herzustellen, auf dem Südflügel der Heeresfront aber den Durchbruch in den Kaukasus-Raum zu erzwingen." Dieses Ziel sei „in Anbetracht der Abschlußlage nach der Winterschlacht, der verfügbaren Kräfte und Mittel und

[80] Zitiert nach Percy Ernst Schramm, Hitler als militärischer Führer. Erkenntnisse und Erfahrungen aus dem Kriegstagebuch des Oberkommandos der Wehrmacht, Frankfurt a.M. 1962, S. 68, Anm. 2.

[81] So Manfred Funke, Starker oder schwacher Diktator? Hitlers Herrschaft und die Deutschen. Ein Essay, Düsseldorf 1989, S. 100.

[82] So zutreffend Omer Bartov, Hitlers Wehrmacht. Soldaten, Fanatismus und die Brutalisierung des Krieges, Reinbek bei Hamburg 1995, S. 27-50. Das folgende Zitat ebd., S. 16.

der Transportverhältnisse nur abschnittweise zu erreichen." Daher seien zunächst „alle greifbaren Kräfte zu der Hauptoperation im Südabschnitt zu vereinigen mit dem Ziel, den Feind vorwärts des Don zu vernichten, um sodann die Ölquellen im kaukasischen Raum und den Übergang über den Kaukasus selbst zu gewinnen."[83] - Hitler rückte als nunmehriger Oberbefehlshaber des Heeres also diejenigen für das Gelingen seines „Weltblitzkrieg"-Konzeptes so entscheidenden rüstungswirtschaftlichen Operationsziele in den Vordergrund, die er im Vorjahr gegenüber dem Oberkommando des Heeres nicht hatte durchsetzen können.

Dieses angesichts der dafür vorhandenen Mittel überaus ehrgeizige Vorhaben wurde von Hitler und dem Generalstab des Heeres gleichermaßen mit erstaunlicher Zuversicht getragen. Dies „vor allem darum, weil man fast einhellig davon überzeugt war, daß sich die Lage der Sowjetunion vergleichsweise noch viel schlechter, wenn nicht gar aussichtslos darstelle und die Frage des Sieges mithin im wesentlichen eine Frage des längeren Atems sei."[84] Allerdings war allen Verantwortlichen klar, daß, sollten die Ziele im Osten auch diesmal nicht erreicht werden können, ein weiterer Anlauf schon angesichts der sich bedenklich verringernden deutschen Treibstoffvorräte nicht mehr möglich sein würde.[85] Man spielte also 1942 sehenden Auges den letzten Trumpf aus.

Verschiedene sowjetische Gegenoffensiven, die es zuvor abzuwehren galt, verzögerten den deutschen Angriff jedoch immer weiter. Erst am 2. Juni 1942 konnte zu dessen Vorbereitung mit dem Sturm auf die sehr starke sowjetische Festung Sewastopol auf der Krim begonnen werden. Da sich die Belagerung über den ganzen Monat hinzog, wurde die Hauptoperation „Blau" hierdurch noch weiter verzö-

[83] Walther Hubatsch (Hrsg.), Hitlers Weisungen für die Kriegführung 1939-1945, Koblenz ²1983, Nr. 41, S. 183.

[84] So Bernd Wegner, Vom Lebensraum zum Todesraum. Deutschlands Kriegführung zwischen Moskau und Stalingrad, in: Jürgen Förster (Hrsg.), Stalingrad. Ereignis - Wirkung - Symbol, München 1992, S. 17-37, hier S. 23.

[85] Vgl. dazu Reinhardt, Wende (Anm. 59), S. 276 f.; Horst Boog/Werner Rahn/Reinhard Stumpf/Bernd Wegner, Das Deutsche Reich und der Zweite Weltkrieg, Bd. 6: Der globale Krieg. Die Ausweitung zum Weltkrieg und der Wechsel der Initiative 1941-1943, Stuttgart 1990, S. 814 f, und Wegner (Anm. 84), S.19.

gert.[86] Als sie dann schließlich endlich ins Rollen kam, schien zunächst alles glatt zu gehen. Die sowjetische Führung hatte mit einem neuerlichen Vorstoß auf Moskau gerechnet und wurde durch den deutschen Schwerpunkt im Süden auf dem falschen Fuß erwischt, stellte sich dann allerdings sehr schnell um: Sie ließ die vor der Heersgruppe Süd stehenden Verbände der Roten Armee, die ein Jahr zuvor noch jeden Fußbreit sowjetischen Bodens mit Zähnen und Klauen verteidigen mußten, nunmehr in die Tiefe des Raumes ausweichen. Erst an der Wolga sollten sie sich dann wieder zum Kampf stellen.

Zwar erreichte der deutsche Machtbereich im Juli/August 1942 seine größte Ausdehnung, doch wurde im Osten wie auch in Nordafrika gleichzeitig absehbar, daß sich die deutschen Fronten jetzt vollends überdehnt hatten. Mit dem Erreichen der gesteckten Ziele war kaum mehr zu rechnen. Die „Flut" der deutschen Offensive brach also noch bevor die „Gegenflut" der Alliierten überhaupt einsetzte. Sobald aber der deutsche „Blitzkrieg" ins Stocken geriet, mußten die größeren menschlichen und wirtschaftlichen Ressourcen der Gegner unweigerlich zum Tragen kommen.[87]

Insbesondere im Osten war der ohnehin schon bedenklich hohe Zeitdruck, der auf den Operationen lastete, immer noch weiter verschärft worden: Hatte man ursprünglich beabsichtigt, zunächst im „Raum Stalingrad" bis zur Wolga vorzustoßen und erst danach nach Süden in Richtung Kaukasus einzuschwenken, so befahl nun Hitler am 23. Juli 1942, beide Ziele gleichzeitig in Angriff zu nehmen. Dazu spaltete man die bisherige Heeresgruppe Süd in eine Heersgruppe A (Kaukasus) und eine Heeresgruppe B (Wolga im „Raum Stalingrad") auf.

Zur gleichen Zeit, als Ende August 1942 der Angriff auf das Stadtgebiet von Stalingrad begann, der sehr blutig war und nie ganz zu deutschen Gunsten entschieden werden konnte, blieben die deutschen Angriffsspitzen im Kaukasusgebiet fast schon in Sichtweite der Erdölfelder von Baku liegen. Hitler spürte offenbar, daß die Frage von Sieg oder Niederlage jetzt endgültig auf des Messers Schneide stand und

---

[86] Grundlegend für die Schilderung der militärischen Entwicklungen 1942/43 ist Boog/Rahn/Stumpf/Wegner (Anm. 85).

[87] Diese von Bartov (Anm. 82), S. 31, hinsichtlich der Ostfront formulierte Beobachtung ist nach Ansicht des Verfassers auch auf die militärische Gesamtsituation des Deutschen Reiches seit dem Spätsommer 1942 übertragbar.

wollte in dieser Situation mit schierer Willenskraft erzwingen, was die verbrauchte Kraft der deutschen Verbände nicht mehr zu leisten vermochte - vergeblich. Es kam zwar zur bisher weitaus schwersten Krise zwischen dem Diktator und der Heeresgeneralität, doch bewegten sich die deutschen Fronten keinen Meter mehr voran. „Führer sieht in Rußland kein Ende mehr, nachdem sämtliche Ziele des Sommers 1942 nicht erreicht sind. Sagte selbst, wie furchtbar die Angst vor dem vor der Tür stehenden Winter sei. Andererseits will er nirgends zurück“ [88], notierte Hitlers Heeresadjutant am 8. September 1942 in sein Tagebuch.

Am 7./8. November 1942 landeten Briten und Amerikaner mit starken Kräften im Rücken der sich geschlagen von der ägyptischen Grenze zurückziehenden deutschen Afrika-Armee in Marokko und Algerien. Hitler beurteilte dies als sehr ernst. Und am 19. November brach im Raum Stalingrad das Verhängnis über die dort stehenden deutschen, italienischen und rumänischen Verbände herein: Seit Ende August 1942 lagen der deutschen Führung Anzeichen für sowjetische Offensivabsichten gegen die weit überdehnte deutsche Donflanke nordwestlich von Stalingrad vor[89], die sich ab Oktober zunehmend verdichteten und auch Hitler mehr und mehr beunruhigten. Es waren jedoch einfach keine kampfkräftigen eigenen Verbände mehr zur Hand, die rechtzeitig hätten in die bedrohten Abschnitte verlegt werden können. Daher drängte man das Oberkommando der 6.Armee, welche sich im Stadtgebiet von Stalingrad in blutigen Häuserkämpfen festgebissen hatte, die Stadt möglichst schnell zu nehmen und die dort frei werdenden Kräfte dann umgehend nach Norden zu werfen.

Als die Rote Armee am 19. November 1942 nördlich und am 20. November auch südlich von Stalingrad zum Angriff antrat, traf dies die deutsche Führung also keineswegs völlig überraschend. Gleichwohl hatte man, da ein rechtzeitiger Rückzug weder für Hitler noch für den Generalstab des Heeres in Frage kam, dem einfach nichts mehr entgegenzustellen. Am 22. November schloß sich die sowjetische Zange bei Kalatsch am Don. Das Gros der Kampfverbände der 6. deutschen Armee, Teile der 4. Panzerarmee und versprengte Reste

---

[88] Hildegard von Kotze (Hrsg.), Heeresadjutant bei Hitler 1938-1943. Aufzeichnungen des Majors Engel, Stuttgart 1974, S. 126 f.

[89] Hierzu und zum folgenden vgl. Manfred Kehrig, Die 6. Armee im Kessel von Stalingrad, in: Förster (Anm. 84), S. 76-110, hier S. 76-80.

rumänischer, ungarischer und italienischer Verbände, mit insgesamt rund 250 000 Mann saßen damit in der Falle.

Terror, Widerstand, Besatzungsherrschaft und Massenmord im deutschen Machtbereich

In nicht wenigen (Schul-)Büchern wird die Geschichte des nationalsozialistischen Deutschen Reiches noch immer im wesentlichen unter den beiden Themenfeldern „Terror/Massenmord“ und „Widerstand“ abgehandelt.[90] Damit verschleiert man, daß der Alltag der überwältigenden Mehrheit zunächst der deutschen Bevölkerung wie später (zumindest bis 1943/44) auch derjenige der Bewohner der deutschbesetzten Gebiete in Nord- und Westeuropa weder vom einen noch vom anderen entscheidend geprägt war. Hier wie dort wurden kleine und zumeist isolierte Minderheiten bevorzugte Opfer des Terrors und der Massenmorde. Aber die traf es dafür um so brutaler. Die große Mehrheit ihrer Landsleute lebte indes zu keinem Zeitpunkt jener zwölf Jahre in der Angst, auch sie könne einmal ohne jeder Vorwarnung eines frühen Morgens von jenen schauerlich-legendären Gestapo-Leuten in Schlapphut und schwarzem Ledermantel abgeholt werden. Um so leichter fiel das Wegschauen, erlebte man „so etwas“ doch einmal persönlich mit. Mit „so etwas“ und mit Leuten, die von „so etwas“ betroffen waren, wollte kaum jemand etwas zu tun haben, zumal die „Rechtfertigungen“, welche die Schergen des Regimes für ihr Tun „unters Volk“ zu bringen wußten, gar nicht so selten allzu bereitwillig für bare Münze genommen wurden.[91] (Freilich gab es unterschiedliche Grade des Terrors, etwa im Vergleich der deutschen Besatzungsherrschaft in Ost- und Westeuropa, auf die noch näher einzugehen ist.)

Auch aktiver Widerstand wurde inner- wie außerhalb Deutschlands nur von verschwindend kleinen Minderheiten geleistet.[92] (Eine gewis-

[90] Vgl. beispielswiese das Schulbuch Spiegel der Zeiten (Ausgabe B), Bd. 4, Frankfurt a.M.-Berlin-München o.J., und Gerhard Nestler/Hannes Ziegler (Hrsg.), Die Pfalz unterm Hakenkreuz. Einde deutsche Provinz während der nationalsozialistischen Terrorherrschaft, Landau (Pfalz) 1993.

[91] Hierzu und auch zum folgenden vgl. die bei Gerhard Paul/Klaus-Michael Mallmann (Hrsg.), Die Gestapo. Mythos und Realität, Darmstadt 1995, versammelten Beiträge.

[92] Vgl. dazu Klemens von Klemperer/Enrico Syring/Rainer Zitelmann, Der 20. Juli 1944 - 50 Jahre später, in: Dies. (Anm. 13), S. 7-25 sowie die bei Gerhard

se Sonderrolle kommt allerdings den Partisanenbewegungen in Ost-, Ostmittel- und Südosteuropa zu, welche - zumeist ab 1942 - durchaus den Charakter von Massenbewegungen annahmen. Die vielgefeierte französische Résistance hingegen erwachte - auch wenn viele Franzosen dies heute nicht mehr wahrhaben wollen - erst im Vorfeld der alliierten Invasion in der Normandie am 6. Juni 1944 zu wirkungsvollerer Aktivität.) Den Widerstandskämpfern gegenüber stand die ebenfalls wohl nicht übermäßig große Minderheit derjenigen, die sich ohne Einschränkung und ohne Schwanken mit dem nationalsozialistischen Regime identifizierte bzw. - wie man zumal nach 1939 hinsichtlich der deutschbesetzten Teile Europas formulierte - mit ihm „kollaborierte“[93], d.h. offen und ohne offensichtlichen Zwang mit ihm zusammenarbeitete. Die große Mehrheit aber hatte mit den neuen Machthabern zumindest ihren Frieden geschlossen, sich trotz deutlichen Unmutes gegenüber einzelnen Erscheinungen mit ihnen arrangiert, ja, ihnen angesichts mancher Erfolge zu bestimmten Zeiten gar begeistert zugestimmt. Eine Notwendigkeit Widerstand zu leisten konnte und/oder wollte die Mehrheit nicht erkennen. Insofern war der Widerstand, zumal derjenige innerhalb Deutschlands geleistete, tatsächlich ein „Widerstand ohne ‚Volk‘“.[94] Auch die Widerstandskämpfer selbst waren sich ihrer vollständigen Isolation in einem für den einzelnen nahezu unerträglichen Maße bewußt. Immer wieder standen sie vor der bohrenden Frage „‚Wer ist nun eigentlich verrückt? Wir die Minderheit der isolierten Opponenten, oder die Mehrheit der Bevölkerung?‘“ [95]Um diesem psychischen Druck auf Dauer standhalten zu können, bedurfte es schon einer sehr ausgeprägten Selbstgewißheit - oder des Rückhaltes in einer Gruppe Gleichgesinnter.

Die Behörde, welche wie keine andere zum Inbegriff nationalsozialistischen Terrors wurde, ist die Geheime Staatspolizei (Gestapo). Of-

---

Schulz (Hrsg.), Geheimdienste und Widerstandsbewegungen im Zweiten Weltkrieg, Göttingen 1982, versammelten Beiträge.

[93] Vgl. dazu den knappen Problemaufriß zum Thema Kollaboration bei Franz W. Seidler, Die Kollaboration 1939-1945, München-Berlin 1995, S. 8-42.

[94] So Hans Mommsen, Gesellschaftsbild und Verfassungspläne des deutschen Widerstandes, in: Hermann Graml (Hrsg.), Widerstand im Dritten Reich. Probleme, Ereignisse, Gestalten, Frankfurt a.M. 1994, S. 14-91, hier S. 16.

[95] Diskussionen zum Thema Widerstand. Ein Tagungsresümee, in: Jürgen Schmädeke/Peter Steinbach (Hrsg.), Der Widerstand gegen den Nationalsozialismus. Die deutsche Gesellschaft und der Widerstand gegen Hitler, München ²1986, S. 1119-1158, hier S. 1141.

fiziell am 26. April 1933 auf der Grundlage der preußischen politischen Polizei aus der Zeit der Weimarer Republik und unter Übernahme der meisten ihrer Beamten als Geheimes Staatspolizeiamt (Gestapa)[96] begründet, ging sie im Herbst 1933 in den Verantwortungs- und Machtbereich Heinrich Himmlers über. Auch wenn der Stamm der alten Polizeibeamten erhalten blieb, wurden seither doch die Führungspositionen zunehmend mit sehr jungen, meist studierten und überaus ehrgeizigen SS-Führern besetzt; an ihrer Spitze stand der ehemalige Marineoffizier Reinhard Heydrich[97], Himmlers bester, aber auch bedenkenlosester Mann. Die damit eingeleitete Verschmelzung von übernommener politischer Polizei und SS-internem Sicherheitsdienst (SD) fand durch einen Erlaß des Reichsführerers-SS vom 27. September 1939 ihren organisatorischen Abschluß, mit dem die Einrichtung eines zentralen Reichssicherheitshauptamtes (RSHA) unter Heydrichs Führung verfügt wurde.

Hatte man das Gestapa zunächst vor allem zur Bekämpfung der politischen Gegner, insbesondere der Kommunisten und der Sozialdemokratie herangezogen, so richtete sich das Augenmerk doch bereits nach kurzer Zeit mehr und mehr auf die organisatorische Drangsalierung des „rassisch-weltanschaulichen Gegners“, d.h. auf die im Deutschen Reich lebenden Juden. Zudem wollte man sich alsbald nicht mehr damit zufrieden geben, „Verbrechen“ im nachhinein aufzuklären, sondern verfolgte die Idee, „Verbrechen“ und innere Unruhen von vornherein zu verhüten. Dazu griff man mehr und mehr auf das Mittel der „Schutzhaft“ zurück: Ohne rechtsgültigen Haftbefehl wurden Personen verhaftet, von denen man annahm, sie *könnten* die - von den neuen Machthabern definierte - „innere Sicherheit des Reiches“ in irgendeiner Weise beeinträchtigen. Sie wurden für kürzere oder längere Zeit in ein SS-eigenes Konzentrationslager verbracht, wo sie der staatlichen Rechtsprechung entzogen und der Willkür ihrer dortigen Bewacher schutzlos ausgeliefert waren. Auf diese Weise entwickelte sich die Gestapo im Laufe der Jahre zu einer Polizeibehörde, die sich gegenüber dem staatlichen Justizwesen gänzlich ver-

---

[96] Einen knappen organisationsgeschichtlichen Überblick bietet Johannes Tuchel, Gestapa und Reichssicherheitshauptamt. Die Berliner Zentralinstitutionen der Gestapo, in: Paul/Mallmann (Anm. 91), S. 84-100.

[97] Zu dessen Biographie vgl. Günther Deschner, Reinhard Heydrich - Technokrat der Sicherheit, in: Ronald Smelser/Rainer Zitelmann (Hrsg.), Die braune Elite. 22 biographische Skizzen, Darmstadt 1989, S. 98-114.

selbständigt hatte. Oft stellte sie von ihr Verhaftete gar nicht erst vor ein Gericht, da sie sich kein „angemessenes" Urteil davon versprach, sondern ließ sie gleich in einem KZ verschwinden. Und gar nicht so selten wurden von staatlichen Gerichten Verurteilte nach ordnungsgemäßer Verbüßung ihrer Strafen bei ihrer Entlassung direkt vor dem Gefängnistor von der Gestapo in „Schutzhaft" genommen. Ja, während des Krieges ging die Gestapo in vielen Fällen dazu über, selbst Todesurteile zu verhängen und auch zu vollstrecken.[98]

Schon sehr früh achtete die Gestapo darauf, daß sie und ihre Tätigkeit bei den Zeitgenossen im Ruf allwissender, schauerlicher Unheimlichkeit standen und damit eine abschreckende Wirkung ausübten. Kaum jemand wußte wirklich Genaueres über sie, aber jedem Deutschen, Polen, Franzosen etc. wurde auf dem Wege der Flüsterpropaganda nahegelegt, sich so zu verhalten, daß es nicht zu einem Eingreifen dieser unberechenbaren Polizei käme.[99] Nach 1945 wurde dieser Gestapo-Mythos nahezu unverändert fortgeführt. Nun allerdings vorrangig zur eigenen Entschuldigung: Aus Furcht vor dieser allgegenwärtigen Geheimpolizei sei man in den Jahren zwischen 1933 und 1945 einfach „gezwungen" gewesen „mitzumachen". Demgegenüber haben Historiker seit Ende der achtziger Jahre überzeugend herausgearbeitet[100], daß die Gestapo-Dienststellen in Wirklichkeit überbürokratisierte und chronisch unterpersonalisierte Behörden gewesen sind, die von sich aus als nur bedingt aktionsfähig hätten betrachtet werden müssen, wäre ihnen nicht ein ganz entschiedender Faktor zu Hilfe gekommen:

„Tatsächlich belegen Akten der Justiz, der Gestapo und der NSDAP eine Denunziationsbereitschft der Bevölkerung von einem unvorstellbaren Ausmaß. Zahlreiche Vorladungen und Verhaftungen waren nicht, wie häufig angenommen, Folge eigener Beobachtungs- und

---

[98] Vgl. hierzu Hans-Joachim Heuer, Brutalisierung und Entzivilisierung. Über das staatspolizeiliche Töten, in: Paul/Mallmann (Anm. 91), S. 508-526.

[99] Vgl. Robert Gellately, Allwissend und allgegenwärtig? Enstehung, Funktion und Wandel des Gestapo-Mythos, in: Paul/Mallmann (Anm. 91), S. 47-70.

[100] Hier ist vor allem auf die verschiedenen empirischen Untersuchungen von Robert Gellately, zuletzt Ders., Die Gestapo und die deutsche Gesellschaft. Die Durchsetzung der Rassenpolitik 1933-1945, Paderborn u.a. 1993, zu verweisen.

Überwachungstätigkeit der Politischen Polizei, sondern wurden durch politische Denunziation aus der Bevölkerung ausgelöst."[101]

Sehr viele Deutsche schwärzten aus allen möglichen Gründen andere Deutsche bei der Gestapo an. Sogar Streitigkeiten zwischen Nachbarn oder Eheleuten sollten durch ein Eingreifen der Gestapo zugunsten dieser oder jener Partei entschieden werden. Oft waren persönliche Rachsucht oder Gehässigkeit der Grund für den Gang zur Gestapo. Selbst Angehörige von Gruppen, die man eigentlich zu den Gegnern des Regimes zählen würde, wie etwa Kommunisten oder bekennende Christen, spielten dabei keine Ausnahme. Die deutsche Bevölkerung war mithin (in ihrer Minderheit) nicht nur Opfer, sondern zugleich (in ihrer Mehrheit) auch tragende Säule des nationalsozialistischen Terrors, der ohne ihre freiwillige Zuträgerschaft niemals die Wirksamkeit hätte erlangen können, die er erlangt hat. Zutreffend hat man daher die deutsche Gesellschaft unter der nationalsozialistischen Herrschaft in all ihren Schichten und weltanschaulichen Lagern als eine „Denunziantengesellschaft", als eine „sich selbst überwachende Gesellschaft"[102] bezeichnet. (Zur Zeit ist noch die Frage offen, ob dies nur innerhalb der deutschen Bevölkerung so war, oder ob es auch zumindest in Teilen des deutschbesetzten Europas ähnliche Erscheinungen gab.[103] Die Wahrscheinlichkeit spricht jedenfalls dafür.)

Erstes Opfer nationalsozialistischen Terrors wurden die verschiedenen, untereinander verfeindeten Ableger der deutschen Arbeiterbewegung: von den Kommunisten über die Sozialdemokratie bis hin zu den Gewerkschaften.[104] Diese politischen Gegner der Nationalsozialisten waren bereits vor 1933 ganz besonders gut ausgeforscht worden, hatte doch insbesondere der Sicherheitsdienst der SS in den letzten Jahren der Weimarer Republik umfangreiche Karteien zur „Gegnerbekämp-

---

[101] Gisela Diewald-Kerkmann, Denunziatentum und Gestapo. Die freiwilligen Helfer aus der Bevölkerung, in: Paul/Mallmann (Anm. 91), S. 288-305, hier S. 289.

[102] Gellately (Anm. 99), S. 67.

[103] Vgl. hierzu die über das konkrete Fallbeispiel hinaus bedenkenswerten Ausführungen von Hans-Heinrich Wilhelm, Von landfremden Eroberern und autochthonen Hilfswilligen. Überlegungen zu einer Sozialgeschichte der Gestapo-Herrschaft in Polen, in: Paul/Mallmann (Anm. 91), S. 482-491.

[104] Einen knappen Überblick hierzu bieten etwa die Aufsätze von Klaus-Michael Mallmann, Hartmut Mehringer, Michael Schneider und Michael Kißner, in: Peter Steinbach/Johannes Tuchel (Hrsg.), Widerstand gegen den Nationalsozialismus, Berlin 1994, S. 113-163.

fung" angelegt und darüber hinaus auch manchen Spitzel in die „feindlichen" Organisationen (vor allem in den Apparat der KPD) einschleusen können. Zusammen mit den entsprechenden Unterlagen der preußischen Politischen Polizei, auf die man nach Hitlers Machtantritt Zugriff hatte, verfügte man damit über eine hinreichende Informationsgrundlage für ein besonders wirkungsvolles „Aufrollen" der politischen Linken. Als besonderer Antrieb kam noch hinzu, daß zwischen den Nationalsozialisten und prominenten Vertretern des linken Lagers noch manche politische und persönliche Rechnung aus der Zeit der Weimarer Republik offenstand. Dies bekam beispielsweise auch der Sozialdemokrat Kurt Schumacher zu spüren. Er hatte den Nationalsozialisten in seiner Reichstagsrede vom 23. Februar 1932 entgegengeschleudert, sie führten die politische Auseinandersetzung auf einem „Niveau moralischer und intellektueller Verlumpung und Verlausung" und war dann fortgefahren:

„Die ganze nationalsozialistische Agitation ist ein dauernder Appell an den inneren Schweinehund im Menschen. (Lebhafte Zustimmung bei den Sozialdemokraten. - Große Erregung bei den Nationalsozialisten. - Glocke des Präsidenten.) [...] Wenn wir irgend etwas beim Nationalsozialismus anerkennen, dann ist es die Tatsache, daß ihm zum erstenmal in den deutschen Politik die restlose Mobilisierung der menschlichen Dummheit gelungen ist."[105]

Die Arbeiterbewegung in all ihren Ausformungen war mithin unbestreitbar das erste und „besonders bevorzugte" Opfer nationalsozialistisch gelenkten Terrors. Ihm gegenüber rang sie verzweifelt um ihre Selbstbehauptung. Vielen ihrer Mitglieder ging es schlichtweg „um ein Zeichen gegen die Barbarei, um die Demonstration des Anstandes, und kaum einer konnte hoffen, durch seinen Widerstand, durch sein Widerstehen dem verhaßten System den Todesstoß zu versetzen."[106] Denn für den Gang der Entwicklung bedeutsamer, als der in dieser Phase aus der Arbeiterbewegung heraus tatsächlich geleistete Widerstand, war zunächst der Umstand, daß die Nationalsozialisten von allen politischen Gegnern noch am ehesten der Linken großangelegte

---

[105] Peter Steinbach/Johannes Tuchel (Hrsg.), Widerstand in Deutschland 1933-1945. Ein historisches Lesebuch, München 1994, S. 25 ff.

[106] So zutreffend Peter Steinbach, Widerstand aus der Arbeiterbewegung, in: Ders., Widerstand im Widerstreit. Der Widerstand gegen den Nationalsozialismus in der Erinnerung der Deutschen, Paderborn u.a. 1994, S. 147-174, hier S. 148.

Gegenaktionen zutrauten und daher - ohne nach konkreten Anlässen zu fragen - besonders massiv gegen sie vorging. Zum einen wurde allen nahmhaft gemachten Funktionären der KPD, der SPD und der Gewerkschaften von den neuen Machthabern erst gar nicht die Chance eingeräumt, sich über ihre Haltung zum neuen Regime klar zu werden, da man sie vom ersten Tage an rücksichtslos bedrängte und jede parteioffizielle Äußerung nach Kräften behinderte; zum anderen aber sah sich die Massenbasis der Arbeiterbewegung, die Arbeiterschaft, schon sehr bald von den neuen Herren in Wort und Tat ganz besonders umworben. Und dies blieb keineswegs ohne Wirkung.

Zudem zeigte sich besonders der Anhang der KPD sehr enttäuscht, daß die Führungskader der Partei, die ebenso wie führende Sozialdemokraten ins Exil gegangen waren, ihrer blutrünstigen Bürgerkriegspropaganda nach der nationalsozialistischen Machtübernahme nun nicht tatsächlich den Befehl zum Losschlagen folgen ließen, sondern darauf setzten, der Nationalsozialismus an der Macht werde sich binnen kurzem ganz von selbst „erledigen“ und beteuerten, erst dann sei die Stunde zum Handeln gekommen.[107] Diese Linie erwies sich schon bald als immer fragwürdiger.

Auch tendierten die Auslands-Parteileitungen zunehmend dazu, ihrer eigenen Propaganda zum Opfer zu fallen. Ihr fortschreitender Wirklichkeitsverlust führte zu einer völlig falschen Einschätzung der Haltung der deutscher Arbeiterschaft gegenüber dem nationalsozialistischen Regime. So gingen sie bis kurz vor Kriegsausbruch allen Ernstes davon aus, die Arbeiter ließen sich zu einer Erhebung gegen die neuen Machthaber motivieren. Dieser Wunschtraum von einer vorhandenen Massenbasis hatte aber für den im Reich aus der Arbeiterbewegung heraus tatsächlich geleisteten Wider stand geradezu verheerende Auswirkungen: Er verführte „die illegalen Gruppen dazu, die Deckung stärker zu vernachlässigen, als sie sich leisten konnten. Die Gestapo wurde oft erst dadurch auf das Bestehen einer Gruppe aufmerksam. Der geschickte Einsatz von Agenten und Spitzeln, die sich besser zu tarnen verstanden, und schließlich das sich immer mehr ausweitende Denunziantentum führten dazu, daß die Gestapo bedeutende Erfolge bei der Bekämpfung des Arbeiterwiderstandes verzeich-

---

[107] Vgl. Helga Grebing, Flucht vor Hitler? Historiographische Forschungsergebnisse über die Aussichten des Widerstandes der Arbeiterbewegung gegen die nationalsozialistische Machtübernahme, in: *Aus Politik und Zeitgeschichte* B 4-5/[1983], S. 26-42.

nen konnte“,[108] der infolgedessen mit Ausnahme einiger weniger, gänzlich eigenständig arbeitender Gruppen bis Kriegsausbruch „so gut wie zerschlagen“ wurde. Neben Flugblattaktionen etc. gingen diese zudem mehr und mehr in dem Bemühen ihrer Mitglieder auf, untereinander in Kontakt zu bleiben und Gedankengut und Tradition der alten Arbeiterbewegung zu bewahren, um sie einst in eine erhoffte bessere Zukunft einbringen zu können. (Dies sollte nicht gering geschätzt werden, drohte allein schon infolge dieser Tätigkeit im Falle der Entdeckung bzw. Denunziation eine empfindliche Strafe wenn nicht sogar der Tod.)

Neben der Arbeiterbewegung wurden sehr bald allerdings auch Kräfte der politischen Rechten, wie beispielsweise bayerische Monarchisten[109] oder die sehr wenigen republiktreuen Journalisten[110] verfolgt, schwer mißhandelt und mit Konzentrationslager oder noch Ärgerem bedroht. Spätestens nach den Morden im Zusammenhang mit dem 30. Juni 1934 sowie dem Tode Hindenburgs am 2. August 1934 waren jedoch auch die führenden Vertreter dieser Spielarten der Opposition entweder nicht mehr am Leben oder doch zumindest mundtot gemacht und ihrer Hoffnungen beraubt worden.

Vergleichsweise schwieriger gestaltete sich für das Regime dagegen die Auseinandersetzung mit den beiden christlichen Konfessionen - auch wenn es keinen Widerstand der beiden Kirchen als sclche gab.[111] Zwar war das Verhältnis zwischen Staat und katholischer Kirche [112]durch das Reichskonkordat mit dem Heiligen Stuhl vom 20. Juli 1933 theoretisch zur Zufriedenheit beider Parteien geregelt worden. Doch prominente Nationalsozialisten mutmaßten alsbald wieder allerorten „unbefugte“ Einmischungen katholischer Würdenträger in die

---

[108] Ulrich Cartarius (Hrsg.), Opposition gegen Hitler. Bilder, Texte, Dokumente, Berlin 1994, S. 91.

[109] Vgl. hierzu aus den Aufsätzen zu diesem Thema bei Aretin (Anm. 78), S. 35-93.

[110] Vgl. dazu beispielsweise Birgit Rätsch, Hinter Gittern. Schriftsteller und Journalisten vor dem Volksgerichtshof 1934-1945, Bonn-Berlin 1992, und Hans-Günther Richardi/Klaus Schumann, Geheimakte Gerlich/Bell. Röhms Pläne für ein Reich ohne Hitler, München 1993, hier bes. S. 147-187.

[111] Die Aufsätze von Günther van Norden, Heinz Hürten, Klaus Scholder, Gerhard Besier, Eberhard Bethge, Christoph Strohm und Barbara Schellenberger in: Schmädeke/Steinbach (Anm. 95), S. 227-326, bieten einen guten Überblick über diese Thematik.

[112] Vgl. dazu etwa Georg Denzler, Widerstand oder Anpassung? Katholische Kirche und Drittes Reich, München-Zürich 1984.

deutsche Politik und waren insbesondere 1936/37[113] bestrebt, das Ansehen des katholischen Klerus innerhalb der deutschen Bevölkerung durch allerlei groß aufgezogene Skandalprozesse zu untergraben. Vor allem Joseph Goebbels und Martin Bormann taten sich als Vorreiter des nationalsozialistischen „Kirchenkampfes" hervor.

Den protestantischen Bereich[114] versuchten die neuen Machthaber indessen zu einer Reichskirche unter der Führung eines Reichsbischofs aus dem Kreise jener „Deutschen Christen" zusammenzufassen, die sich schon vor 1933 dem Nationalsozialismus (insbesondere seiner „Rassenlehre") gegenüber aufgeschlossen gezeigt hatten. Diese Bestrebungen scheiterten letztlich jedoch bereits 1934 infolge des Auftretens einer „Bekennenden Kirche", die sich mit ihrer nicht nur in Kirchenkreisen großes Aufsehen erregenden Barmer Theologischen Erklärung[115] ganz ausdrücklich von einer solchen Kirchenpolitik distanzierte.

Dok. 25: Aus der Barmer Theologischen Erklärung vom 31. Mai 1934

„Wir verwerfen die falsche Lehre, als könne und müsse die Kirche als Quelle ihrer Verkündigung außer und neben diesem einen Worte Gottes der Heiligen Schrift noch andere Ereignisse und Mächte, Gestalten und Wahrheiten als Gottes Offenbarung anerkennen. [...]
Wir verwerfen die falsche Lehre, als dürfe die Kirche die Gestalt ihrer Botschaft und ihrer Ordnung ihrem Belieben oder dem Wechsel der jeweils herrschenden weltanschaulichen und politischen Überzeugungen überlassen. [...] Wir verwerfen die falsche Lehre, als solle und könne der Staat über seinen besonderen Auftrag hinaus die einzige und totale Ordnung menschlichen Lebens werden und also auch die Bestimmung der Kirche erfüllen.
Wir verwerfen die falsche Lehre, als solle und könne sich die Kirche über ihren besonderen Auftrag hinaus, staatliche Art, staatliche Auf-

---

[113] Zu den Hintergründen vgl. Klaus Scholder, Politik und Kirchenpolitik im Dritten Reich. Die kirchenpolitische Wende in Deutschland 1936/37, in: Ders., Die Kirchen zwischen Republik und Gewaltherrschaft. Gesammelte Aufsätze, hrsg. von Karl Otmar von Aretin und Gerhard Besier, Berlin 1988, S. 213-227

[114] Vgl. hierzu beispielsweise Kurt Meier, Kreuz und Hakenkreuz. Die evangelische Kirche im Dritten Reich, Frankfurt a.M. 1992.

[115] Vgl. dazu Günther van Norden, Die Barmer Theologische Erklärung und ihr historischer Ort in der Widerstandsgeschichte, in: Steinbach/Tuchel (Anm. 104), S. 170-181.

gaben und staatliche Würde aneignen und damit selbst zu einem Organ des Staates werden. [...]
Wir verwerfen die falsche Lehre, als könne die Kirche in menschlicher Selbstherrlichkeit das Wort und Werk des Herrn in den Dienst irgendwelcher eigen mächtig gewählter Wünsche, Zwecke und Pläne stellen."

[Peter Steinbach/Johannes Tuchel (Hrsg.), Widerstand in Deutschland 1933-1945. Ein historisches Lesebuch, München 1994, S. 98 ff.]

Die staatlichen Drangsalierungsversuche waren damit freilich noch keineswegs beendet, zeigten allerdings - je länger, desto deutlicher - insgesamt eine eher zweischneidige Wirkung:

„Die im Dritten Reich geübte Kirchenpolitik der kleinen Nadelstiche und Verfolgungen schuf auch hier, insbesondere in konservativen Kreisen, ein Protest- und Widerstandspotential."[116]

Zwar betrachteten weder die katholische noch die Bekennende Kirche die Bekämpfung des NS-Staates als ihre Aufgabe. Weil sie aber „Verfolgungen hinnehmen und sich gegen das Ideengut des Nationalsozialismus zur Wehr setzen mußten", kam es unter ihren Gläubigen zu einem Solidarisierungseffekt und es bildete sich hier eine Bevölkerungsgruppe, die gegenüber den Verführungsanstrengungen des Regimes vergleichsweise weniger anfällig war. Dies spielte beim Aufbau des Widerstandes eine nicht unwichtige Rolle.

Schon Bald nach Hitlers Machtantritt entschlossen sich viele aus rassischen und/oder politischen Gründen verfolgte Deutsche (bzw. solche, die eine Verfolgung durch die neuen Machthaber befürchteten) zur Emigration.[117] Prag und Paris waren in den ersten Jahren nach 1933 besonders beliebte Sammelpunkte. Später versuchten viele, von dort aus auf direktem oder indirektem Wege nach Großbritannien, den Vereinigten Staaten oder in sonst ein überseeisches Ziel zu entkommen. Der Kriegsausbruch 1939 bildet jedenfalls eine deutliche Trennlinie zwischen einer überwiegend europäischen und einer gewissermaßen „weltweiten" Phase der Emigration.

---

[116] Cartarius (Anm. 108), S. 38.

[117] Einen knappen Überblick zu dieser Thematik bietet Peter Steinbach, Widerstand gegen den Nationalsozialismus aus dem Exil? Zur politischen und räumlichen Struktur der deutschen Emigration 1933-1945, in: Ders. (Anm. 106), S.124-146.

War man nicht gerade ein Schriftsteller vom Ansehen Thomas Manns oder ein Wissenschaftler vom Range Albert Einsteins, dann war die Emigration sehr oft ein bitteres Los.[118] Die Mehrheit der deutschen Emigranten war nämlich weder sonderlich prominent noch wohlhabend und wurde daher von ihren Gastländern in der Regel alles andere als mit offenen Armen empfangen. Der Alltag des Durchschnittsemigranten war vielmehr sehr bald jeden Tag aufs neue von der demütigenden Sorge um die Aufbringung wenigstens der zum Überleben unentbehrlichsten Mittel geprägt. Hinzu kam das ständige ebenso zermürbende wie entwürdigende Ringen mit den örtlichen Behörden oder Konsulaten um die erforderliche Verlängerung der Aufenthaltsgenehmigung, um ein Visum oder sonstige Papiere. Dem Durchschnittsemigranten wurde dabei oft unmißverständlich deutlich gemacht, daß er lästig, unerwünscht und allenfalls zähneknirschend geduldet war.

Politisch war die Emigration vor allem in zweierlei Hinsicht aktiv: Zum einen bemühte man sich, die eigenen Reihen, in denen höchst unterschiedliche weltanschauliche und politische Lager vertreten waren, zu einer gemeinsamen „Einheitsfront gegen den Faschismus" zusammenzuschließen. Die dazu unternommenen Anläufe scheiterten jedoch durchweg und man kann sich im ganzen des Eindrucks nicht erwehren, die verschiedenen Strömungen innerhalb der Emigration seien mehr damit beschäftigt gewesen, sich wechselseitig erbittert zu bekriegen, als gemeinsam etwas gegen das nationalsozialistische Regime auf die Beine zu bringen.[119]

Zum anderen aber wurde versucht, durch allerlei (mehr oder weniger improvisiert aus dem Boden gestampfte und oft nur sehr kurzlebige) Zeitschriften etc.[120] die öffentliche Meinung in Europa und in der Welt für das Geschehen in Deutschland zu interessieren und damit auch indirekt Einfluß auf die Deutschlandpolitik der Gastländer zu

---

[118] Vgl. dazu Rätsch (Anm. 110), S. 45-71. Eine sehr eindringliche belletristische Schilderung eines solchen namenlosen Emigrantenschicksals bietet beispielsweise Erich Maria Remarque, Die Nacht von Lissabon, Frankfurt a.M.-Berlin-Wien 1978.

[119] Vgl. hierzu die bei Helga Grebing/Christl Wickert (Hrsg.), Das andere Deutschland im Widerstand gegen den Nationalsozialismus. Beiträge zur Überwindung der nationalsozialistischen Diktatur im Exil und im Dritten Reich, Essen 1994, versammelten Aufsätze.

[120] Vgl. Lieselotte Maas, Handbuch der deutschen Exilpresse 1933-1945, hrsg. von Eberhard Lämmert, 4 Bde., München-Wien 1976-1990.

nehmen. Gelang jenes immerhin zeitweise, so blieb die Deutschlandpolitik der Staaten inner- und außerhalb Europas zur großen Enttäuschung der Emigranten doch vor allem an wohlverstandenen Eigen- und machtpolitischen Interessen orientiert und scherte sich nur sehr wenig bis überhaupt nicht um die diesbezüglichen Vorstellungen aus den Reihen der Emigration.

Eine wirkliche Chance zur Überwindung des nationalsozialistischen Regimes eröffnete sich allerdings erst zu dem Zeitpunkt, an dem sich einige von Hitlers innenpolitischen Bundesgenossen, einige prominente Vertreter der alten konservativen Eliten in Beamtenschaft, Diplomatie und Wehrmacht vom bis dahin gemeinsam verfolgten außenpolitischen Kurs zu distanzieren begannen; denn nur über sie konnte unter Umständen auch an die für einen Umsturzversuch unverzichtbaren staatlichen Machtmittel gelangt werden. Neben dem ehemaligen Leipziger Oberbürgermeister Carl Goerdeler[121] sind hier vor allem der Diplomat Ulrich von Hassell[122] und Generaloberst Ludwig Beck zu nennen.

Schon angesichts der Unbekümmertheit, mit welcher Hitler im Frühjahr 1936 die entmilitarisierte Zone des Rheinlandes durch die Wehrmacht besetzen ließ, hatte mancher Diplomat und hohe Offizier deutlich Nervosität erkennenlassen - obgleich der Generalstab des Heeres diesen Schritt doch schon für einen viel früheren Zeitpunkt gefordert hatte. Als sich Hitler dann ab Mai 1938 (unter dem Einfluß „radikaler“ Ratgeber, wie man meinte) zunehmend entschlossen zeigte, die Tschechoslowakei um jeden Preis militärisch zu „erledigen“ und darüber die Ausweitung eines solchen Konflikts zu einem großen Krieg zwischen Deutschland, Großbritannien und Frankreich leichtherzig in Kauf zu nehmen schien, war u.a. auch für den Heeresgeneralstabschef Ludwig Beck das Maß voll. Nicht, daß Beck Hitlers Ziel (die Zerschlagung der Tschechoslowakei) in Frage gestellt hätte; auch wandte er sich keineswegs gegen den Einsatz kriegerischer Gewalt an und für sich - gehörte er doch zu den energischsten Verfechtern einer ohne jede Rücksichtnahme mit allen Mittel und um jeden Preis so schnell wie nur irgend möglich vorangetriebenen deutschen Aufrü-

121 Vgl. Hans-Ulrich Thamer, Carl-Friedrich Goerdeler - Der Motor des konservativ-bürgerlichen Widerstandes, in: von Klemperer/Syring/Zitelmann (Anm. 13), S. 71-93.

122 Vgl. Gregor Schöllgen, Ulrich von Hassell - Der Vermittler, in: von Klemperer/Syring/Zitelmann (Anm. 13), S. 94-107.

stung.[123] Ihm ging es vielmehr vor allem darum, daß Hitler schon jetzt mit dem unkalkulierbaren Risiko eines großen Krieges spielte, für den nach seiner, Becks, Ansicht „weder die Zeit reif noch das militärische Instrument einsatzbereit waren."[124] Die Betrachtungen zu den strategischen Aussichten des Deutschen Reiches, die der Generalstabschef des Heeres in diesem Zusammenhang ausarbeitete, erweisen sich im Lichte der späteren Ereignisse als nachgerade prophetisch.

Dok. 26: Aus General Becks militärpolitischen Lagebetrachtungen vom 5. Mai 1938

„Deutschlands militärische Lage ist - absolut genommen - nicht zu vergleichen mit der Schwäche der zurückliegenden Jahre. Relativ betrachtet ist sie jedoch nicht so stark anzusehen, weil alle, gegebenenfalls gegen Deutschland stehenden Mächte ebenfalls seit Jahren in erheblichem, teilweise stärkstem Maße aufgerüstet haben. Außerdem verfügt Deutschland, wie bekannt, noch auf Jahre über eine noch unfertige Wehrmacht. Die militärpolitische Lage Deutschlands ergibt nicht die räumlichen Voraussetzungen, die das zentral gelegene Kontinentalland für das erfolgreiche Bestehen eines großen Krieges zu Lande, zu Wasser und in der Luft benötigt. Die Hoffnung auf Verbündete, außer Ungarn, ist gering. Die Hoffnung auf Neutrale hat sich schon im Weltkrieg als unsicher erwiesen. Einen langen Krieg wird Deutschland schon aus Raummangel nicht durchhalten können.
Die wehrwirtschaftliche Lage Deutschlands ist schlecht, schlechter als 1917/1918. Zu einem langen Krieg ist Deutschland auch aus diesem Grunde nicht befähigt.
Deutschland kann sich also in seiner jetzigen militärischen, militärpolitischen und wehrwirtschaftlichen Lage der Gefahr eines langen Krieges nicht aussetzen. Ein europäischer Krieg wird aber von unsern

---

[123] Vgl. dazu Klaus-Jürgen Müller, General Ludwig Beck. Studien und Dokumente zur politisch-militärischen Vorstellungswelt und Tätigkeit des Generalstabschefs des deutschen Heeres 1933-1938, Boppard am Rhein 1980, und Ders., Generaloberst Ludwig Beck: Generalstabschef des deutschen Heeres 1933-1938. Einige Reflexionen und neuere Forschungsergebnisse, in: Ders., Armee, Politik und Gesellschaft in Deutschland 1933-1945. Studien zum Verhältnis von Armee und NS-System, Paderborn [4]1986, S. 51-100.

[124] So zutreffend ebd., S. 93.

Gegnern von vornherein als langer Krieg ins Auge gefaßt und durchgeführt werden."

[Klaus-Jürgen Müller (Hrsg.), Armee und Drittes Reich 1933-1939. Darstellung und Dokumentation, Paderborn ²1989, Dok. 149, S. 328 f.]

Beck versuchte im Sommer 1938, die führenden Generale angesichts des zu früh drohenden Krieges zu einem gemeinsamen dramatischen Schritt gegenüber der politischen Führung, zu einem „Streik", notfalls zum gemeinschaftlichen Rücktritt zu bewegen und beschwor sie:

„Es stehen hier letzte Entscheidungen für den Bestand der Nation auf dem Spiel [...] Ihr soldatischer Gehorsam hat dort eine Grenze, wo ihr Wissen, ihr Gewissen und ihre Verantwortung die Ausführung eines Befehls verbietet.[...] Es ist ein Mangel an Größe und an Erkenntnis der Aufgabe, wenn ein Soldat in höchster Stellung in solchen Zeiten seine Pflichten und Aufgaben nur in dem begrenzten Rahmen seiner militärischen Aufträge sieht, ohne sich der höchsten Verantwortung vor dem gesamten Volke bewußt zu werden."[125]

Vergebens. Beck konnte seine Kameraden nicht überzeugen, stand letztendlich auch mit leeren Händen, ohne eindeutigen Beweis der Kriegsentschlossenheit Hitlers da, resignierte und nahm seinen Abschied.

Unterdessen hatte sich um den Abwehr-Offizier Hans Oster[126], der zugleich ein enger Vertrauter des Chefs dieses militärischen Geheimdienstes, Admiral Wilhelm Canaris, war, eine Gruppe von Regimegegnern gebildet, die zum Umsturz der bestehenden Herrschaftsverhältnisse in Deutschland entschlossen war und sich hierfür auch der Mitwirkung des Kommandierenden Generals des III. (Berliner) Armeekorps, General Erwin von Witzleben[127], versichern konnte. Ihr Kalkül ging dahin, die „Sudetenkrise" bis zum offenen Konflikt eskalieren zu lassen, um dann bei Eintreffen der britischen und französischen Kriegserklärungen an Deutschland Hitler und sein Regime mittels zuverlässiger Wehrmachtverbände unter dem Beifall der deut-

[125] Klaus-Jürgen Müller, Armee und Drittes Reich 1933-1939. Darstellung und Dokumentation, Paderborn ²1989, Dok. 159, S. 349.

[126] Zu dessen Person und zum folgenden vgl. Romedio Galeazzo Reichsgraf von Thun-Hohenstein, Der Verschwörer. General Oster und die Militäropposition, Berlin 1994, S. 81-133.

[127] Vgl. Reiner Pommerin, Erwin von Witzleben - Der designierte Oberbefehlshaber, in: von Klemperer/Syring/Zitelmann (Anm. 13), S. 328-343.

schen Bevölkerung zu beseitigen. Die Einberufung der Münchener Konferenz machte ihre ohnehin höchst unsichere Rechnung dann allerdings gegenstandslos.

Becks Nachfolger als Chef des Generalstabes des Heeres, Franz Halder, hatte von diesem Vorhaben gewußt, sich auch auf vertrauliche Besprechungen mit den Verschwörern eingelassen, ansonsten aber im Verlauf der Krise eine höchst undurchsichtige, um nicht zu sagen zwielichtige Haltung eingenommen. Seine Bemühungen liefen nämlich eindeutig auf die Verhinderung eines Krieges hinaus - und nicht auf einen Sturz Hitlers:

„In seinem Fall kann also keine Rede davon sein, daß der Kriegsausbruch ‚so heiß ersehnt‘, ja geradezu provoziert wurde, um gegen Hitler losschlagen zu können. Vielmehr zielte sein Krisenmanagement darauf, jedes internationale Risiko nach Möglichkeit zu vermeiden, letzten Endes also Hitlers Politik gegen die Tschechoslowakei so gut wie möglich abzusichern.“[128]

Nach dem deutschen Sieg über Polen gab es im Herbst 1939 angesichts von Hitlers Drängen auf die Westoffensive neuerliche Umsturzpläne. Unter dem Eindruck, der deutsche Diktator wisse von dieser Verschwörung brach Halder nun jedoch seine Kontakte zum Widerstand endgültig ab.[129] Hitler, der am 9. November 1939 nur um Haaresbreite dem Bombenanschlag des Tischlers Georg Elser[130] entgangen war, konnte sich seither bis zum Frühsommer 1942 auf die uneingeschränkte Mitarbeit seines Chefs des Generalstabes des Heeres verlassen. Und nachdem der Diktator im Sommer 1940 durch den strahlenden Sieg über den deutschen „Angstgegner“ Frankreich den absoluten Höhepunkt seiner Popularität und seines Ansehens erreicht hatte, war jeder gegen ihn gerichteten Opposition die Grundlage entzogen. Dies änderte sich erst wieder nach den schweren Rückschlägen im Osten, insbesondere durch die Katastrophe von Stalingrad im Winter 1942/43. Erst dann konnte sich die deutsche Opposition gegen Hitler wieder neu formieren.

---

[128] So Hartmann (Anm. 43),

[129] Vgl. ebd., S. 157-172.

[130] Vgl. hierzu Anton Hoch/Lothar Gruchmann, Georg Elser: Der Attentäter aus dem Volke. Der Anschlag auf Hitler im Münchner Bürgerbräu 1939, Frankfurt a.M. 1980.

Mit Kriegsausbruch 1939 hatte die nationalsozialistische Politik vollends eine neue, massenmörderische Qualität gewonnen - nach außen, wie nach innen. Denn nicht allein im besetzten Polen wurden auf dem Wege von Massenerschießungen „völkische Flurbereinigungen" in Angriff genommen. Auch innerhalb des Reiches spielte sich ähnliches ab, wenn auch in vergleichsweise unauffälliger Form und unter strenger Geheimhaltung.

Schon lange vor dem Kriege lassen sich bei Hitler Vorstellungen wie jene nachweisen, die Joseph Goebbels am 22. Februar 1937 in sein Tagebuch notierte:

„Führer sehr scharf gegen asoziale Elemente. Müssen ausradiert werden. In einem Krieg und Zwangsarbeitslagern. Sonst hoffentlich bald in eine deutsche Kolonie abgeschoben. Das ist Humanität! Sozial gegen solche, die es verdienen."[131]

Auch innerhalb sich ganz besonders fortschrittlich wähnender Kreise der deutschen Ärzteschaft gab es seit den zwanziger Jahren Überlegungen, ob man geistig und/oder körperlich Behinderte, unheilbar Kranke, Erbkranke oder „Gemeinschaftsfremde" nicht zumindest sterilisieren wenn nicht gar töten solle.[132] Und Ende Oktober 1939 erteilte Hitler nun auf seinem privaten Briefpapier eine bezeichnenderweise auf Kriegsbeginn, auf den 1. September 1939 rückdatierte formlose Vollmacht, in welcher er den Chef der „Kanzlei des Führers", Philipp Bouhler[133], und seinen Leibarzt Karl Brandt „unter Verantwortung" beauftragte, „die Befugnisse namentlich zu bestimmender Ärzte so zu erweitern, daß nach menschlichem Ermessen unheilbar Kranken bei kritischer Beurteilung ihres Krankheitszustandes der Gnadentod gewährt werden kann."[134]

Damit kam die nach dem Sitz ihrer Berliner Zentrale in der Tiergartenstraße 4 benannte „Aktion T 4" in Gang, die allein bis August 1941 zwischen 80 000 und 100 000 Menschen das Leben kosten soll-

---

[131] Fröhlich (Anm. 16), Bd. 3, S. 53.

[132] Vgl. Hans-Walter Schmuhl, Reformpsychatrie und Massenmord, in: Michael Prinz/Rainer Zitelmann (Hrsg.), Nationalsozialismus und Modernisierung, Darmstadt 1991, S. 239-266.

[133] Zu dessen Person vgl. Hans-Walter Schmuhl, Philipp Bouhler - Ein Vorreiter des Massenmordes, in: Ronald Smelser/Enrico Syring/Rainer Zitelmann (Hrsg.), Die braune Elite II. 21 weitere biographische Skizzen, Darmstadt 1993, S. 39-50.

[134] Zit. nach Ernst Klee, Euthanasie im NS-Staat. Die Vernichtung lebensunwerten Lebens, Frankfurt a.M. 1986, S. 100.

te[135]: Unter freiwilliger Mit- und Zuarbeit deutscher Ärzte und deutschen Pflegepersonals wurden zunächst verschiedene Tötungsmethoden wie Verhungernlassen, Vergasung, tödliche Injektion oder Erschießen vornehmlich an geistig Behinderten ausprobiert. Besonders in den besetzten polnischen Gebieten ging man dabei mit äußerster Brutalität vor.

Dok. 27: Bericht über die Räumung eines Krankenhauses in Chelm-Lubelski (Januar 1940)

„Bei Abenddämmerung trieben die SD-Soldaten die Kranken aus dem Bau [...]. An der Ausgangstür wurde ein Maschinengewehr aufgestellt und das Feuer eröffnet, so daß die aus dem Saal getriebenen Kranken auf der Schwelle erschossen wurden und auf einen immer mehr anwachsenden Leichenhaufen fielen. Die widerspenstigen deutschen Patienten wurden durch die Räume getrieben und aus den Fenstern des ersten oder zweiten Stockwerks geworfen.[...]
Einzelnen Kranken war es gelungen, den Ring der Deutschen zu durchbrechen, und so begann eine Jagd auf dem Gelände des Krankenhauses, die mit der Ermordung der Ausreißer endete. Ein verwundeter Kranker floh fast einen Kilometer weit, ehe er gefaßt und ermordet wurde. [...]
Die schwierigste Aufgabe für die Deutschen war das Ergreifen der Kinder, Patienten der Kinderabteilung, die in alle Etagen auseinanderliefen und sich in Schränken und unter den Betten und dergl. versteckten. Alle Kinder wurden gesucht und erschossen."

[Ernst Klee: „Euthanasie" im NS-Staat. Die „Vernichtung lebensunwerten Lebens", Frankfurt a.M. 1986, S. 114.]

Innerhalb des „Altreiches" bemühte man sich natürlich um eine unauffälligere Vorgehensweise. Hier wurde eine Reihe bestehender Heil- und Pflegeanstalten als „Tötungszentren" eingerichtet (die bekanntesten

[135] Hierzu und zum folgenden vgl. ebd.; Karl A. Schleunes, Nationalsozialistische Entschlußbildung und die Aktion T 4, in: Eberhard Jäckel/Jürgen Rohwer (Hrsg.), Der Mord an den Juden im Zweiten Weltkrieg. Entschlußbildung und Verwirklichung, Stuttgart 1985, S. 70-87; Hans-Walter Schmuhl, Rassenhygiene, Nationalsozialismus, Euthanasie. Von der Verhütung zur Vernichtung lebensunwerten Lebens 1890 bis 1945, Göttingen 1987, sowie die bei Götz Aly (Hrsg.), Aktion T 4 1939-1945. Die Euthanasie-Zentrale in der Tiergartenstraße 4, Berlin ²1989, versammelten Beiträge.

davon sind Grafeneck bei Stuttgart und Hadamar bei Limburg). Auf Grundlage ärztlicher Gutachten wählte man in allen übrigen Heil- und Pflegeanstalten des Reiches Patienten aus, die dorthin verlegt wurden. Der Vorgang war aus der Sicht der mitbetroffenen Angehörigen immer derselbe: Alsbald nach der Verlegung erhielten sie die Nachricht, ihr jeweiliger Verwandter sei ganz plötzlich und unerwartet an dieser oder jener Krankheit verstorben und die Leiche habe aufgrund bestehender Seuchengefahr sofort eingeäschert werden müssen.

Da es dabei zu Widersprüchlichkeiten und ganz erheblichen Ungereimtheiten kam, machten sich in der deutschen Bevölkerung schon nach kurzer Zeit Gerüchte breit, die der Wahrheit ziemlich nahe kamen. Auch ahnten die in der Nähe der „Tötungszentren" lebenden Anwohner sehr bald, was sich hinter den Mauern dieser „Heil- und Pflegeanstalten" tatsächlich abspielte. All dies griff der katholische Bischof von Münster, Clemens August Graf von Galen auf, indem er das Geschehen im Sommer 1941 in einer Reihe aufsehenerregender Predigten ganz offen als Mord im Sinne des Strafgesetzbuches anprangerte. Auch wies Galen auf den „kriegswirtschaftlichen" bzw. „bevölkerungsökonomischen"[136] Aspekt des Mordens hin, der tendenziell für jeden Deutschen lebensbedrohlich werden konnte.

Dok. 28: Aus der Predigt des Bischofs von Münster vom 3. August 1941

„Man urteilt: Die [Behinderten] können nicht mehr Güter produzieren. Sie sind wie eine alte Maschine, die nicht mehr läuft. Sie sind wie ein altes Pferd, das unheilbar lahm geworden ist. [...] Was tut man mit einer alten Maschine? Sie wird verschrottet! Was tut man mit einem lahmen Pferd, mit einem solch unglücklichen Stück Vieh...? Nein, ich will den Vergleich nicht zu Ende führen, so furchtbar seine Berechtigung ist und seine Lebenskraft! Es handelt sich hier ja nicht um Maschinen, nicht um Pferd und Kuh. [...] Nein, hier handelt es sich um Menschen, unsere Mitmenschen, unsere Brüder und Schwestern. Arme Menschen, unproduktive Menschen - meinetwegen, aber haben sie damit das Recht zu leben verwirkt? Hast Du, habe ich nur

---

[136] Zur Entwicklung dieser damals neuen Wissenschaft vgl. Götz Aly/Susanne Heim, Vordenker der Vernichtung. Auschwitz und die deutschen Pläne für eine neue europäische Ordnung, Hamburg 1991, S. 102-124.

so lange das Recht zu leben, solange wir produzieren, solange wir von den anderen als produktiv anerkannt werden? Wenn man den Grundsatz aufstellt und anwendet, daß man unsere Mitmenschen töten darf, dann wehe uns allen, wenn wir altersschwach werden! Wenn man die unproduktiven Menschen töten darf, dann wehe den Invaliden, die im Produktionsprozeß ihre Kraft, ihre gesunden Knochen eingesetzt haben! Wenn man die unglücklichen und unproduktiven Menschen gewaltsam beseitigen darf, dann wehe unseren braven Soldaten, die als Schwerkriegsverletzte, als Krüppel, als Invaliden in die Heimat zurückkehren!“

[Ulrich Cartarius (Hrsg), Opposition gegen Hitler. Bilder, Texte, Dokumente, Berlin 1994, Dok. 244, S. 180.]

Da die sich ohnehin in der deutschen Bevölkerung breitmachende Unruhe daraufhin noch weiter zunahm führten vor dem Hintergrund der neuen Kriegsanstrengungen im Osten nicht zuletzt diese Predigten dazu, daß die „Aktion T 4“ noch im August 1941 offiziell abgebrochen wurde. Die Ermordung Behinderter ging damit freilich nicht zu Ende. Die Tötungszentren arbeiteten vielmehr unter noch strengerer Geheimhaltung weiter. Nur die Methode des Tötens änderte sich: Die Euthanasie wurde jetzt ganz in die Hände williger Ärzte, Pfleger und Krankenschwestern in allen Heil- und Pflegeanstalten des Reiches gelegt. Und erst nach Kriegsende wurde deren mörderischem Treiben ein Ende gemacht.

Auch die „Judenpolitik“ des nationalsozialistischen Deutschlands war infolge des Kriegsausbruchs 1939 tiefgreifenden Veränderungen unterworfen. War man bis dahin vorrangig bestrebt gewesen, die - zuvor freilich jeden Besitzes möglichst vollständig beraubten - in Deutschland lebenden Juden zur Auswanderung zu nötigen, so war dieser Ausweg nun versperrt. Bis in den Frühsommer 1941 hinein ergingen sich deutsche Stellen daraufhin in allen möglichen Plänen, die Juden in reservatähnliche Siedlungsgebiete zu verbringen - sei es inner-, sei es außerhalb Europas.[137]

---

[137] Zur unterschiedlichen Deutung dieser Planungen vgl. Philippe Burrin, Hitler und die Juden. Die Entscheidung für den Völkermord, Frankfurt a.M. 1993, S. 69-105; Götz Aly, Endlösung. Völkerverschiebung und der Mord an den europäischen Juden, Frankfurt a.M. 1995, S. 139-160, sowie Richard Breitmann, Der Architekt der Endlösung: Himmler und die Vernichtung der europäischen Juden, Paderborn u.a. 1996, S. 155-190.

Neben dem radikalen Antisemitismus führender Nationalsozialisten wie etwa Adolf Hitler oder Joseph Goebbels sowie antisemitischer Strömungen innerhalb der deutschen Bevölkerung machte sich nun auch der Einfluß einer jungen, sich seit den zwanziger Jahren herausbildenden Elite von Wirtschafts- und Verwaltungsfachleuten, von Raumplanern, Statistikern und Agrarwissenschaftlern, von Arbeitseinsatz- und Bevölkerungsspezialisten in der gegenüber den Juden betriebenen Politik bemerkbar. Für diese ehrgeizigen jungen Akademiker war das „historisch kompliziert gewachsene Europa“ mit seinen vielfältigen Verwerfungen nichts anderes als eine große Herausforderung, durch welche sie sich zur Konzeption und Verwirklichung einer umfassenden räumlichen Neuordnung aufgerufen fühlten. Dies galt zumal für die Länder Osteuropas: Die jungen Technokraten gedachten hier rationellere Produktionsweisen durchzusetzen, wollten „internationale Arbeitsteilung einführen, die sozialen Strukturen neu und übersichtlich gestalten“ und „die Zahl der ‚unproduktiven‘ Menschen möglichst gering halten.“ Als Endziel schwebte ihnen ein Arrangement vor, in welchem „weite Teile Europas an den Interessen der deutschen Wirtschaft und dem deutschen Streben nach Vorherrschaft ausgerichtet“ sein sollten. Um dies möglichst schnell und billig zu erreichen, setzten sie auf „ein neues, wissenschaftlich fundiertes Konzept: auf die Bevölkerungsökonomie. Mit Hilfe staatlicher Geburtenförderung und -kontrolle, Umsiedlung und Vernichtung sollten die Zahl und die qualitative Zusammensetzung der Menschen fortlaufend gesteuert werden.“[138]

Insbesondere der Ende 1939 eingeleitete Prozeß der Ansiedlung „Volksdeutscher“ in den unter deutsche Herrschaft gelangten Teilen Polens sollte im Laufe der Zeit eine nicht zu unterschätzende Eigendynamik gewinnen und erheblichen Problemdruck erzeugen[139]: „Volksdeutsche“ waren vor allem durch das Versprechen ihrer Neuansiedlung „heim ins Reich“ geholt worden. Um dieses Versprechen halten zu können, ging man in großem Stile daran, polnische Bauernfamilien von ihrem Besitz zu vertreiben, die dann in Wohnungen untergebracht wurden, welche zuvor von deren jüdischen Besitzern zwangsweise

---

[138] Aly/Heim (Anm. 136), S. 14 f. Dieser Ansatz zur Erklärung der Genesis der Endlösung wird allerdings sehr kontrovers diskutiert; vgl. hierzu etwa die bei Wolfgang Schneider (Hrsg.), Vernichtungspolitik. Eine Debatte über den Zusammenhang von Sozialpolitik und Genozid im nationalsozialistischen Deutschland, Hamburg 1991, versammelten Beiträge.

[139] Vgl. dazu Aly (Anm. 137).

„geräumt“ worden waren. Und die so „freigesetzten“ polnischen Juden wiederum sollten - sofern man sie nicht umgehend den Einsatzgruppen zur Erschießung auslieferte - vorübergehend in städtischen Ghettos zusammengefaßt werden, bis man sie von dort aus in ein neues, rein jüdisches Siedlungsgebiet verbringen könne, das schließlich „irgendwo im Osten“ liegen sollte.

Angesichts dieses Zusammenhangs erschient es von wahrhaft atemberaubender Konsequenz, daß der Krieg gegen die Sowjetunion (wie übrigens zuvor zumindest tendenziell auch schon der gegen Polen[140]) deutscherseits von vornherein als Rassenvernichtungskrieg geplant wurde, in welchem man bestrebt war, möglichst alle im Zuge der Operationen unter deutsche Herrschaft gelangenden Juden gleich an Ort und Stelle durch Einsatzgruppen ermorden zu lassen. Das Grundschema, nach dem die Mordaktionen abliefen, war dabei immer dasselbe.

Dok. 29: Nachkriegsaussage eines Angehörigen einer Einsatzgruppe

Kurz nachdem wir mit den Lkws eingetroffen waren, kamen auch die Juden aus der Stadt in einer großen Kolonne anmarschiert. Zirka 300m abseits der [als Massengräber vorbereiteten] Gruben wurde die Kolonne angehalten. [-] Während die Juden ihr Gepäck ablieferten bzw. auf einem Platz zusammenstellen mußten, erfolgte die Einteilung der Schützen bei uns. [...] Danach wurden wir unterrichtet, wie die Erschießung vor sich zu gehen hat. [...]
Gem.[äß] der zuletzt erwähnten Anordnung wurden Gruppen der Juden von ca. 50 Mann an die Gruben herangeführt, von denen sich zu beiden Längsseiten der Gruben die Juden nebeneinander, mit dem Bauch zur Erde so hinlegen mußten, daß ihr Kopf über den Grubenrand ragte. Der jeweilige Schütze, hinter jedem Juden immer nur einer, stand an dessen Fußende mit Gewehr ‚98‘ und aufgepflanztem Seitengewehr. Der Schuß wurde in der Weise abgegeben, daß die Spitze des Seitengewehrs im Nacken des Delinquenten leicht angesetzt und dann bei einem Neigungswinkel des Gewehrs von ca. 45 Grad [...] der Schuß brach. Durch Ein- und Ausschuß wurde oft die Schädeldecke mit abgerissen. In verschiedenen Fällen, wo z.B. der Neigungswinkel des Gewehrs zu groß war oder der Delinquent den Kopf

---

[140] Vgl. Wolfgang Jacobmeyer, Der Überfall auf Polen und der neue Charakter des Krieges, in: Kleßmann (Anm. 8), S. 16-37.

im Moment der Abgabe des Schusses zu hoch hielt, erfolgten Halsdurchschüsse. In diesen Fällen wurden von den Offizieren und Zugführern Fangschüsse mit Pistolen abgegeben.
Wir Schützen mußten die Leichen dann selbst durch Hochheben eines Beines in die Grube werfen. Eine besondere Schichtung der Leichen in den Gruben wurde nicht vorgenommen. Auf eben diese geschilderte Weise gingen die Erschießungen pausenlos bis zum frühen Nachmittag."

[Paul Kohl, Der Krieg der deutschen Wehrmacht und der Polizei 1941-1944. Sowjetische Überlebende berichten, Frankfurt a.M. 1995, Dok. 6, S. 224 f.]

Wie schon gesagt, blieb dieses Morden der Wehrmacht keineswegs verborgen. Es gibt vielmehr zahlreiche Berichte von Soldaten und Offizieren, die - oft zufällig - Augenzeugen von Massenerschießungen wurden. Diese Zeugnisse unterscheiden sich allein im Tenor voneinander - dieser reicht von blankem Entsetzen bis zu unverholener Zustimmung[141]. Und gar nicht so selten beteiligten sich auch einzelne Angehörige oder kleinere Verbände aus eigenem Antrieb und ohne Befehl „von oben" an Aktionen der Einsatzgruppen. Für manch einen aber war das Beobachtete auch so aufwühlend, daß er damit nicht fertig wurde. So ist beispielsweise in der im Mai 1943 niedergelegten Aussage eines Soldaten, der unter dem Eindruck des Erlebten desertiert war und dann doch wieder der Wehrmacht in die Hände geriet zu lesen:

„Die Juden waren so benommen, daß sie schweigend, sich fest umschlungen haltend ins Grab stiegen, manche Kinder lachend wie im Spiel, sie begriffen nicht, worum es ging [...] Viele Mütter mit ihren Säuglingen an der Brust. Ein Polizist des Mordkommandos erlitt, obwohl er doch solche Bilder schon gewöhnt sein mußte, einen Nervenzusammenbruch und wurde schreiend fortgeschafft. Dieses Erlebnis machte auf mich einen besonderen Eindruck, weil ich immer daran denken mußte, was die Russen mit den Angehörigen deutscher Soldaten machen werden, wenn sie erfahren, was wir mit ihren Staatsangehörigen gemacht haben. Zwar bin ich als Deutscher und Ehrenzeichenträger der Hitlerjugend überzeugt, daß das Judenproblem ir-

[141] Vgl. dazu Walter Manoschek (Hrsg.), Es gibt nur eines für das Judentum: Vernichtung. Das Judenbild in deutschen Soldatenbriefen 1939-1944, Hamburg 1995.

gendwie gelöst werden muß, aber diese Form der Ausrottung traf mich aus obigem Grunde besonders hart."[142]

Auf anderen Kriegsschauplätzen hat sich die Wehrmacht nicht in gleicher Weise auf die Rolle des Zuschauers und Beihilfe Leistenden beschränkt. So ermordete sie zwischen Juni und November 1941 auf dem Balkan den Großteil der in Serbien lebenden männlichen Juden sowie Teile der Zigeuner zwischen 14 und 70 Lebensjahren in gänzlich eigener Regie:

„Dabei war die Initiative zur Ermordung der Juden und Zigeuner nicht von den Zentralstellen der nationalsozialistischen Vernichtungsapparate in Berlin, sondern von den regionalen Besatzungsbehörden - SD, Militärverwaltung, Gesandtschaft und Wehrmachtbefehlshaber - in Serbien selbst ausgegangen. Berlin wurde nur dann zu Rate gezogen, wenn bei der ‚Judenfrage' Probleme auftauchten, deren Lösung die Einschaltung [...] übergeordneter Instanzen erforderte."[143]

Der seit Sommer 1941 rasch um sich greifende bewaffnete Aufstand der kommunistischen Partisanenbewegung unter Tito lieferte dabei den willkommenen Anlaß und die Pseudo-Rechtfertigung für den Massenmord, denn der Entschluß hierzu war im Grunde bereits gefaßt worden, *bevor* der Aufruhr losbrach.

In dem Maße, in dem der deutsche Vormarsch im Osten seit Ende Juli 1941 immer deutlicher hinter dem Zeitplan zurückblieb, erwuchsen aus der deutschen Umsiedlungspolitik immer schwierigere politische Probleme.[144] Es kam zu einem erheblichen „Rückstau" ansiedlungswilliger „Volksdeutscher", die ihrem Unmut ob der aus ihrer Sicht nur allzu zögerlichen Erfüllung der ihnen gegebenen Versprechen immer deutlicher Luft machten. Aber der in Polen noch verfügbare Wohnraum lag inzwischen im wesentlichen in den überfüllten jüdischen Ghettos und es wurde immer unwahrscheinlicher, daß sie durch eine Abschiebung der hier lebenden Juden „in den Osten" in absehbarer Zeit „freigemacht" werden könnten. Damit aber geriet die gesamte Umsiedlungspolitik ins Stocken.

---

[142] Steinbach/Tuchel (Anm. 105).

[143] Walter Manoschek, „Serbien ist judenfrei". Militärische Besatzungspolitik und Judenvernichtung in Serbien 1941/42, München 1993, S. 107.

[144] Hierzu und zum folgenden vgl. Aly (Anm. 137), S. 163-367.

Der Gedanke, die nicht zu dauerhafter Schwerstarbeit unter extremen Bedingungen fähigen Juden zu töten, scheint erstmals im Frühjahr 1941 aufgetaucht zu sein. Man beabsichtigte, die Juden auf dem Fußwege in eine besonders unwirtliche Gegend der demnächst zu erobernden Sowjetunion zu bringen. Die Kranken und Schwachen kämen auf dem Wege dorthin ohnehin um und der „Rest" sollte sich dann dort zu Tode arbeiten.

Als die deutsche Offensive im Osten Anfang Oktober 1941 endgültig steckengeblieben war brachen all diese Konzepte in sich zusammen. Da man inzwischen insbesondere in den Städten im besetzten Polen jedoch so viele Juden wie nur irgend möglich zusammengepfercht hatte, konnte nun niemand sagen, wie und von wem sie den anstehenden Winter über ernährt werden sollten - falls man dies überhaupt jemals ernsthaft in Erwägung gezogen hatte. Schon Mitte Juli 1941 war von der Umwandererzentrale in Posen auf diese sich abzeichnende Problemlage hingewiesen worden. In einem Schreiben an den zuständigen Referenten im Reichssicherheitshauptamt, Adolf Eichmann, stellte sie diesem anheim, „ernsthaft zu erwägen, ob es nicht die humanste Lösung ist, die Juden, soweit sie nicht arbeitseinsatzfähig sind, durch irgendein schnellwirkendes Mittel zu erledigen. Auf jeden Fall wäre dies angenehmer, als sie verhungern zu lassen."[145] Dies war die Geburtsstunde des Gedankens der Massenvergasungen.

Über die Art und Weise, wie der industriell betriebene, millionenfache Massenmord an den europäischen Juden während des Zweiten Weltkrieges zustande gekommen ist, wird in der historischen Forschung noch immer gestritten.[146] Vor allem die Rolle Adolf Hitlers ist in diesem Zusammenhang nicht eindeutig zu klären. Zwar hatte er seit den zwanziger Jahren bei vielen Gelegenheiten einen Antisemitismus gepredigt, der zum Teil ganz offen die Ermordung der Juden zum

[145] Kurt Pätzold (Hrsg.), Verfolgung, Vertreibung, Vernichtung. Dokumente des faschistischen Antisemitismus 1933 bis 1942, Leipzig 1983, S. 295.

[146] Eine knappe Verlaufsskizze dieser Diskussion bietet Enrico Syring, Intentionalisten und Strukturalisten. Von einem noch immer ausstehenden Dialog, in: Uwe Backes/Eckhard Jesse/Rainer Zitelmann (Hrsg.), Die Schatten der Vergangenheit. Impulse zur Historisierung des Nationalsozialismus, Frankfurt a.M.-Berlin 1990, S. 169-194, hier S. 174-178. Gegenwärtig werden die Pole dieser Kontroverse durch Breitmann einerseits, und Aly (beide Anm. 137) andererseits markiert.

Ziel erklärte[147], doch anders als bei den „Euthanasie"-Morden gibt es für die Massenvergasungen der Juden und Zigeuner keinen schriftlichen Befehl, keine schriftliche Vollmacht Hitlers. Und auch für eine nur mündliche Befehlserteilung gibt es keinen Beleg, der über jeden Zweifel erhaben wäre. Dies hat einige Historiker zu der These veranlaßt, der Diktator sei nicht nur in diesem Falle gegenüber der eigendynamischen Schubwirkung eines Prozesses der „fortschreitenden kumulativen Radikalisierung"[148] der staatlichen wie der Parteiinstanzen ein Faktor von eher nachrangiger Bedeutung gewesen.

Allerdings gingen die Befehle, durch welche die Aufgaben der Einsatzgruppen in Polen und in der Sowjetunion geregelt wurden, mit Sicherheit auf Meinungsäußerungen Hitlers zurück.[149] Auch ist es angesichts der Herrschaftsstruktur des nationalsozialistischen Deutschlands schlechterdings undenkbar, daß eine Aktion vom Umfang eines millionenfachen Massenmordes in Gang gesetzt worden wäre, ohne daß der „Führer" zuvor in irgendeiner Form sein Einverständnis signalisiert hätte. Mithin kann wohl davon ausgegangen werden, daß Hitler vor Beginn des Mordens zumindest „in allgemeiner Form grünes Licht gab, vermutlich unter dem Einfluß von Leuten aus seiner engsten Umgebung, in der es offenbar niemanden gab, der Einwände erhob."[150] Dies *könnte* bereits im Frühjahr 1941 in der Form geschehen sein, daß Hitler womöglich auf eine Anfrage von für die „Judenfrage" zuständigen deutschen Stellen mit der Bemerkung reagierte, dieses Problem sei um jeden Preis noch während des Krieges zu lösen. Wie dies geschehe, sei ihm völlig gleichgültig. Im übrigen wolle er mit dieser Frage nicht mehr behelligt werden. Ein derartiger „Blankoscheck" *könnte* genügt haben, um immer radikaleren Konzepten und Initiativen nachgeordneter Stellen der Weg zu bahnen und schließlich *alles* denkbar werden zu lassen.[151] Jedenfalls aber wußte man in-

---

[147] Vgl. Syring (Anm. 29), S. 194-210.

[148] Vgl. Hans Mommsen, Nationalsozialismus oder Hitlerismus?, in: Marianne Bosch (Hrsg.), Persönlichkeit und Struktur in der Geschichte, Düsseldorf 1977, S. 62-71, hier S. 66.

[149] Vgl. Helmut Krausnick, Hitler und die Befehle an die Einsatzgruppen im Sommer 1941, in: Jäckel/Rohwer (Anm. 135), S. 88-106.

[150] So zutreffend Arno J. Mayer, Der Krieg als Kreuzzug. Das Deutsche Reich, Hitlers Wehrmacht und die Endlösung, Reinbek bei Hamburg 1989, S. 359.

[151] Bei dieser Mutmaßung geht der Verfasser von ebd. und Aly (Anm. 137), S. 388-394, aus.

nerhalb des engsten Kreises der nationalsozialistischen Führung sehr genau, was daraufhin mit den Juden geschah.

Dok. 30: Aus Goebbels' Tagebucheintrag vom 27. März 1942

„Aus dem Generalgouvernement werden jetzt ... die Juden nach dem Osten abgeschoben. Es wird hier ein ziemlich barbarisches und nicht näher zu beschreibendes Verfahren angewandt, und von den Juden selbst bleibt nicht mehr viel übrig. Im großen kann man wohl feststellen, daß 60 % davon liquidiert werden müssen, während nur noch 40 % in die Arbeit eingesetzt werden können. [...] An den Juden wird ein Strafgericht vollzogen, das zwar barbarisch ist, das sie aber vollauf verdient haben. Die Prophezeiung, die der Führer ihnen für die Herbeiführung eines neuen Weltkrieges mit auf den Weg gegeben hat, beginnt sich in der furchtbarsten Weise zu verwirklichen. Man darf in diesen Dingen keine Sentimentalitäten obwalten lassen. [...] Es ist ein Kampf auf Leben und Tod zwischen der arischen Rasse und dem jüdischen Bazillus. Keine andere Regierung und kein anderes Regime könnte die Kraft aufbringen, diese Frage generell zu lösen. Auch hier ist der Führer der unentwegte Vorkämpfer und Wortführer einer radikalen Lösung, die nach Lage der Dinge geboten ist und deshalb unausweichlich erscheint. Gott sei Dank haben wir jetzt während des Krieges eine ganze Reihe von Möglichkeiten, die uns im Frieden verwehrt wären. Die müssen wir ausnutzen. Die in den Städten des Generalgouvernements freiwerdenden Ghettos werden jetzt mit aus dem Reich abgeschobenen Juden gefüllt, und hier soll sich dann nach einer gewissen Zeit der Prozeß erneuern."

[Elke Fröhlich (Hrsg.), Die Tagebücher von Joseph Goebbels. Teil II: Diktate 1941-1945, München u.a. 1993-1996, Bd. 3, S. 561.]

Unter Übernahme des deutsches Schlüsselpersonals der „Euthanasie"-Morde ging man ab Herbst 1941 daran, bei den Mordaktionen der Einsatzgruppen auch fahrbare Gaswagen einzusetzen. Ab Ende Oktober 1941 wurde begonnen, in Gebieten, die vor 1939 zu Polen gehört hatten, sechs mit großen Gaskammern und großen Krematorien ausgerüstete Vernichtungslager (Kulmhof/Chelmno, Belzec, Sobibor, Treblinka, Maidanek, Auschwitz-Birkenau) einzurichten, die ab Dezember 1941 nach und nach „den Betrieb aufnahmen“.[152]

Anders als die Konzentrationslager, die zwar gelegentlich auch über kleinere Gaskammern und Krematorien verfügten, ansonsten aber vorrangig darauf aus gelegt waren, sich die Häftlinge bei mehr oder minder sinnvollen Arbeiten unter entsetzlichen Rahmenbedingungen zu Tode schuften zu lassen[153], dienten diese Vernichtungslager ausschließlich der fabrikmäßig organisierten sofortigen Ermordung der zumeist per Eisenbahn antransportierten Menschen. Sie arbeiteten „rasch und wirkungsvoll: Ein Mensch stieg am Morgen aus dem Zug, am Abend war sein Leichnam verbrannt, seine Kleidung für den Transport nach Deutschland verpackt.“[154]

Auschwitz nahm hier insofern eine gewisse Sonderrolle ein, als es nicht nur Vernichtungslager, sondern auch ein riesiges Konzentrationslager war, in welchem sich ein ganzer Industriebetrieb der IG Farben befand.[155] Hier vor allem gab es die berüchtigten „Selektionen“: Die gerade angekommenen Menschen mußten noch auf der Bahnrampe einzeln an einem SS-Arzt vorbeigehen, der aufgrund bloßen Augenscheins per Fingerzeig entschied, wer sich zu Tode arbeiten „durfte“ und wer zu schwach oder zu gebrechlich hierzu war und daher sofort nach Birkenau, dem eigentlichen Vernichtungszentrum, gebracht und dort vergast wurde. Unter allen Vernichtungslagern war Auschwitz-Birkenau zudem das einzige, in welchem man bei den Vergasungen nicht Motorenabgase, sondern das blausäurehaltige Desinfektionsmittel Zyklon B einsetzte. Dieses Verfahren war insofern „gnädiger“, als es bei den Opfern schneller zum Tode führte, als eine langsamere, mithin qualvollere Kohlenmonoxidvergiftung.

---

152 Vgl. dazu die Referate von Wolfgang Scheffler, Gitta Sereny und Yehuda Bauer sowie die sich hieran anschließende Diskussion in: Jäckel/Rohwer (Anm. 135), S. 145-178.

153 Hierzu vgl. beispielsweise Hermann Kaienburg, Vernichtung durch Arbeit. Der Fall Neuengamme. Die Wirtschaftsbestrebungen der SS und ihre Auswirkungen auf die Existenzbedingungen der KZ-Gefangenen, Bonn 1990.

154 Raul Hilberg, Die Vernichtung der europäischen Juden, Frankfurt a.M. 1990, Bd. 2, S. 927.

155 Hierzu und zum folgenden vgl. ebd., S. 1034-1042 und Till Bastian, Auschwitz und die Auschwitz-Lüge. Massenmord und Geschichtsfälschung, München 1994, S. 26-57.

Dok. 31: Schilderung des Vernichtungsvorgangs in Auschwitz

„Die zur Vernichtung bestimmten Juden wurden möglichst ruhig [...] zu den Krematorien geführt. Im Auskleideraum wurde ihnen durch die dort beschäftigten Häftlinge des Sonderkommandos in ihrer Sprache gesagt, daß sie hier nun zum Baden und zur Entlausung kämen, daß sie ihre Kleider ordentlich zusammenlegen sollten und vor allem den Platz zu merken hätten, damit sie nach der Entlausung ihre Sachen schnell wiederfinden könnten. [...] Nach der Entkleidung gingen die Juden in die Gaskammer, die mit Brausen und Wasserleitungsröhren versehen, völlig den Eindruck eines Baderaumes machte.[...] Dies ging fast immer ganz ruhig, da die Ängstlichen und das Verhängnis vielleicht Ahnenden von den Häftlingen des Sonderkommandos beruhigt wurden. Auch blieben diese Häftlinge und ein SS-Mann bis zum letzten Moment in der Kammer.
Die Tür wurde nun schnell zugeschraubt und das Gas sofort durch die bereit stehenden Desinfektoren in die Einwurfluken durch die Decke der Gaskammer in einen Luftschacht bis zum Boden geworfen. Dies bewirkte die sofortige Entwicklung des Gases. Durch das Beobachtungsloch in der Tür konnte man sehen, daß die dem Einwurfschacht am nächsten Stehenden sofort tot umfielen. Man kann sagen, daß ungefähr ein Drittel sofort tot war. Die anderen fingen an zu taumeln, zu schreien und nach Luft zu ringen. Das Schreien ging aber bald in ein Röcheln über, und in wenigen Minuten lagen alle. Nach spätestens 20 Minuten regte sich keiner mehr. [...] Eine halbe Stunde nach dem Einwurf des Gases wurde die Tür geöffnet und die Entlüftungsanlage eingeschaltet. Es wurde sofort mit dem Herausziehen der Leichen begonnen. [...] Den Leichen wurden nun durch das Sonderkommando die Goldzähne entfernt und den Frauen die Haare abgeschnitten. Hiernach [wurden sie] durch den Aufzug nach oben gebracht vor die inzwischen angeheizten Öfen [des Krematoriums]."

[Rudolf Höß, Kommandant in Auschwitz. Autobiographische Aufzeichnungen, hrsg. von Martin Broszat, München [7]1979, S. 170 f.]

Da die Lagerverwaltungen diejenigen, die zur sofortigen Vergasung bestimmt wurden, erst gar nicht registrierten, kann niemand ganz genau sagen, wie viele Menschen in den Vernichtungslagern ermordet worden sind. Man rechnet hier mit 2 750 000 bis 3 Millionen Opfern. Zusammen mit den schon in den Ghettos, auf den Transporten, in den Konzentrationslagern und von den Einsatzgruppen zu Tode gebrachten bzw. ermordeten Juden dürfte sich die Gesamtzahl der Getöteten auf mehr als 5,1 Millionen belaufen.[156]

Auf der „Wannsee-Konferenz“[157] vom 20. Januar 1942 ging es vor allem um zweierlei: zum einen wollte Gastgeber Reinhard Heydrich, der Chef des Reichssicherheitshauptamtes, die wichtigsten Ministerien des Reiches durch die Entsendung ihrer Staatssekretäre dokumentieren lassen, daß sie Heydrichs Betrauung mit der Federführung in Sachen „Endlösung der Judenfrage“ anerkannten, die dieser sich bereits am 31. Juli 1941 von Göring hatte schriftlich bestätigen lassen. Zum anderen aber sollte jetzt der im Osten bereits angelaufene Völkermord an den Juden zu einer das ganze deutschbesetzte Europa umfassenden Aktion ausgeweitet werden. Und diese systematische Durchkämmung des deutschen Herrschaftsbereiches von West nach Ost galt es zwischen den hiervon in ihren Zuständigkeiten berührten deutschen Reichsministerien abzuklären und abzusprechen. Entgegen einer zählebigen Legende ist der Massenmord an den Juden (nicht) hier beschlossen worden - er hatte längst begonnen, sowohl mittels der Einsatzgruppen als auch in den neuinstallierten Vernichtungslagern.

Dok. 32: Aus dem Protokoll der „Wannsee-Konferenz“

„Unter entsprechender Leitung sollen im Zuge der Endlösung die Juden in geeigneter Weise im Osten zum Arbeitseinsatz kommen. In großen Arbeitskolonnen, unter Trennung der Geschlechter, werden die arbeitsfähigen Juden straßenbauend in diese Gebiete geführt, wobei zweifellos ein Großteil durch natürliche Verminderung ausfallen wird.
Der allfällig endlich verbleibende Restbestand wird, da es sich bei diesen zweifellos um den widerstandsfähigsten Teil handelt, entsprechend behandelt werden müssen, da dieser, eine natürliche Auslese darstellend, bei Freilassung als Keimzelle eines neuen jüdischen Aufbaues anzusprechen ist. (Siehe Erfahrungen der Geschichte.)“

[Walther Hofer (Hrsg.), Der Nationalsozialismus. Dokumente 1933-1945, Frankfurt a.M. [27]1976, Dok. 174, S. 304 f.]

[156] Zahlenangaben nach Hilberg (Anm. 154), Bd. 3, S. 1299.

[157] Vgl. Eberhard Jäckel, Die Konferenz am Wannsee, in: *Die Zeit,* Nr. 4 vom 17. Januar 1992, S. 33 f., und Kurt Pätzold, Die vorbereitenden Arbeiten sind eingeleitet. Zum 50. Jahrestag der Wannsee-Konferenz vom 20. Januar 1942, in: *Aus Politik und Zeitgeschichte* B 1-2/[19]92, S. 14-23.

Wann, wie, warum und von wem die Befehle zum Massenmord an den Juden gegeben worden sind, ist jedoch nur die eine Frage. Die andere und womöglich noch wichtigere ist diejenige, warum diese Befehle in einem solch bestürzenden Umfang auch tatsächlich befolgt wurden.[158] Denn darüber, daß die wahllose Ermordung von Zivilisten ein ungeheuerliches Unrecht darstellte, dürfte auch bei den Beteiligten keinerlei Zweifel bestanden haben.

Besonders schwer fällt der Versuch einer Antwort bei den Angehörigen der Einsatzgruppen und der Wehrmacht, die an den Massenerschießungen teilnahmen, denn sie waren ganz unmittelbar mit dem Töten von Männern, Frauen und Kindern beschäftigt - und manch einer hat schwer hieran getragen.[159] Sicherlich muß dabei in Rechnung gestellt werden, daß diese Aktionen in Kriegszeiten durchgeführt wurden, in denen der tausendfache anonyme Tod ohnehin zu einer beinahe schon alltäglichen Angelegenheit geworden war. Auch spielte der Gruppenzwang, der von einer Gruppe als solcher ausgehende Konformitätsdruck auf jedes einzelne ihrer Mitglieder fraglos eine gewichtige Rolle.[160] Hinzu kam aber die Angst. Vielleicht die Mehrheit der im Osten eingesetzten Angehörigen von Polizei, SS, Waffen-SS und Wehrmacht glaubte offenbar - auch unter dem Eindruck von Kriegserlebnissen - tatsächlich, was ihnen die deutsche Propaganda unablässig einredete, nämlich, daß man es hier mit einem besonders heimtückischen, grausamen, erbarmungslosen, ja geradezu bestialischen Gegner zu tun hatte. Vor diesem Hintergrund, der sich mit einem zuweilen nur allzu demonstrativ herausgekehrten Überlegenheitsgefühl der Deutschen, dem „Herrenmenschen"-Wahn, aufs Denkwürdigste vermischte, entwickelten nicht wenige der Mörder angesichts ihres Treibens augenscheinlich keinerlei Unrechtsbewußtsein: Sie scheinen wirklich von der Überzeugung durchdrungen gewesen zu

---

[158] Insofern zutreffend Dinitia Smith, Ein Interview mit Daniel Goldhagen, in: Julius H. Schoeps (Hrsg.), Ein Volk von Mördern? Die Dokumentation zur Goldhagen-Kontroverse um die Rolle der Deutschen im Holocaust, Hamburg 1996, S. 48-52, hier S. 51.

[159] Beispiele hierfür sind dokumentiert in Helmut Heiber (Hrsg.), Reichsführer! ... Briefe an und von Himmler, München ^{2}1970.

[160] Vgl. Christopher R. Browning, Ganz normale Männer. Das Reserve-Polizeibataillon 101 und die Endlösung in Polen, Reinbek bei Hamburg 1996, hier bes. S. 208-247.

sein, einen zwar belastenden aber unumgänglichen Entscheidungskampf zwischen „Gut“ und „Böse“ durchfechten zu müssen.[161]

Anders liegt der Sachverhalt bei den industriell betriebenen millionenfachen Massenmorden in den Vernichtungslagern, die zudem - im Gegensatz zu den Aktionen der Einsatzgruppen - strengstens geheimgehalten wurden. Hier waren nur vergleichsweise wenige ganz unmittelbar mit dem Töten selbst konfrontiert. Auch neigte man dazu, die „Schmutzarbeit“ soweit wie nur irgend möglich auf nichtdeutsche Hilfskräfte oder gar auf andere Insassen der Vernichtungszentren abzuwälzen. Die übergroße Mehrheit der hieran Beteiligten, konnte sich darauf beschränken, Zuträgerdienste zu leisten - und dies ist vielleicht eine der Hauptursachen für den grauenhaften „Erfolg“ dieser Variante des Holocausts: Sie war ein hochgradig arbeitsteilig organisiertes Unternehmen, an dem zumindest Zehntausende Menschen in ganz Europa direkt oder indirekt beteiligt waren - auch wenn sich die meisten von ihnen mit mehr oder weniger gutem Gewissen einreden mochten, doch nur wie eh und je ihre Pflicht zu tun. Das gilt für die französischen Polizisten, die auf deutsche Anweisung hin die in ihrem Heimatland lebenden Juden zu Transporten „in den Osten“ zusammenstellten und dann auch noch deren Bewachung auf dem Weg zu den Verladebahnhöfen übernahmen ebenso, wie beispielsweise für die deutschen Eisenbahner, welche die mit Juden vollgestopften Güterzüge bis zu den Entladerampen der Vernichtungszentren im Osten fuhren. Sie alle taten nur ihre „Pflicht“, erfüllten die ihnen gestellten Aufgaben und kümmerten sich nicht um das weitere - meinten, es gehe sie nichts an. Und doch wäre das Morden ohne ihre Mitarbeit nicht möglich gewesen. Man muß ihnen wohl zugute halten, daß die meisten von ihnen damals nicht *wußten*, was den von ihnen im Rahmen ihrer dienstlichen Obliegenheiten mit „bearbeiteten“ Juden am Ende ihrer Reise blühte; aber daß diesen „im Osten“ kaum etwas Gutes bevorstand, dürften viele doch wohl zumindest dunkel geahnt haben.

Insofern gibt es auch eine gesamteuropäische Dimension dieses Völkermordes an den Juden.[162] Denn nur in ganz wenigen Ländern

---

[161] Vgl. dazu Erich Goldhagen, Weltanschauung und Endlösung. Zum Antisemitismus der nationalsozialistischen Führungsschicht, in: *Vierteljahrshefte für Zeitgeschichte* 24(1976), S. 379-405, sowie Bartov (Anm. 82), S. 163-266.

[162] Vgl. hierzu und zum folgenden Hans-Heinrich Wilhelm, Offene Fragen der Holocaust-Forschung. Das Beispiel des Baltikums, in: Backes/Jesse/Zitelmann (Anm. 146), S. 403-426, hier bes. S. 412, und Lea Rosh/Eberhard Jäckel, „Der Tod ist ein Meister aus Deutschland.“ Deportation und Ermordung der Juden.

des deutschbesetzten Europas gab es wie in Dänemark oder in Norditalien offenen Widerstand gegen das deutsche Ansinnen, die jeweiligen jüdischen Minderheiten „in den Osten“ zu verbringen. Es überwog, wie beispielsweise in Frankreich, die stillschweigende und gar nicht so selten auch die ohne Not freiwillig geleistete Zusammenarbeit mit den Deutschen in dieser Frage. Und Rumänien etwa beteiligte sich sogar ganz unmittelbar am Morden selbst. Lag die Urheberschaft des Völkermordes an den Juden auch beim nationalsozialistischen Deutschen Reich, kam also gewissermaßen der „Meister des Mordens“ ganz zweifelsfrei aus Deutschland, so hatte er doch viele „Gesellen“ in zahlreichen Ländern Europas. Gleichwohl waren die meisten Zeitgenossen des Holocaust in Hitlers Europa weder Täter noch Opfer. Eher hätten sie sich womöglich als Zuschauer betrachtet: „Sie hatten ja mit dieser Angelegenheit ‚nichts zu tun‘: wollten weder einem Opfer etwas zuleide tun noch von den Tätern mißhandelt werden.“ Freilich kam es in der Realität zu vielfältigen Überschneidungen: „in einigen Bereichen wurden die Zuschauer selber zu Tätern. Oft nutzten sie das Unglück der Juden und schlugen Profit daraus; aber es gab auch jene, die den Gejagten halfen. Hie und da traten Boten auf und verbreiteten ihre Nachricht.“[163]

Auch gingen die Juden selbst keineswegs immer und allerorten wie die sprichwörtlichen „Schafe zur Schlachtbank“. Vielmehr kam es 1943 zu einer Reihe von Aufständen (sogar in Vernichtungslagern)[164], deren bekanntester der am 19. April 1943 ausbrechende Aufstand des Warschauer Ghettos ist, mit dem sich die dort lebenden Juden ihrem bevorstehenden Abtransport nach Treblinka entgegenstellten. „Man wußte, man wird sowieso sterben. Aber besser so, als einfach vergast zu werden“[165], so beschreibt ein polnischer Zeitgenosse die Haltung

---

Kollaboration und Verweigerung in Europa, Hamburg 1990. Diese quasi gesamteuropäische Dimension des Holocaust wird von Daniel J. Goldhagen, Hitlers willige Vollstrecker. Ganz gewöhnliche Deutsche und der Holocaust, Berlin 1996, nahezu vollständig unterschlagen.

[163] So zutreffend Raul Hilberg, Täter, Opfer, Zuschauer. Die Vernichtung der Juden 1933-1945, Frankfurt a.M. 1992, S. 11.

[164] Hierzu und zum folgenden vgl. Hermann Langbein, ... nicht wie die Schafe zur Schlachtbank. Widerstand in den nationalsozialistischen Konzentrationslagern 1938-1945, Frankfurt a.M. 1980, und Erhard R. Wiehn, Ghetto Warschau. Aufstand und Vernichtung - fünfzig Jahre danach zum Gedenken, Konstanz 1993.

[165] So Marian Wojciechowski in einem Interview in Rosh/Jäckel (Anm. 162), S. 213.

der Aufständischen im Rückblick. Waffen-SS, deutsche Polizei und Wehrmacht schlugen diese Erhebung in wochenlangen Kämpfen mit äußerster Brutalität nieder. Etwa 13 000 Ghettobewohner wurden dabei getötet. Die Überlebenden brachte man ins Vernichtungslager. Im Verlauf der Kämpfe hatten die mit der Niederwerfung des Aufstandes betrauten Kräfte das jüdische Ghetto Warschaus ohne Rücksicht auf die Gefährdung angrenzender Rüstungsbetriebe systematisch niedergebrannt. Der hierfür verantwortliche Polizeigeneral Jürgen Stroop schrieb dazu in seinem Abschlußbericht vom 24. Mai 1943:

„Fast immer kamen dann die Juden aus ihren Verstecken [...] heraus. Es war nicht selten, daß die Juden in den brennenden Häusern sich so lange aufhielten, bis sie es wegen der Hitze und aus Angst vor dem Verbrennungstod vorzogen, aus den Stockwerken herauszuspringen, nachdem sie vorher Matratzen und andere Polstersachen aus den brennenden Häusern auf die Straße geworfen hatten. Mit gebrochenen Knochen versuchten sie dann noch über die Straße in Häuserblocks zu kriechen, die noch nicht oder nur teilweise in Flammen standen. [...] Häufig konnten auf der Straße durch die Schächte laute Stimmen aus den Kanälen [d.h.: aus der Kanalisation] heraus gehört werden."[166]

Was die Besatzungsherrschaft in den deutschbesetzten Teilen Europas insgesamt grundlegend prägte, war vor allem zweierlei: der „Herrenmenschen"[167]-Wahn (ein hochmütiges Überlegenheitsgefühl gegenüber den unterworfenen Völkern) und die insbesondere von Hitler selbst gehegte Furcht, ein November 1918 könne sich wiederholen (d.h.: die Kriegsbelastungen könnten für das deutsche Volk - wie im Ersten Weltkrieg - so hoch werden, daß es seiner Führung die Gefolgschaft aufkündigt). Aus diesem Grunde wurde weder die deutsche Industrieproduktion in dem Maße ganz auf die Erfordernisse des Krieges umgestellt, noch kam es zu einem vergleichbar umfassenden Arbeitseinsatz der deutschen Frauen, wie dies etwa in Großbritannien der Fall war. Im Gegenteil war man bis lange in den Krieg hinein bemüht, der deutschen Bevölkerung - im Rahmen des Möglichen - in

[166] Zit. nach IMT (Anm. 1), Bd. III, S. 618 f.

[167] Einen ersten Einstieg in dieses weite Themenfeld bieten Hans Umbreit, Die deutsche Besatzungsverwaltung: Konzept und Typisierung, in: Michalka (Anm. 14), S. 710-727, sowie Christoph Buchheim, Die besetzten Länder im Dienste der deutschen Kriegswirtschaft während des Zweiten Weltkrieges. Ein Bericht der Forschungsstelle für Wehrwirtschaft, in: *Vierteljahrshefte für Zeitgeschichte* 34 (1986), S. 117-146.

ihrem Alltag den Eindruck einer fast noch friedensmäßigen Normalität zu vermitteln.[168] Die Lasten des Krieges wurden dagegen soweit wie nur irgend möglich den deutschbesetzten Ländern Europas, deren Bevölkerungen, Industrien und Landwirtschaften aufgebürdet. Sie alle hatten dazu beizutragen, daß sich die Vorsorgungssituation der Deutschen nicht über das kritische Maß hinaus verschlechterte.

In der Behandlung der unterworfenen Völker machte sich zudem ein deutliches West-Ost-Gefälle bemerkbar. Erlegte man sich etwa hinsichtlich Frankreichs, Dänemarks und Norwegens immerhin noch ein Mindestmaß an Rücksichtnahme auf die grundlegenden Lebensbedürfnisse der Einheimischen auf, so interessierten diese in den östlichen Besatzungsgebieten[169] kaum jemanden.

Ebenfalls spielte eine erhebliche Rolle, daß die deutsche Kriegsindustrie fortlaufend wehrfähige deutsche Arbeiter für die Wehrmacht freizusetzen hatte, die irgendwie ersetzt werden mußten. Da man auf das Arbeitskräftereservoir der deutschen Frauen - auch aus rassenideologischen Erwägungen - eher zögerlich zurückgriff, wurde die Masse der benötigten Arbeitskräfte ab 1942 aus den besetzten Gebieten Europas geholt.[170] Nicht sehr viele von ihnen kamen freiwillig; die meisten wurden nach regelrechten „Sklavenjagden" gegen ihren Willen nach Deutschland verschleppt. Von ihnen erfuhren wiederum die West- und Nordeuropäer noch die beste Behandlung, während sich die Arbeitsbedingungen etwa für Polen und Russen kaum von denjenigen der Konzentrationslagerhäftlinge unterschieden. Insgesamt wurden bis 1945 etwa 5 Millionen „Fremdarbeiter" - zumeist aus der Sowjetunion - nach Deutschland gebracht, von denen sich wohl allenfalls 2-3 Hunderttausend freiwillig gemeldet hatten.

Von den 3,5 Millionen sowjetischen Soldaten, die allein in den ersten vier Monaten des Rußlandfeldzuges in deutsche Kriegsgefangen-

---

[168] Hierzu und zum folgenden vgl. Ludolf Herbst, Der Totale Krieg und die Ordnung der Wirtschaft. Die Kriegswirtschaft im Spannungsfeld von Politik, Ideologie und Propaganda, Stuttgart 1982.

[169] Vgl. hierzu auch Hans-Heinrich Wilhelm, Zur Historiographie der deutschen Besatzungspolitik in Rußland - Forschungslücken, Proportionierungsprobleme und Tabus, in: Hans-Adolf Jacobsen/Jochen Löser/Daniel Proektor/Sergej Slutsch (Hrsg.), Deutsch-russische Zeitenwende. Krieg und Frieden 1941-1995, Baden-Baden 1995, S. 353-387.

[170] Vgl. hierzu und zum folgenden Ulrich Herbert, Fremdarbeiter. Politik und Praxis des Ausländer-Einsatzes in der Kriegswirtschaft des Dritten Reiches, Berlin-Bonn 1986.

schaft geraten waren, lebten im Frühjahr 1942 nur noch 1,1 Millionen. Die übrigen hatte man im Einverständnis mit der Wehrmacht absichtlich in deutschen Kriegsgefangenenlagern verhungern lassen - ohne ihren Arbeitseinsatz auch nur in Erwägung zu ziehen. Von den bis Ende des Krieges insgesamt in deutsches Gewahrsam gelangenden 5 734 528 sowjetischen Soldaten kamen etwa 3 300 000 (d.h.: 57,8 %) in deutscher Kriegsgefangenschaft um.[171]

Hatte die Partisanengefahr[172] den deutschen Stellen auf dem Balkan und dann auch in der Sowjetunion zunächst oft als vorweggenommene Ausrede für schlichten Massenmord gedient, so wurde sie ab 1942 im Osten tatsächlich zu einem Faktor, der die deutschen militärischen Operationen - beispielsweise durch zeitweilige Unterbrechung der Nachschublinien - erheblich behinderte. Wie auf dem Balkan wurden die deutschen Besatzungsorgane dieser Bedrohung auch nie Herr. Mit dafür verantwortlich war das deutsche Konzept, Gegengewalt wiederum durch Gewalt brechen zu wollen, das vor allem auf dem Rücken der unbeteiligten Zivilbevölkerung verwirklicht wurde. Denn da die Partisanen in aller Regel wie Fische im Wasser in der Masse der Einheimischen untertauchten, konnten die für einen bestimmten Anschlag oder einen bestimmten Mord wirklich verantwortlichen Täter kaum einmal ermittelt werden. Die deutschen Besatzungsorgane hielten sich daher vor allem an Geiseln, die sie völlig willkürlich aus der örtlichen Bevölkerung genommen hatten. So wurden für jeden einzelnen von Partisanen ermordeten deutschen Soldaten oder Würdenträger oftmals pauschal bis zu 100 Geiseln erschossen oder erhängt - wenn man nicht gar ganze Ortschaften „summarisch bestrafte" (d.h.: die Männer erschoß, die Frauen in Konzentrations- oder Vernichtungslager verbrachte und die Gebäude vollständig niederbrannte). Diese Methoden kamen nach und nach auch bei der Bekämpfung der sich in den besetzten Gebieten Nord-, West- und Südeuropas herausbildenden Widerstandsbewegungen zur Anwendung; in Italien und Griechenland etwa ab Herbst 1943 und in Frankreich verstärkt ab Frühjahr 1944.

---

[171] Vgl. Christian Streit, Keine Kameraden. Die Wehrmacht und die sowjetischen Kriegsgefangenen 1941-1945, Bonn (Neuausgabe) 1991.

[172] Zum folgenden vgl. neben den bei Schulz (Anm. 92) versammelten Beiträgen auch Hans Umbreit, Das unbewältigte Problem. Der Partisanenkrieg im Rücken der Ostfront, in: Förster (Anm. 84), S. 130-150, sowie die entsprechenden Aufsätze von Hannes Heer und Mark Mazower in: Heer/Naumann (Anm. 66), S. 104-190.

War der innerdeutsche Widerstand im Sommer 1940 praktisch zum Erliegen gekommen, bewirkte doch schon der deutsche Überfall auf die Sowjetunion ein erstes Wiederaufleben der Opposition. Zum einen reagierte eine - wenn auch nur sehr kleine - Minderheit deutscher Soldaten und Offiziere entsetzt auf die von vornherein massenmörderische deutsche Kriegführung im Osten. So ist beispielsweise in zwei Privatbriefen des damaligen Oberstleutnants Hellmuth Stieff aus dem Herbst 1941 zu lesen:

„Und wenn dann noch die Belastungen dazu kommen, die in dem System begründet sind, so daß man sich seines anständigen Deutschtums schämen muß [...] - wenn ein wahrer Teufel in Menschengestalt so etwas erfindet, wovor ein Dschinghis Khan vor Neid erblassen würde, dann allerdings verliert man den Glauben und die Zuversicht an der Gerechtigkeit der Sache, für die man kämpfen und arbeiten soll!!"

Und:

„Ich fühle mich gezwungenermaßen, keineswegs freiwillig oder gar freudig, als Werkzeug eines despotischen Vernichtungswillens, der alle Regeln der Menschlichkeit und des einfachsten Anstandes außer acht läßt, sich aber gleichermaßen gegen Freunde wie gegen die eigenen Leute richtet."[173]

Zum anderen aber erwachten jetzt bei ehemaligen Kommunisten und bei manchen Intellektuellen und Künstlern jene prosowjetischen Sympathien wieder, die durch den Hitler-Stalin-Pakt vorübergehend verschüttet worden waren. Der bekannteste der sich in diesem Zusammenhang herausbildenden Oppositionskreise war die von der Gestapo so genannte „Rote Kapelle"[174], die wahrscheinlich größte und weitverzweigteste deutsche Widerstandsgruppe neben dem Umkreis des 20. Juli.[175] Hier fanden sich um den Oberregierungsrat im Reichswirtschaftsministerium Arvid Harnack und den Oberleutnant im Reichsluftfahrtministerium Harro Schulze-Boysen Menschen aller Schichten und unterschiedlichster weltanschaulicher und politischer Orientierungen zusammen. Hauptsächlich widmeten sie sich dem Gedankenaus-

173 Mühleisen (Anm. 74), Nr. 71, S. 127, und Nr. 77, S. 138.

174 Vgl. dazu die bei Hans Coppi/Jürgen Danyel/Johannes Tuchel (Hrsg.), Die Rote Kapelle im Widerstand gegen den Nationalsozialismus, Berlin 1994, versammelten Beiträge.

175 Vgl. dazu Christiane Moll, Die Weiße Rose, in: Steinbach/Tuchel (Anm. 104), S. 443-467.

tausch untereinander sowie der Verbreitung gemeinsam erarbeiteter Flugblätter. Der demgegenüber eher beiläufig betriebene und nicht übermäßig erfolgreiche Versuch der Übermittlung kriegswichtiger Informationen an den sowjetischen Nachrichtendienst führte ab September 1942 zur Verhaftung von insgesamt 130 Angehörigen dieses Kreises, von denen mehr als die Hälfte zum Tode verurteilt wurden.

Nicht wesentlich besser erging es dem bürgerlichen studentischen Freundeskreis um die Geschwister Hans und Sophie Scholl, der ab Sommer 1942 unter dem Tarnnamen „Weiße Rose“ vor allem an der Universität München Flugblätter in Umlauf brachte. Insbesondere vor dem Hintergrund der Katastrophe von Stalingrad wurde dann auf diesem Wege versucht, die deutsche Bevölkerung zum Widerstand gegen das NS-Regime aufzurütteln. Am 18. Februar 1943 erfolgte die Verhaftung der wichtigsten Angehörigen dieser Gruppe. Todesurteile waren die Folge.

Dok. 33: Aus dem Flugblatt der „Weißen Rose“ vom 18. Februar 1943

„Der Krieg geht seinem sicheren Ende entgegen. Wie im Jahre 1918 versucht die deutsche Regierung alle Aufmerksamkeit auf die wachsende U-Bootgefahr zu lenken, während im Osten die Armeen unaufhörlich zurückströmen, im Westen die Invasion erwartet wird. Die Rüstung Amerikas hat ihren Höhepunkt noch nicht erreicht, aber heute schon übertrifft sie alles in der Geschichte seither Dagewesene. Mit mathematischer Sicherheit führt Hitler das deutsche Volk in den Abgrund. HITLER KANN DEN KRIEG NICHT GEWINNEN, NUR NOCH VERLÄNGERN ! Seine und seiner Helfer Schuld haben jedes Maß [...] überschritten. Die gerechte Strafe rückt näher und näher!
Was aber tut das deutsche Volk? Es sieht nicht und hört nicht. Blindlings folgt es seinen Verführern ins Verderben. Deutsche! Wollt Ihr und Eure Kinder dasselbe Schicksal erleiden, das den Juden widerfahren ist? Wollt ihr mit dem gleichen Maße gemessen werden, wie Eure Verführer? Sollen wir auf ewig das von aller Welt gehaßte und ausgestoßene Volk sein? Nein! Darum trennt Euch von dem nationalsozialistischen Untermenschentum! Beweist durch die Tat, daß Ihr anders denkt!“

[Peter Steinbach/Johannes Tuchel (Hrsg.), Widerstand in Deutschland 1933-1945. Ein historisches Lesebuch, München 1994, S. 236.]

Je schlechter die Kriegslage wurde, desto unbarmherziger ging man gegen jede noch so leise Form der Kritik aus der deutschen Bevölkerung vor. Jede unbedachte Äußerung über die Kriegsaussichten oder über prominente Nationalsozialisten konnte jetzt - wenn man denunziert wurde - ganz buchstäblich „den Kopf kosten". Die meisten dieser Fälle von „Heimtücke" oder „Wehrkraftzersetzung" landeten vor dem „Volksgerichtshof"[176], der sich vor allem als Vollstrecker des mutmaßlichen „Führerwillens" verstand. Zudem ging auch die Gestapo währen des Krieges immer brutaler mit tatsächlichen oder vermeintlichen Regimegegnern in Deutschland und in den besetzten Gebieten um.[177] Der Personalaustausch zwischen den Polizeidienststellen im Reich bzw. den Besatzungsgebieten und den Einsatzgruppen bzw. Partisanenbekämpfungseinheiten im Osten oder auf dem Balkan hat zu dieser Entwicklung ganz wesentlich beigetragen. Schwere und schwerste Folterungen Verhafteter wurden zu einem geradezu alltäglichen Ereignis.

Aber selbst hierdurch konnte nicht unterbunden werden, daß man sich seit Stalingrad auch innerhalb der Wehrmacht - insbesondere in den Stäben des Heeres - Sorgen um den Fortgang des Krieges machte. Das galt sogar für deutsche Soldaten und Offiziere, die bei Stalingrad in sowjetische Kriegsgefangenschaft geraten waren. Sie organisierten dort ein „Nationalkommitee ‚Freies Deutschland'" (NKFD) und einen „Bund Deutscher Offiziere" (BDO)[178], die auf dem Wege der Propaganda auf einen Umsturz in Deutschland hinzuarbeiten versuchten. Es gehört zur besonderen Tragik dieser Organisationen, daß sie von der sowjetischen Gewahrsamsmacht von vornherein für deren höchst eigene politisch-ideologische Interessen mißbraucht wurden.

Auf der anderen Seite der Front bemühte sich eine Gruppe von militärischen Widerstandskämpfern, die sich seit dem Sommer 1941

---

[176] Vgl. hierzu Hannsjoachim W. Koch, Der Volksgerichtshof. Politische Justiz im Dritten Reich, München 1988; Rätsch (Anm. 110), S. 7-26, sowie Helmut Ortner, Der Hinrichter. Roland Freisler - Mörder im Dienste Hitlers, Wien 1993. Letztgenannter Titel ist vor allem wegen der in ihm dokumentierten Volksgerichtshof-Urteile interessant.

[177] Vgl. Heuer (Anm. 98).

[178] Vgl. dazu Bodo Scheurig, Verräter oder Patrioten. Das Nationalkomitee Freies Deutschland und der Bund Deutscher Offiziere in der Sowjetunion 1943-1945, Berlin-Frankfurt a.M. (Neuausgabe) 1993, sowie Peter Steinbach, Das Nationalkomitee Freies Deutschland und der Widerstand gegen den Nationalsozialismus, in: Ders. (Anm. 106), S. 257-289.

im Oberkommando der deutschen Heeresgruppe Mitte um den späteren Generalmajor Henning von Treskow[179] formiert hatte, sich diese allgemeine Diskussion zunutze zu machen. Man hatte nun einen allgemeineren Anknüpfungspunkt für den (vergeblichen) Versuch, wenigstens einen der Oberbefehlshaber der im Osten stehenden deutschen Heeresgruppen für die Sache des Widerstandes zu gewinnen. Denn inzwischen bestand kaum mehr Zweifel daran, daß ein Umsturzversuch in Deutschland nur dann Aussicht auf Erfolg habe, wenn man dabei erhebliche militärische Machtmittel in die Waagschale werfen konnte. Auch nahmen Tresckow und seine Vertrauten Kontakt zu den verschiedenen Widerstandsgruppen im Reich auf, die in der Person des ehemaligen Heeresgeneralstabschefs Ludwig Beck über eine Art gemeinsamer „Zentrale“ verfügten. Hier hatten oppositionelle Gruppen und Personen von altpreußisch-konservativer Gesinnung bis hin zur Sozialdemokratie und den Gewerkschaften, vom „Kreisauer Kreis“ um Helmuth James Graf von Moltke bis hin zu den „Honoratioren“ wie Carl Goerdeler oder Ulrich von Hassell, einen Anlaufpunkt und einen Vermittler gefunden.

Wohl die Mehrheit der Widerständler im Reich wie an der Front war sich darin einig, daß ein erfolgreiches Attentat auf Hitler als unabdingbare Voraussetzung für jeden Umsturzversuch zu betrachten sei. Nachdem aber drei von Tresckow inszenierte Attentatsversuche im März 1943 durch die unglaublichsten Zufälle fehlgeschlagen waren, und die gemeinsame Verschwörung über niemanden mehr verfügte, der Zugang zu Hitler hatte *und* zur Durchführung eines weiteren Anschlages bereit gewesen wäre, ging die Verantwortung für die Organisation dieser „Initialzündung“ mehr und mehr in die Zuständigkeit der Mitverschwörer innerhalb der in Deutschland selbst stationierten Schul- und Ausbildungsverbände des Heeres, des sogenannten Ersatzheeres über.

Hier kam jedoch erst wieder frischer Wind in die Angelegenheit, als der schwer kriegsversehrte spätere Oberst Claus Schenk Graf von Stauffenberg[180] im Herbst 1943 endgültig zum Widerstand stieß. Bis

---

[179] Zu dessen Person und zum folgenden vgl. Bodo Scheurig, Henning von Tresckow. Ein Preuße gegen Hitler. Biographie, Frankfurt a.M.-Nerlin (Neuausgabe) 1987; Aretin (Anm. 78), und Peter Hoffmann, Widerstand - Staatsstreich - Attentat. Der Kampf der Opposition gegen Hitler, Frankfurt a.M.-Berlin-Wien 1970, ab S. 309.

[180] Zu dessen Person und zum folgenden vgl. Peter Hoffmann, Claus Schenk Graf von Stauffenberg und seine Brüder, Stuttgart 1992, ab. S. 167, sowie He-

zum Frühsommer 1944 konnte er personalpolitisch geschickt in die Position des Stabschefs beim Befehlshaber des Ersatzheeres, Generaloberst Friedrich Fromm, manövriert werden, der - nicht nur aus Sicht des Widerstandes - als höchst unsicherer Kantonist galt.

In seiner neuen Stellung hatte Stauffenberg jetzt nicht nur Zugang zu Hitler, sondern war auch - in Stellvertretung Fromms (sollte dieser sich im entscheidenden Moment versagen) - von Amts wegen befugt, mit dem Stichwort „Walküre“[181] jene offiziell zur Niederschlagung eines Fremdarbeiteraufstandes vorbereiteten Pläne auszulösen, die von Tresckow und Stauffenberg gemeinsam für den Zweck eines Staatsstreichs „umgearbeitet“ worden waren. In dieser Doppelbelastung Stauffenbergs, der Attentäter und organisatorische Zentrale des Umsturzversuches zugleich sein sollte, lag von vornherein einer der kritischsten Punkte des Unternehmens. Denn Hitler hielt sich zumeist entweder in seinem Hauptquartier in Ostpreußen oder auf seinem „Berghof“ im Salzburger Land auf, der Staatsstreich aber würde von Berlin aus in Gang gesetzt werden müssen.

Zudem herrschte in der Verschwörung die Auffassung vor, der Sturz des NS-Regimes müsse erfolgen, bevor die Alliierten im Westen des deutschbeherrschten Europas gelandet seien, da das Reich nur dann noch Aussichten habe, in Verhandlungen mit den Westmächten eine (macht)politisch einigermaßen erträgliche Vereinbarung zur Beendigung des Krieges zu erreichen. Nachdem die langerwartete alliierte Invasion am 6. Juni 1944 aber tatsächlich erfolgt war und schnell klar wurde, daß sie nicht mehr abgeschlagen werden konnte, ließ Stauffenberg daher über einen Mittelsmann bei Tresckow anfragen, ob Attentat und Umsturzversuch unter diesen Umständen überhaupt noch Sinn hätten. Dessen Antwort lautete:

„Das Attentat muß erfolgen, coûte que coûte. Sollte es nicht gelingen, so muß trotzdem in Berlin gehandelt werden. Denn es kommt nicht mehr auf den praktischen Zweck an, sondern darauf, daß die deutsche Widerstandsbewegung vor der Welt und vor der Geschichte den entscheidenden Wurf gewagt hat. Alles andere ist daneben gleichgültig.“[182]

---

lena P. Page, General Friedrich Olbricht. Ein Mann des 20. Juli, ²Bonn 1994, ab S. 129.

[181] Vgl. dazu Gerd R. Ueberschär, Der militärische Umsturzplan: Die Operation Walküre, in: Steinbach/Tuchel (Anm. 104), S. 353-363.

[182] Zit. nach Scheurig (Anm. 179), S. 210.

Als Stauffenberg am frühen Morgen des 20. Juli 1944[183] mit der Bombe in der Aktentasche ins „Führerhauptquartier" nach Ostpreußen flog, war zumindest ihm selbst und Tresckow seit längerem klar, daß ihr Unternehmen höchstwahrscheinlich scheitern würde. Und so kam es denn auch, wie es (fast zwangsläufig) kommen mußte: das Attentat schlug fehl und der Staatsstreich brach (mit Ausnahme von Paris, Prag und Wien, wo energische Mitverschwörer Tatsachen zu schaffen wußten), kaum war er richtig angelaufen, auch schon wieder in sich zusammen. Und die deutsche Bevölkerung reagierte nahezu einhellig mit großer Empörung auf die Kunde von der Erhebung.

Zumal die SS-Führung offenbar schon lange vorher von der auf ein Attentat hinarbeitenden Verschwörung gewußt[184], jedoch zuschauend abgewartet hatte, ob sich hieraus nicht Kapital für den Ausbau der eigenen Position im inneren Machtgefüge NS-Deutschlands schlagen ließe, ging sie nun um so eifriger an die Verfolgung aller daran Beteiligten. Mehr als 7 000 Verhaftungen wurden im Zusammenhang mit dem 20. Juli vorgenommen.[185] Und allein der Nachweis einer Gesinnung, die mit den Verschwörern sympathisierte, genügte schon für ein Todesurteil. Konnte man, wie etwa im Falle des noch in der Nacht vom 20. auf den 21. Juli 1944 auf Geheiß des Generalobersten Friedrich Fromm erschossenen Stauffenbergs[186], der Person eines „Mittäters" oder Mitwissers selbst nicht mehr habhaft werden, so hielt man sich im Zuge der „Sippenhaft" an dessen Familie und/oder dessen Verwandtschaft. Auch verschmolzen als Folge des Attentats Wehrmacht und NS-Regime jetzt vollends miteinander (u.a. indem das Ersatzheer jetzt Himmler unterstellt wurde und die Wehrmacht den „deutschen Gruß" einführte).

---

[183] Zum Ablauf der Ereignisse an diesem Tag vgl. Heinrich Walle, Der 20. Juli 1944. Eine Chronik der Ereignisse von Attentat und Umsturzversuch, in: Steinbach/Tuchel (Anm. 104), S. 364-376.

[184] Vgl. Hedwig Maier, Die SS und der 20. Juli, in: *Vierteljahrshefte für Zeitgeschichte* 14(1966), S. 299-316.

[185] Zu den Folgen des 20. Juli vgl. Ulrike Heit/Johannes Tuchel, Die Reaktionen des NS-Staates auf den Umsturzversuch vom 20. Juli 1944, in: Steinbach/Tuchel (Anm. 104), S. 377-389.

[186] Neue Einsichten zu den Motiven von Stauffenbergs Vorgesetztem liefert Bernhard W. Kroener, Generaloberst Fritz Fromm und der deutsche Widerstand - Annäherungen an eine umstrittene Persönlichkeit, in: Heinrich Walle (Hrsg.), Aufstand des Gewissens. Militärischer Widerstand gegen Hitler und das NS-Regime 1933-1945, Berlin u.a. [4]1994, S. 557-578.

Der innerdeutsche Widerstand der noch verbleibenden Monate bis Kriegsende hatte einen ganz anderen Zuschnitt als zuvor.[187] Er zielte nicht mehr auf einen Sturz des politischen Systems. Vielmehr versuchten immer mehr Menschen, ihr Leben in ein wie auch immer geartetes „Danach“ hinüberzuretten. Allein dies aber wurde nach dem 20. Juli 1944 schon zu einem todeswürdigen Kapitalverbrechen. Zudem war jetzt vielen SS- und Gestapoangehörigen angesichts der unaufhaltsam näherrückenden Niederlage klar geworden, daß sie ihr Leben ohnehin verwirkt hatten. In einer wahren „Blutorgie“ versuchten sie daher, „wenigstens noch möglichst viele mitzunehmen“.

Der „totale Krieg“ und die „Götterdämmerung“ 1943-1945

Noch bevor sich die Einschließung der im Raum Stalingrad stehenden deutschen und verbündeten Truppen vollendet hatte, setzte Hitler bereits am 20. November 1942 seinen anerkanntermaßen besten und angesehensten militärischen Führer dorthin in Marsch: Generalfeldmarschall von Manstein erhielt den Auftrag, im Süden der deutschen Ostfront die Ausgangslage angriffsweise wiederherzustellen.

Zu dem Zeitpunkt, als alle bis dahin um Stalingrad verantwortlich führenden Oberbefehlshaber des Heeres und der Luftwaffe sowie auch der just ernannte neue Generalstabschef des Heeres Hitler verzweifelt davon zu überzeugen suchten, der 6. Armee den sofortigen Ausbruch aus dem sich bildenden Kessel zu gestatten, schickte der gerade erst an seinem Zielort eingetroffene Manstein eine Lagebeurteilung ans „Führerhauptquartier“, die Hitler in seinem Entschluß bestärkte, die 6. Armee in Stalingrad stehenzulassen. Zwar schwenkte Manstein dann schon nach wenigen Tagen auf die Linie seiner Kameraden um, doch nun weigerte sich Hitler kategorisch, von der einmal getroffenen Entscheidung wieder abzuweichen. Entscheidend hierfür dürfte die über den Kopf seiner besser unterrichteten Untergebenen hinweg gegebene Zusicherung Hermann Görings gewesen sein, er könne persönlich für die ausreichende Luftversorgung der eingekesselten Verbände garantieren.[188]

---

[187] Vgl. hierzu Edgar Wolfrum, Widerstand in den letzten Kriegsmonaten, in: Steinbach/Tuchel (Anm. 104), S. 537-552, und Cartarius (Anm. 108), S. 259-295.

[188] Vgl. Johannes Fischer, Über den Entschluß zur Luftversorgung Stalingrads. Ein Beitrag zur militärischen Führung im Dritten Reich, in: *Militärgeschichtliche*

Noch bevor Generalfeldmarschall von Manstein überhaupt den Befehl im Abschnitt um Stalingrad übernommen hatte, versicherte er zudem dem Oberbefehlshaber der eingekesselten 6. Armee in einem Schreiben vom 26. November 1942, man werde ihn nicht im Stich lassen und „tröstete“ ihn mit den Worten:

„Der Befehl des Führers entlastet Sie von der Verantwortung, die über die zweckmäßigste und willensstärkste Durchführung des Befehls des Führers hinausgeht. Was wird, wenn die Armee in Erfüllung des Befehls des Führers die letzte Patrone verschossen haben sollte, dafür sind Sie nicht verantwortlich!“[189]

Für den deutschen Entsatzversuch konnten infolge der Notwendigkeit, kampfkräftige Verbände zum Auffangen der geschlagenen Afrika-Armee nach Tunesien zu verlegen, hinreichende Kräfte nicht aufgeboten werden.[190] Als der Vorstoß in Richtung Stalingrad - reichlich spät - Mitte Dezember 1942 endlich ins Rollen gekommen war, blieb er schon nach wenigen Tagen liegen und mußte bald darauf ganz abgebrochen werden, da die lange erwartete sowjetische Umfassungsoffensive gegen den linken Flügel von Mansteins Heeresgruppe losgebrochen war und den gesamten deutschen Südflügel mitsamt der noch immer im Kaukasus stehenden Heeresgruppe A zu vernichten drohte. Dies zu verhindern gelang nur durch das furchtbare „Bauernopfer“ Stalingrad.

Von den rund 250 000 deutschen und verbündeten Soldaten, die ursprünglich bei Stalingrad eingekesselt worden waren, wurden etwa 50 000 ausgeflogen. Und Anfang Februar 1943 gingen schließlich noch 90 000 Mann in sowjetische Kriegsgefangenschaft (welche nur 6 000 überlebten). Die übrigen 110 000 Soldaten waren im Kessel umgekommen - zumeist gar nicht bei Kampfhandlungen, sondern

Mitteilungen 6(1969), S. 7-67. Zum folgenden vgl. weiter Manfred Kehrig, Stalingrad. Analyse und Dokumentation einer Schlacht, Stuttgart 1974; die bei Förster (Anm. 84) versammelten Beiträge, sowie auch Wilhelm R. Beyer, Stalingrad. Unten, wo das Leben konkret war, Frankfurt a.M. 1987.

[189] Kehrig (Anm. 188), Dok. 20, S. 572.

[190] Zu diesen Zusammenhängen vgl. Gerhard L. Weinberg, Eine Welt in Waffen. Die globale Geschichte des Zweiten Weltkrieges, Stuttgart 1995, S. 473.

überwiegend infolge Hungers, Kälte und mehr oder weniger medizinisch unversorgt gebliebener Verwundungen.[191]

Die Handlungsfreiheit, die der Oberbefehlshaber der 6. Armee immer wieder erbeten hatte - zunächst zum Zwecke eines Ausbruchsversuchs, dann, um durch rechtzeitige Kapitulation seinen völlig entkräfteten Männern unnötiges Leid zu ersparen, wurde ihm nie zugestanden. Die deutsche Führung wollte um jeden Preis verhindern, daß die feindliche Propaganda zum anstehenden zehnten Jahrestag von Hitlers Machtantritt eine derartig offenkundige schwere deutsche Niederlage genüßlich ausschlachten könnte. Am 30. Januar 1943 hielt dann Hermann Göring eine auch im Rundfunk übertragene Rede, in welcher er die Stalingradkämpfer mit den Spartanern des König Leonidas verglich, die sich 480 v. Chr. in der Schlacht bei den Thermopylen selbst aufgeopfert hatten, um das antike Griechenland vor den anrückenden Persern zu retten. Darüber, wie diese Rede bei den in Stalingrad Eingekesselten ankam, schreibt ein ehemaliger Generalstabsoffizier eines der zur 6. Armee gehörenden Korps in seinen Erinnerungen:

„Wer vielleicht bis zuletzt auf die versprochene Hilfe vertraut hatte, der mußte jetzt mit wachsendem Entsetzen erkennen, daß die Stalingrader Kämpfer in der Heimat, wo ja die Angehörigen noch auf ein Wiedersehen hofften, endgültig abgeschrieben wurden. Wohl alle fühlten, daß sie vorzeitig ihre eigene Leichenrede zu hören bekamen. - Zum zehnten Geburtstag des Dritten Reiches sollten wir Stalingrader gewissermaßen das Geschenk eines neuen Heldenepos darbringen. [...] Die widerliche Beweihräucherung des qualvollen Sterbens unserer Armee und die verlogene Heroisierung von Zuständen, die gegen alle Gesetze der Menschlichkeit verstießen, erfüllten mich mit Empörung, ja geradezu mit Ekel."[192]

Mit der Katastrophe von Stalingrad wurde auch dem letzten Deutschen klar, daß die Zeit der großen Siege endgültig vorbei war. Geschickt wußte es die nationalsozialistische Propaganda zu verhindern, daß die nun in allen Schichten der deutschen Bevölkerung um sich

---

[191] Hierzu, sowie zu den Zahlenangaben vgl. Rüdiger Overmanns, Das andere Gesicht des Krieges: Leben und Sterben der 6. Armee, in: Förster (Anm. 84), S. 419-455.

[192] Joachim Wieder, Erinnerungen eines Überlebenden, in: Ders./Heinrich Graf von Einsiedel (Hrsg.), Stalingrad - und die Verantwortung des Soldaten, München ^{4}1993, S. 33-160, hier S. 130 f.

greifende Ernüchterung in Verzagtheit und womöglich gar in Aufbegehren umschlug; vielmehr gelang es ihr, sie in grimmige Entschlossenheit umzuwandeln.[193] Als wichtiger Meilenstein auf diesem Wege gilt dabei die Rede, welche Propagandaminister Joseph Goebbels am 18. Februar 1943 im Berliner Sportpalast hielt.

Dok. 34: Aus Goebbels' Sportpalastrede vom 18. Februar 1943

„Ich frage Euch: Wollt ihr den totalen Krieg? [Stürmische Rufe: ‚Ja!' Starker Beifall.] Wollt ihr ihn [Rufe: ‚Wir wollen ihn!'], wenn nötig, totaler und radikaler, als wir ihn uns heute überhaupt vorstellen können? [Stürmische Rufe: ‚Ja!' Beifall.]
[...] Die Engländer behaupten, das deutsche Volk hat sein Vertrauen zum Führer verloren! [Stürmische Empörung und Pfui-Rufe, lang anhaltender Lärm.] Ich frage Euch - [Sprechchöre: ‚Führer befiehl, wir folgen!' Heilrufe], ich frage Euch: Vertraut ihr dem Führer? [Rufe, u.a.: ‚Ja!'] Ist Eure Bereitschaft, ihm auf allen seinen Wegen zu folgen und alles zu tuen, was nötig ist, um den Krieg zum siegreichen Ende zu führen, eine absolute und uneingeschränkte? [Lebhafte Rufe: ‚Ja!']."

[Helmut Heiber (Hrsg.), Goebbels. Reden 1932-1945, München 1972, Bd. 2, Nr. 17, S. 205.]

Wie dieses vor einem ausgesuchten Publikum inszenierte Meisterstück der Demagogie auf den Redner selbst zurückwirkte, ist dem Eintrag in Goebbels' Tagebuch vom 19. Februar 1943 zu entnehmen:

„Ich bin, glaube ich, rednerisch sehr gut in Form und bringe die Versammlung in einen Zustand, der einer totalen geistigen Mobilmachung gleicht. Der Schluß der Versammlung geht in einem Tohuwabohu von rasender Stimmung unter. [...] Das Volk ist, wie die Kundgebung beweist, bereit, alles für den Krieg und für den Sieg hinzugeben. Wir brauchen jetzt nur zugreifen."[194]

Trotz aller Propagandaerfolge wagte es die nationalsozialistische Führung aber auch jetzt noch nicht, der deutschen Bevölkerung jene La-

---

[193] Vgl. hierzu die Aufsätze von Bernhard R. Kroener und Marlis Steinert in: Förster (Anm. 84), S. 151-185.

[194] Elke Fröhlich (Hrsg.), Die Tagebücher von Joseph Goebbels. Teil II: Diktate 1941-1945, München u.a. 1993-1996, Bd. 7, S. 373 f.

sten aufzuerlegen, wie sie etwa die britische schon seit Kriegsbeginn trug.[195]

Freilich hatte sich die Lage im Süden der Ostfront im März 1943 durch die erfolgreiche deutsche Gegenoffensive bei Charkow wieder stabilisiert. Dafür aber kapitulierten am 13. Mai in Tunesien die Reste der deutschen Heeresgruppe Afrika unter Generaloberst von Arnim. 130 000 deutsche und fast 120 000 italienische Soldaten gerieten in Gefangenschaft. Daß dies die innenpolitische Position Mussolinis in Italien nicht eben stärken würde, war absehbar. Auch folgte noch im selben Monat dem absoluten Höhepunkt der Versenkungserfolge der deutschen U-Bootwaffe nahtlos der fast völlige Zusammenbruch des U-Bootkrieges im Atlantik. Gestützt auf ihre erst Jahrzehnte nach Kriegsende bekanntgewordene Fähigkeit, große Teile des deutschen Funkverkehrs zu entschlüsseln[196], spielten Briten und Amerikaner ihre technische- und ihre Luftüberlegenheit voll aus und ließen den Seekrieg für die deutschen U-Bootbesatzungen zu einem regelrechten Opfergang werden. Er wurde überhaupt nur noch deshalb weitergeführt, weil durch ihn wenigstens Teile der alliierten Bomberflotten vom Einsatz über Deutschland abgelenkt werden sollten.

Nicht zuletzt aber brachte das Jahr 1943 auch einen ersten Höhepunkt des Luftkrieges über dem deutschen Reichsgebiet mit sich.[197] Während die Amerikaner unter erheblichen Verlusten versuchten, zumeist bei Tageslicht Industrieanlagen, Rüstungsbetriebe etc. zu bombardieren, gingen die Briten systematisch daran, bei Nacht vor allem die Arbeiterwohnviertel deutscher Großstädte anzugreifen. Auf diese Weise hofften sie, die Moral der deutschen Bevölkerung untergraben und sie in den Aufstand gegen das nationalsozialistische Regime bomben zu können. Die deutschen Jagdfliegerverbände kamen trotz aller Einzelerfolge gegen die zahlenmäßige und nun immer deutlicher hervortretende auch technische Überlegenheit der Alliierten nicht an. Was deutsche Bomber 1940 über Rotterdam, London und anderenorts gesäht hatten, schlug jetzt tausendfach auf die deutsche Zivilbevölkerung zurück. Es entstand eine regelrechte (wenn auch gewissermaßen „passive“) „Heimatfront“, an der sich viele mit den Bombenangriffen

[195] Vgl. dazu Herbst (Anm. 168), S. 198-252.

[196] Vgl. Ronald Lewin, Entschied Ultra den Krieg? Alliierte Funkaufklärung im Zweiten Weltkrieg, Koblenz-Bonn 1981.

[197] Hierzu und zum folgenden vgl. Boog/Rahn/Stumpf/Wegner (Anm. 85), S. 429-565.

und deren Folgen herumzuschlagen hatten.[198] Dabei spielten sich geradezu apokalyptisch anmutende Szenen ab.

Dok. 35: Der Schauspieler Hardy Krüger erinnert sich an einen Luftangriff auf Berlin im April 1943

„Immer mehr Menschen kamen aus dem Keller. Sie drängten sich auf dem Bürgersteig zusammen. Hinter ihnen brannte das Haus. Vor ihnen brannte die Straße. [...]
‚Rettet euch in den Keller!‘
‚Lauft nicht durch die Flammen!‘
‚Ihr bleibt drin stecken!‘ ‚Zurück!‘ [...]
Fünfzig Menschen entstiegen dem Keller, siebzig, hundert. Die Vorderen wollten zurück, aber die Masse der Nachdrängenden war wie eine Woge und schwappte nach vorn und spülte die erste Reihe in die Flammen hinaus. Sie schlugen Mäntel vor ihre Gesichter und wollten auf die andere Seite des Feuerwalls. Sie kamen zwei, drei Schritte weit. Dann blieben ihre Schuhe im heißen Teer stecken, und sie sprangen ohne Schuhe weiter und erstarrten im nächsten Augenblick zu ihrer letzten, endgültigen Bewegung.
Sie knieten betend nieder und wurden vom Feuer aufgefressen.
Sie erlahmten aufrecht, und die Flammen züngelten an ihnen hoch.
Sie griffen wie Statuen nach den Sternen und wurden zu menschlichen Fackeln. [...]
‚Schau da nicht hin!‘ rief der Landser.
Der Junge hörte ihn nicht. Er hörte nur die Schreie der Todgeweihten. Einer nach dem anderen sprang in die Flammen. Ein Wald aus Menschenleibern brannte in dem lodernden Teer.“

[Hardy Krüger, Junge Unrast, Bergisch Gladbach 1994, S. 127 f.]

Zumal das deutsche Ostheer auch nach Stalingrad noch über eine beachtliche Kampfkraft verfügte und die Sowjetunion seit dem deutschen Angriff ebenfalls sehr schwere Verluste erlitten hatte, kam es ab Frühjahr 1943 zu einer lockeren Reihe von Friedensfühlern zwischen beiden Mächten, die sich bis zum Frühjahr 1944 ergebnislos hinzo-

[198] Vgl. dazu Peter John Dines/Peter Knoch, Erfahrungen im Bomberkrieg, in: Wolfram Wette (Hrsg.), Der Krieg des kleinen Mannes. Eine Militärgeschichte von unten, München-Zürich ^{2}1995, S. 213-229.

gen.[199] Sie liefen zumeist über Stockholm und wurden innerhalb der deutschen Führung vor allem von Reichsaußenminister von Ribbentrop gedeckt. Hitler wußte davon und ließ seine Leute gewähren, schlug aber jeden auch nur einigermaßen konkreten Verhandlungsvorschlag aus. Überhaupt reagierte er auf jedes noch so vorsichtig an ihn herangetragene Ansinnen, den Krieg, von dem er wohl wußte, daß er militärisch kaum mehr zu gewinnen war[200], auf irgendeine Weise politisch zu beenden, immer gereizter. Als beispielsweise sein alter Mitstreiter Baldur von Schirach Ende Juni 1943 mit einer solchen Bitte an ihn herangetreten war, empörte er sich gegenüber einem seiner Adjutanten: „Wie denkt er [Schirach] sich das. Er weiß doch genau wie ich, daß es keinen Weg mehr gibt, es sei denn, ich schieße mir eine Kugel durch den Kopf."[201]

Ganz unverkennbar hatte die Katastrophe von Stalingrad vor allem die mit dem Deutschen Reich verbündeten Italiener, Finnen, Rumänen und Ungarn sehr nachdenklich gestimmt.[202] Deutschlands Position innerhalb des von ihm geschmiedeten Kriegsbündnisses war damit spürbar schwächer geworden. Der „in Hinblick auf die Fortführung des Krieges wohl entscheidendste Unterschied zum Vorjahr" bestand allerdings darin, „daß das bis zum Sommer 1942 grundlegende strategische Kalkül Hitlers, nämlich den Krieg im Osten noch vor der vollen Entfaltung des von ihm gefürchteten amerikanischen Rüstungspotentials zu einem gewissen Abschluß zu bringen, nun endgültig fehlgeschlagen war."[203]

Hitlers Hauptaugenmerk verlagerte sich daher ab Frühjahr 1943 zunehmend auf den Westen. (Der britische Premierminister Churchill hatte dem sowjetischen Diktator Stalin die alliierte Invasion im Westen des europäischen Kontinents für das Jahr 1943 versprochen und

---

[199] Vgl. hierzu Ingeborg Fleischhauer, Die Chance des Sonderfriedens. Deutsch-sowjetische Geheimgespräche 1941-1945, Berlin 1986.

[200] Vgl. David Irving, Rommel. Eine Biographie, Hamburg 1978, S. 405 f., und Below (Anm. 75), S. 326.

[201] Below (Anm. 75), S. 340.

[202] Vgl. hierzu die entsprechenden Aufsätze von Jean Ancel, Josef Borus, Bernd Martin, Gerhard Schreiber und Bernd Wegner, in: Förster (Anm. 84), S. 189-309.

[203] So zutreffend Bernd Wegner, Strategie der Niederlage. Die deutsche Kriegführung gegen die Sowjetunion vom Ende des Blitzkrieges bis zum Ende der Illusionen (Dezember 1941 - Juli 1943), (ungedr. Habilitationsmanuskript) Hamburg 1995, S. 479.

dieser hatte dies, um seinen Verbündeten darauf festzunageln, lautstark in alle Welt hinausposaunt.) Zudem war der deutschen Führung klar, daß man im Osten 1943 ohnehin keine größere Offensive mehr würde führen können. Strittig war allein, ob man hier nun zu einer starren oder einer beweglichen Verteidigung übergehen sollte.[204] Während Hitler, der vor allem die unter so großen Opfern eroberten sowjetischen Industrie- und Rohstoffgebiete in der Hand behalten wollte, sich für ein starres Halten aussprach, setzte sich insbesondere Hitlers anerkanntermaßen bester militärischer Kopf, Feldmarschall von Manstein, für ein bewegliches Operieren ein. Manstein selbst hat diese unterschiedlichen Standpunkte in seinen Erinnerungen folgendermaßen auf den Punkt gebracht:

„Seinem [Hitlers] Denken entsprach mehr das Wunschbild vor unseren Linien verblutender feindlicher Massen, als das Bild des eleganten Fechters, der auch einmal auszuweichen versteht, um dann um so sicherer den entscheidenden Stoß führen zu können: Dem Begriff der Kriegs*kunst* setzte er letzten Endes den der brutalen Gewalt entgegen, einer Gewalt, deren vollste Wirkung durch die Macht des Willens, der hinter ihm stehe, garantiert werde."[205]

Da Mansteins Konzept eine außerordentlich große Beweglichkeit der deutschen Verbände (d.h. ihren sehr hohen Motorisierungsgrad) voraussetzte, das deutsche Ostheer aber immer mehr Kampf- wie Kraftfahrzeuge aller Art verlor (oder an andere Fronten abgeben mußte), ohne sie je ersetzen zu können, ist die Frage, ob Manstein oder Hitler die deutschen Möglichkeiten realistischer einschätzte, gar nicht so einfach zu beantworten. Zudem ging Manstein davon aus, der Schwerpunkt der deutschen Kriegsanstrengungen liege nach wie vor im Osten, während Hitler - unter dem Eindruck der allgemeinen Kriegsentwicklung - jetzt mehr und mehr der Auffassung zuneigte, es müsse zunächst vor allem darum gehen, den alliierten Landungsversuch im Westen abzuwehren. Erst *danach* könne die hierdurch erzwungene „strategische Atempause" zu einem konzentrierten und mit allen verfügbaren Mitteln geführten Entscheidungsschlag gegen die Sowjetuni-

---

[204] Vgl. Karl-Heinz Frieser, Schlagen aus der Nachhand - Schlagen aus der Vorhand. Die Schlachten von Char'kov und Kursk 1943, in: Roland G. Foerster (Hrsg.), Gezeitenwechsel im Zweiten Weltkrieg? Die Schlachten von Charkov und Kursk im Frühjahr und Sommer 1943 in operativer Anlage, Verlauf und politischer Bedeutung, Hamburg u.a. 1996, S. 101-135.

[205] Manstein (Anm. 58), S. 310.

on genutzt werden. Dieses geradezu als Umkehrung seiner bis in den Sommer 1942 hinein verfolgten „Weltblitzkrieg"-Strategie zu verstehendes Kalkül fand in Hitlers Weisung für die Kriegführung Nr. 51 vom 3. November 1943 seinen Niederschlag. Vor allem aber ist die darin enthaltene Begründung für die damit angekündigte Schwerpunktverlagerung auf schlußreich.

Dok. 36: Aus der „Führerweisung" Nr. 51 vom 3. November 1943

„Der harte und verlustreiche Kampf der letzten zweieinhalb Jahre gegen den Bolschewismus hat die Masse unserer militärischen Kräfte und Anstrengungen aufs äußerste beansprucht. Dies entsprach der Größe der Gefahr und der Gesamtlage. Diese hat sich inzwischen geändert. Die Gefahr im Osten ist geblieben, aber eine größere im Westen zeichnet sich ab: die angelsächsische Landung! Im Osten läßt die Größe des Raumes äußersten Falles einen Bodenverlust auch größeren Ausmaßes zu, ohne den deutschen Lebensnerv tödlich zu treffen.
Anders der Westen! Gelingt dem Feind hier ein Einbruch in unsere Verteidigung in breiter Front, so sind die Folgen in kurzer Zeit unabsehbar. Alle Anzeichen sprechen dafür, daß der Feind spätestens im Frühjahr, vielleicht aber schon früher, zum Angriff gegen die Westfront Europas antreten wird.
Ich kann es daher nicht mehr verantworten, daß der Westen zugunsten anderer Kriegsschauplätze weiter geschwächt wird. Ich habe mich daher entschlossen, seine Abwehrkraft zu verstärken [...] ."

[Percy Ernst Schramm (Hrsg.), Kriegstagebuch des Oberkommandos der Wehrmacht (Wehrmachtführungsstab) 1940-1945. Geführt von Helmuth Greiner und Percy Ernst Schramm, Frankfurt a.M. 1961-1979, Bd. IV/2, Nr. 1, S. 1530.]

Nicht zuletzt, um den nach Stalingrad deutlich verunsicherten Verbündeten zu demonstrieren, daß das Deutsche Reich noch immer ein Machtfaktor sei, mit dem man rechnen müsse, entschloß sich die deutsche Führung im Frühjahr 1943 gleichwohl zu einer kleineren Offensive gegen einen sowjetischen Frontvorsprung bei Kursk. Infolge von Verzögerungen, die keineswegs allein oder auch nur überwiegend von Hitler verursacht wurden[206], konnte dieses Unternehmen „Zitadelle" jedoch erst am 5. Juli 1943 beginnen. Die Sowjets waren offensichtlich darauf vorbereitet und es entwickelte sich eine - selbst

[206] Vgl. dazu Wegner (Anm. 203), S. 529-563, bes. S. 541-551.

für östliche Verhältnisse - überaus harte und verlustreiche Schlacht[207], die jedoch entgegen einer zählebigen Legende keineswegs zum endgültigen Grab der gerade wiederaufgebauten deutschen Panzerwaffe wurde.[208]

Zumal der deutsche Angriff trotz aller Anstrengungen bis dahin an keiner Stelle einen entscheidenden Durchbruch hatte erzielen können, brach Hitler das Unternehmen allerdings bereits am 13. Juli wieder ab, da westalliierte Streitkräfte am 10. Juli auf Sizilien landeten und zugleich im Bereich der deutschen Heeresgruppe Mitte eine bedrohliche sowjetische Gegenoffensive in Gang gesetzt worden war. Dies machte umfangreiche deutsche Truppenverschiebungen unumgänglich. Insbesondere befahl der Diktator die Herauslösung des SS-Panzerkorps, welches den „Rammbock" der Offensive dargestellt hatte, und dessen Verlegung nach Italien. Damit verwandelte sich das Gesicht der militärischen Operationen im Osten endgültig:

„Die mit dem Scheitern von ‚Zitadelle' und dem Einsetzen der sowjetischen Sommeroffensive beginnende letzte Phase der deutschen Kriegführung auf sowjetischem Boden bestand aus einer einzigen langen, nur von einzelnen ‚Atempausen' unterbrochenen Sequenz von Rückschlägen und Rückzügen."[209]

Um den mit militärischen Mitteln kaum mehr aufzuhaltenden Vormarsch der Roten Armee wenigstens soweit wie nur irgend möglich zu verzögern, ging die Wehrmacht daran, jedes Gebiet, aus dem sie sich zurückziehen mußte, ohne Rücksicht auf die ortsansässige sowjetische Zivilbevölkerung zu verwüsten. Nichts als „verbrannte Erde" sollten die anrückenden sowjetischen Soldaten dort noch vorfinden. Die Wehrmacht war dabei noch gründlicher als die Rote Armee, die bei ihren Rückzügen 1941/42 in den gleichen Gebieten bereits ebenso verfahren war.

---

[207] Zu deren Vorgeschichte, Ablauf und Folgen vgl. neben ebd. auch Ernst Klink, Das Gesetz des Handelns. Die Operation Zitadelle 1943, Stuttgart 1966, sowie die bei Foerster (Anm. 204), versammelten Beiträge.

[208] Vgl. Frieser (Anm. 204), hier bes. S. 118-131.

[209] So ebenso prägnant wie zutreffend Wegner (Anm. 203), S. 561.

Dok. 37: Befehl zur Zerstörung beim Rückzug deutscher Truppen vom 7. September 1943

„Im Falle von Absetzbewegungen sind alle dem Feind irgendwie nutzbaren Anlagen und Vorräte:
Unterkünfte (Häuser und Wohnbunker), Maschinen, Mühlen, Windmühlen, Brunnen, Heu- und Strohstaken [...] restlos zu zerstören.
Häuser sind ausnahmslos abzubrennen, Feuerstellen durch Handgranaten zu zersprengen, Brunnen durch Vernichtung der Zieh- und Schöpfanlagen sowie durch Einwerfen von Unrat (Kadaver, Mist, Kuh-Mistbrikett, Benzin) unbrauchbar zu machen, Stroh- und Heustaken sowie Vorräte aller Art in Brand zu setzen, landwirtschaftliches Gerät sowie festes Gestänge permanenter Leitungen zu sprengen, Fähren und Kähne durch Leckschießen zu versenken. Zerstörung der Brücken und Sperrung der Wege durch Minen ist Aufgabe der Pioniere.
Jeder einzelne hat die Pflicht, dafür zu sorgen, daß das dem Feind überlassene Gebiet für jede militärische und landwirtschaftliche Nutzung auf absehbare Zeit hinaus ausfällt."

[Paul Kohl, Der Krieg der deutschen Wehrmacht und der Polizei 1941-1944. Sowjetische Überlebende berichten, Frankfurt a.M. 1995, Dok. 41, S. 272]

Auch im Mittelmeerraum ging es seit dem Sommer 1943 Schlag auf Schlag: Am 25. Juli wurde der italienische Diktator Mussolini gestürzt und gefangengesetzt und der italienische König ernannte den Marschall Badoglio zum Regierungschef; am 3. September schloß die neue italienische Regierung ein noch bis zum 8. September geheimgehaltenes Waffenstillstandsabkommen mit den Alliierten; ebenfalls am 3. September gelang britischen Verbänden, von Sizilien aus auf das italienische Festland überzusetzen; am 9. September erfolgten weitere alliierte Landungen bei Salerno und bei Tarent.

Auf die Nachricht von der Kapitulation Italiens hin liefen noch am Nachmittag des 8. September 1943 die seit Wochen für einen solchen Fall vorbereiteten deutschen Gegenmaßnahmen („Fall Achse")[210] an: u.a. besetzte die deutsche Wehrmacht Rom und die in Italien, Südfrankreich sowie auf dem Balkan stehenden italienischen Streitkräfte wurden entwaffnet und gefangengenommen. Hierbei kam es - teilweise auf Befehl - zu Massenmorden an den eher verachteten als respek-

[210] Vgl. Josef Schröder, Italiens Kriegsaustritt 1943. Deutsche Gegenmaßnahmen im italienischen Raum: Fall Alarich und Achse, Göttingen 1969.

tierten ehemaligen Verbündeten - vor allem an gefangenen italienischen Offizieren.[211] Ein großer Teil der italienischen Soldaten wurde, sofern sie nicht bereit waren, an deutscher Seite weiterzukämpfen, als „Militärinternierte" eingestuft und völkerrechtswidrig unter unmenschlichen Bedingungen in der deutschen Rüstungsindustrie eingesetzt.

Am 15. September 1943 setzte man den erst drei Tage zuvor von deutschen Fallschirmjägern wieder befreiten ehemaligen italienischen Diktator Mussolini als Oberhaupt einer Nord- und Mittelitalien umfassenden „faschistischen italienischen Republik" mit Sitz in Salò am Garda-See ein.[212] Damit war Italien seit September 1943 praktisch zweigeteilt: in einen monarchistischen Süden, der unter dem Schutz der gelandeten Alliierten stand, und in die faschistische „Republik von Saló" - welche aber in Wirklichkeit nichts anderes war, als ein deutscher Marionettenstaat. Am 13. Oktober 1943 erklärte die süditalienische Badoglio-Regierung überdies Deutschland den Krieg und wurde daraufhin von den Alliierten als „Mitkriegführender" anerkannt.

Den Alliierten gelang es in den folgenden anderthalb Jahren unter großen Mühen in zähen und harten Kämpfen, die jetzt in Italien stehenden deutschen Verbände allmählich immer weiter nach Norden zurückzudrängen. Bei Kriegsende stand nur noch die Po-Ebene unter deutscher Kontrolle. Gleichwohl nutzten die Deutschen ihre Anwesenheit in Italien, um auch hier in gewohnter Manier gegen die ortsansässigen Juden vorzugehen.

Ab Sommer 1943 waren die deutsche Kriegswirtschaft und die deutsche Wehrmacht endgültig völlig überfordert. Dadurch, daß man überall zugleich zugegen sein mußte bzw. zugegen sein wollte, konnte man letztlich an keiner Stelle so stark sein, wie es zumindest zur dortigen Selbstbehauptung erforderlich gewesen wäre. Stopfte man ein Loch an einer Front, dann riß man damit automatisch zwei neue an einer anderen. Und auch das von Minister Speer bewirkte „Wunder"

---

[211] Hierzu und zum folgenden vgl. Gerhard Schreiber, Die italienischen Militärinternierten im deutschen Machtbereich 1943 bis 1945. Verraten - verachtet - vergessen, München 1990.

[212] Hierzu und zum folgenden vgl. Karl Mittermaier, Mussolinis Ende. Die Republik von Salò 1943-1945, München 1995, und Gerhard Schreiber, Deutsche Kriegsverbrechen in Italien. Täter, Opfer, Strafverfolgung, München 1996.

auf dem Rüstungssektor[213] führte in erster Linie nur zur Produktion hoher Stückzahlen von Waffen und Gerät, das im Vergleich zu dem, was die immer zahlreicher werdenden Feinde mühelos aufbieten konnten, mit wenigen Ausnahmen (schwere Kampfpanzer „Tiger“ und „Panther“ etc.) immer hoffnungsloser veraltet war.

Erschwerend kam noch hinzu, daß es - abgesehen von der Person Adolf Hitlers - in Deutschland keine Institution gab, die für die gesamte deutsche Kriegführung verantwortlich gewesen wäre. So war auf dem Sektor des Landkrieges der Generalstab des Heeres praktisch ausschließlich für die Ostfront zuständig, während alle übrigen Kriegsschauplätze vom Wehrmachtführungsstab im Oberkommando der Wehrmacht betreut wurden. Und beide Kommandobehörden wachten eifersüchtig über „ihre“ Zuständigkeiten und „ihre“ auf „ihrem“ Kriegsschauplatz bzw. auf „ihren“ Kriegsschauplätzen eingesetzten Verbände. Allein Hitler konnte Truppenverlegungen von einem Zuständigkeitsbereich in den anderen anordnen und auch durchsetzen.

In dieser Phase des Krieges fiel den sieben Panzerdivisionen der Waffen-SS, die durch ihre vielbeneidete Ausstattung, ihre selbst durch Rückschläge nicht zu erschütternde, ideologisch aufgeladene Kampfmoral sowie durch ihre oftmals in jeder Hinsicht rücksichtslose Kampfweise zunehmend zur Elite der deutschen Kampfverbände wurden, die Rolle einer „Feuerwehr“ zu. Hitler warf sie von einem Kriegsschauplatz auf den anderen; immer dorthin, wo die Gefahr gerade am größten zu sein schien.[214] Das führte dazu, daß manche dieser „Elite“-Divisionen mehr Zeit auf Bahntransporten kreuz und quer durch ganz Europa verbrachten, als im Kampfeinsatz. Ab Jahreswende 1943/44 waren auffallend viele von ihnen (nämlich fünf von sieben) in Frankreich in Warteposition gebracht worden. (Zwei von ihnen mußten allerdings noch im März 1944 wegen der schweren Krisen am Sübabschnitt der Ostfront wieder abgegeben werden.)[215]

Zu diesem Zeitpunkt war jedoch auch das deutsche Hinterland ebenso wie das Reich selbst längst vollends zum Kriegsgebiet geworden. Ab Frühjahr 1944 gingen die Alliierten systematisch daran, die

---

[213] Vgl. Guntram Schulze-Wegener, Die deutsche Rüstung im 6. Kriegsjahr, in: Michael Salewski/Guntram Schulze-Wegener (Hrsg.), Kriegsjahr 1944. Im Großen und im Kleinen, Stuttgart 1995, S. 125-144.

[214] Vgl. George Stein, Geschichte der Waffen-SS, Düsseldorf 1978, S. 191-203.

[215] Hierzu und zum folgenden vgl. Heinz Magenheimer, Das Gesetz des Schwergewichts. Zur strategischen Lage Deutschlands im Frühjahr 1944, in: *Wehrwissenschaftliche Rundschau* 30(1981), S. 18-25.

deutschen Jagdfliegerverbände niederzukämpfen. Und ihre seit Mai 1944 geflogene Luftoffensive gegen den empfindlichsten Punkt der deutschen Treibstoffversorgung, die Hydrierwerke, zeigte umgehend durchschlagende Wirkung: Der ständige Treibstoffmangel wurde in der Folgezeit zum ärgerlichsten Hindernis für alle Operationen der deutschen Wehrmacht.

Am frühen Morgen des 6. Juni 1944 erfolgte schließlich die seit langem erwartete Landung der Alliierten in Frankreich. (Und die Situation stellte sich damals deutlich anders dar, als ihre zugunsten des deutschen Generalstabes schöngefärbte Lesart etwa in dem Spielfilm „Der längste Tag".) Hitler hatte in den vorangegangenen Monaten zwar wiederholt die Ahnung geäußert, die Invasion werde in der Normandie erfolgen; doch seine beiden im Westen verantwortlich führenden Militärs, der Oberbefehlshaber West, Generalfeldmarschall von Rundstedt, und der für die Kanalküste zuständige Oberbefehlshaber der Heeresgruppe B, Generalfeldmarschall Rommel, hielten demgegenüber unbeirrt an ihrer gemeinsamen Überzeugung fest, der Schwerpunkt der Alliierten werde am Pas de Calais liegen. Sie konzentrierten daher in dem hier liegenden Bereich der 15. Armee besonders starke Kräfte - und Hitler ließ sie gewähren.[216]

Auch als dann die Landung am 6. Juni in der Normandie, im Bereich der vergleichsweise schwachen 7. deutschen Armee erfolgt war, beharrten die beiden Feldmarschälle unerschütterlich darauf, dies sei nur ein Ablenkungsangriff, die Hauptlandung werde erst noch erfolgen - und zwar an der von ihnen dafür vorhergesagten Stelle. (Nach dem Kriege stellte sich dann heraus, daß Rundstedt und Rommel damals auf eine Funktäuschung der Alliierten hereingefallen waren.[217]) Die starke 15. Armee blieb daher noch bis zum 15. August 1944 mehr oder weniger unbeschäftigt in ihren Stellungen um Calais liegen. Mithin trifft zweifellos zu: „Nicht daß die Alliierten Anfang Juni in der Normandie angriffen, war die entscheidende Überraschung,

---

[216] Vgl. dazu die auch für das folgende grundlegende Arbeit von Dieter Ose, Entscheidung im Westen. Der Oberbefehlshaber West und die Abwehr der alliierten Invasion, Stuttgart 1985, S. 89 ff. Zu den deutschen Vorbereitungen zur Abwehr der Invasion im einzelnen vgl. ferner Hans Wegmüller, Die Abwehr der Invasion. Die Konzeption des Oberbefehlshabers West 1940-1944, Freiburg (Brsg.) ^{2}1986.

[217] Vgl. Lewin (Anm. 196), bes. S. 377-381.

sondern daß hier und allein hier der Schwerpunkt der Invasion lag."[218]

Zwar konnten die Alliierten von den erbittert kämpfenden deutschen Verbänden sechs Wochen lang auf der Halbinsel Cotentin abgeriegelt werden; doch die an der Invasionsfront herrschenden Kampfbedingungen untergruben selbst die bis dahin so unerschütterliche Kampfmoral der Panzerdivisionen der Waffen-SS:

„An Fehlschläge waren sie nicht gewöhnt. Selbst während der großen Rückzüge im Osten hatte ein geballter Angriff von zwei Elite-SS-Panzerdivisionen unweigerlich zu einem, sei es auch nur örtlichen, Sieg geführt. Im Westen aber erwartete die SS-Truppen das, was sie verbittert als ‚Materialschlacht' bezeichneten. Gegen schweren Beschuß durch Schiffsgeschütze, endlose Panzersäulen, vollmotorisierte Infanterie, überlegene Artillerie und vor allem zermürbende Angriffe aus der Luft nutzte selbst die Entschlossenheit der SS-Verbände nichts."[219]

Schon nach kurzer Zeit hegte keiner der auf deutscher Seite verantwortlich führenden Militärs noch die geringste Illusion hinsichtlich der Chancen, die gelandeten Alliierten wieder ins Meer zu werfen. Vielmehr wurde absehbar, daß diesen alsbald der Ausbruch aus ihrem Landekopf und der Durchbruch ins Innere Frankreichs gelingen würde. Unter diesen Umständen versuchte selbst ein so „führertreuer" Feldmarschall wie Erwin Rommel, der politischen Führung des Reiches die Unumgänglichkeit einer außermilitärischen Lösung der Gesamtlage anzudeuten.

Dok. 38: Aus Rommels Betrachtungen zur Lage vom 15. Juli 1944

„Neue nennenswerte Kräfte können der Front in der Normandie ohne Schwächung der Front der 15. Armee oder der Mittelmeerfront in Südfrankreich nicht zugeführt werden. [...] Auf der Feindseite fließen Tag für Tag neue Kräfte und Mengen von Kriegsmaterial der Front zu. Der feindliche Nachschub wird von der eigenen Luftwaffe nicht gestört. Der feindliche Druck wird immer stärker.

---

[218] Wegmüller (Anm. 216), S. 223 f. Zum grundlegenden politischen Hintergrund der Invasion vgl. Andreas Hillgruber, Das Problem der Zweiten Front in Europa 1941-1944, in: Ders., Deutsche Großmacht- und Weltpolitik im 19. und 20. Jahrhundert, Düsseldorf 1977, S. 332-350.

[219] So zutreffend Stein (Anm. 214), S. 200 f.

Unter diesen Umständen muß damit gerechnet werden, daß es dem Feind in absehbarer Zeit gelingt, die dünne eigene Front, vor allem bei der 7. Armee zu durchbrechen und in die Weite des französischen Raumes zu stoßen. [...] Abgesehen von örtlichen Reserven der Panzergruppe West, die zunächst durch die Kämpfe an der Front der Panzergruppe gebunden sind und bei der feindlichen Luftherrschaft nur nachts marschieren können, stehen keine beweglichen Reserven für die Abwehr eines derartigen Durchbruchs bei der 7. Armee zur Verfügung. Der Einsatz der eigenen Luftwaffe fällt wie bisher nur ganz wenig ins Gewicht.
Die Truppe kämpft allerorts heldenmütig, jedoch der ungleiche Kampf neigt dem Ende entgegen. Es ist m.E. nötig, die Folgerungen aus dieser Lage zu ziehen. Ich fühle mich verpflichtet als Oberbefehlshaber der Heeresgruppe dies klar auszusprechen.

[Dieter Ose, Entscheidung im Westen 1944. Der Oberbefehlshaber West und die Abwehr der alliierten Invasion, Stuttgart 1985, Anlage 15, S. 334 f.]

Am 31. Juli 1944 erfolgte denn auch bei Avranches der Durchbruch starker amerikanischer Panzerkräfte. Nach Befreiung der Bretagne machten diese kehrt und kesselten Mitte August die nach wie vor an der Invasionsfront stehenden deutschen Verbände im Raum von Falaise ein. Zumal den Westalliierten am 15. August auch noch die Landung an der französischen Mittelmeerküste gelungen war, brach der deutsche militärische Widerstand in Frankreich nach einer Phase höchster Überbeanspruchung aller verfügbaren Kräfte daraufhin wie ein Kartenhaus zusammen.[220] Was nun folgte war einer wilden Flucht zuweilen ähnlicher als einem geordneten militärischen Rückzug. Erst Ende September gelang es dem Mitte August eigens vom Osten in den Westen beorderten „Krisen- und Abwehrexperten" der Wehrmacht, Generalfeldmarschall Walter Model[221], die deutsche Front in etwa auf der Höhe der alten deutschen Vorkriegsgrenze (unter Einschluß von Teilen Belgiens und Hollands) wieder einigermaßen zu stabilisieren. Damit kehrte an der Westfront für ein paar Monate relative Ruhe ein.

An der Ostfront hatten im Jahr 1944 bisher zwei sowjetische Großoffensiven stattgefunden. Die den Südflügel bildenden beiden deut-

[220] Vgl. hierzu Ose (Anm. 216), S. 207-259, und zum folgenden Joachim Ludewig, Der deutsche Rückzug aus Frankreich 1944, Freiburg (Brsg.) 1994.
[221] Zu dessen umstrittener Persönlichkeit vgl. Joachim Ludewig, Walter Model - Hitlers bester Feldmarschall?, in: Smelser/Syring (Anm. 12), S. 368-387.

schen Heeresgruppen waren bis auf die Karparten bzw. bis auf die polnische Ostgrenze zurückgeworfen worden. Und im Norden gelang der Roten Armee die endgültige Sprengung des deutschen Belagerungsringes um Leningrad. Allein die Heeresgruppe Mitte hatte ihre im Herbst 1943 erreichten Positionen mehr oder minder unangefochten behaupten können. Gleichwohl hatte das unaufhaltsame sowjetische Vordringen die mit dem Deutschen Reich verbündeten Finnen, Ungarn und Rumänen dazu veranlaßt, seit dem Frühjahr 1944 in aller Heimlichkeit Friedensfühler zu den Alliierten auszustrecken.

Die am 22. Juni 1944 - am dritten Jahrestag des deutschen Überfalls - losbrechende sowjetische Sommeroffensive erwischte die deutsche Führung dann allerdings völlig auf dem falschen Fuß. Man hatte mit einem neuerlichen Angriff auf den deutschen Südflügel gerechnet und sich im Rahmen des Möglichen hierauf vorbereitet. Nun aber wurde die (durch Abgabe ihrer motorisierten Verbände in den Süden sowie außerordentlich rege Partisanenaktivitäten gegen ihre Verkehrsverbindungen) weitgehend unbeweglich gemachte deutsche Heeresgruppe Mitte zum Hauptziel der sowjetischen Operationen. Schon nach wenigen Tagen war ihre Front an vielen Stellen durchbrochen und die meisten der ihr unterstellten Kampfverbände nahezu restlos vernichtet.[222] Insgesamt büßte die Heeresgruppe 300 000 Tote und Vermißte sowie 100 000 Verwundete ein - ganz abgesehen von den zahllosen Versprengten, die im nunmehrigen Hinterland der Roten Armee herumirrten und von denen kaum einer je wieder aufgetaucht ist.

In der deutschen Ostfront klaffte ein mehrere hundert Kilometer breites Loch. Der deutsche „Krisenexperte" Feldmarschall Model, dem Hitler dazu gleich den Oberbefehl über zwei Heeresgruppen anvertraut hatte, konnte die deutsche Front erst sechs Wochen später und stellenweise bis zu 700 km weiter rückwärts auf Höhe der Grenze Ostpreußens und an der Weichsel wieder einigermaßen stabilisieren. Dem deutschen Ostheer war jetzt allerdings endgültig das Rückgrat gebrochen worden. Die der deutschen Führung hier noch verbliebenen Kräfte gewährleisteten weder ein längerfristiges Halten der Front,

---

[222] Hierzu und zum folgenden vgl. Thomas Kröker, Fehleinschätzung der sowjetischen Operationsabsichten im Sommer 1944. Der Zusammenbruch der Heeresgruppe Mitte, Diss. phil. Freiburg (Brsg.) 1983, sowie die entsprechenden Aufsätze von Gerd Niepold und Rolf Hinze in: Salewski/Schulze-Wegener (Anm. 213), S. 61-104.

noch war fortan ein über zeitlich und örtlich eng begrenzte Gegenstöße hinausgehendes offensives Vorgehen mehr möglich. Gleichwohl trat auch an der Mitte der Ostfront Ende Juli 1944 eine mehrmonatige Phase relativer Ruhe ein.

Doch die mit dem Deutschen Reich verbündeten Finnen, Rumänen und Ungarn hegten nun hinsichtlich des Ausgangs des Krieges keinerlei Illusionen mehr. Sie setzten sich jetzt energisch von ihrem geschlagenen deutschen Bundesgenossen ab und schlossen Waffenstillstände mit den Alliierten (Rumänien am 12.9.1944, Finnland am 19.9.1944, Ungarn am 15.10.1944) bzw. gingen ganz auf deren Seite über.[223] Unter diesen Umständen war die deutsche Wehrmacht gezwungen, sich im September/Oktober 1944 auch vom Balkan zurückzuziehen, wollte sie nicht riskieren, daß die dort stehenden Heeresgruppen abgeschnitten werden könnten.

Obgleich der Todeskampf des „Dritten Reiches" nach diesen katastrophalen Entwicklungen an allen Fronten im Spätsommer/Frühherbst 1944 ganz offensichtlich schon begonnen hatte, schlugen Einheiten der SS, der Polizei und der Wehrmacht den am 1. August ausgebrochenen Aufstand nationalpolnischer Kräfte in Warschau vor den Augen der am anderen Weichselufer verharrenden Roten Armee mit unerhörter Grausamheit nieder.[224] Dabei kam es zu Massenvergewaltigungen und wahllosen Massenmorden an völlig unbeteiligten polnischen Zivilisten. Und nach Ende des Aufstandes wurde die Stadt planmäßig dem Erdboden gleichgemacht.

Nachdem nun auch das zweite strategische Gesamtkriegskalkül Hitlers, nämlich zunächst den Landungsversuch im Westen zurückzuschlagen, um sich danach mit ganzer Kraft nach Osten wenden zu können, endgültig gescheitert war, erschöpfte sich die Weisheit der deutschen Führung fortan darin, verzweifelt auf Zeitgewinn zu spielen. Auf Zeit, die man benötigte, um die deutschen „Wunderwaf-

---

[223] Hierzu und zum folgenden vgl. Andreas Hillgruber, Hitler, König Carol und Marschall Antonescu. Die deutsch-rumänischen Beziehungen 1938-1944, Wiesbaden 1965, S. 209-231; Karl Hnilicka, Das Ende auf dem Balkan. Die militärische Räumung Jugoslawiens durch die deutsche Wehrmacht, Göttingen u.a. 1970, und Robert Bohn, Der Rückzug am Eismeer und die Zerstörung der Nordkalotte, in: Salewski/Schulze-Wegener (Anm. 213), S. 105-124.

[224] Vgl. Hermann-Joesef Mallmann, Die Armia Krajowa und die alliierten Mächte. Zum polnischen Widerstand, in: Schulz (Anm. 92), S. 188-222, sowie Krannhals (Anm. 10).

fen"[225] (Düsenflugzeuge, Raketen, völlig neuartige U-Boote etc.) in hinreichender Anzahl einsatzbereit machen zu können; Zeit aber auch, bis der unvermeidliche Zerfall des - nicht nur in Hitlers Augen - „unnatürlichen" Bündnisses zwischen den Westmächten und der Sowjetunion eintrete.[226] Für das Deutsche Reich gehe es (so Hitlers Gedankengang) darum, bis zu diesem Zeitpunkt durchzuhalten, um dann aus einer Position bis dahin wiederzuerlangender - relativer - militärischer Stärke heraus den Westen und den Osten gegeneinander auszuspielen, um sich schließlich auf die Seite der mit dem lohnendsten Bündnisangebot aufwartenden Macht zu schlagen.

Im Rahmen dieses Gesamtkalküls ergaben sich für Hitler und seine militärischen Berater im wesentlichen zwei Möglichkeiten für das weitere Vorgehen[227]: 1. man konnte in der strategischen Defensive verharren und sich weiterhin nach allen Seiten gleichzeitig verteidigen, indem man durch schnelle Truppenverlegungen wenigstens den gefährlichsten feindlichen Offensiven entgegentrat. Einmal ganz abgesehen davon, daß die für diese Strategie unumgänglichen schnellen Truppentransporte großen Umfangs angesichts der vollständigen alliierten Luftherrschaft über den noch deutschbesetzten Gebieten schwerlich gewährleistet werden konnten, war eine Kriegswende von einem solchen Kalkül nicht mehr zu erwarten. Es erschöpfte sich in einem bloßen Auf-Zeit-Spielen, zielte darauf ab, durchzuhalten, bis die heterogene Feindkoalition an ihren immer deutlicher hervortretenden inneren Widersprüchen von sich aus auseinanderfiel. Ob infolge der unaufhaltsam weiterschrumpfenden Ressourcen bis dahin aber nicht ohnehin der Kollaps des Deutschen Reiches eingetreten sein würde, war kaum mehr fraglich. 2. konnte man versuchen, sich noch einmal an einer Front zu einer größeren Offensive aufzuraffen, um auf diesem Wege womöglich eine Beschleunigung des Zerfalls der alliierten Kriegskoalition zu bewirken. Im Falle eines Mißlingens wären zwar die letzten operativen Reserven verbraucht und der Zusammenbruch erführe eine erhebliche Beschleunigung; anderenfalls aber bot diese

---

[225] Hierzu vgl. etwa Ralf Schabel, Die Illusion der Wunderwaffen. Düsenflugzeuge und Flugabwehrraketen in der Rüstungspolitik des Dritten Reiches, München 1994.

[226] Vgl. Klaus Hildebrand, Das vergangene Reich. Deutsche Außenpolitik von Bismarck bis Hitler 1871-1945, Stuttgart 1995, S. 805-813.

[227] Zum folgenden vgl. auch die etwas anders akzentuierten Gedankengänge bei Heinz Magenheimer, Abwehrschlacht an der Weichsel. Vorbereitung, Ablauf, Erfahrungen, Freiburg (Brsg.) ^{2}1986, S. 20-38.

Lösung die definitiv letzte - wenn auch kaum mehr kalkulierbare Chance - überhaupt noch auf eine Kriegswende hinwirken zu können. Blieb die Frage, an welcher Front diese Verzweifelungsoffensive gestartet werden sollte.

An der Ostfront würde man zwar gegebenenfalls starke Teile der Roten Armee vernichten und erheblichen Raum gewinnen können. Allerdings hatten die zurückliegenden Kriegsjahre gezeigt, daß die sowjetische Führung Waffen, Material und Menschen gleichermaßen als „Verbrauchsgüter" ansah und mithin auch gegenüber sehr hohen Verlusten nahezu völlig unempfindlich war. Eine wirklich durchgreifende Veränderung der militärischen und der politischen Gesamtsituation war folglich an dieser Front selbst im Erfolgsfalle nicht mehr zu erwarten. Anders im Westen: Der deutschen Führung war nicht entgangen, daß zwischen den britischen und amerikanischen militärischen Führern, verstärkt durch gerade erlittene militärische Rückschläge, erhebliche Spannungen bestanden.[228] Auch hatten die bisherigen - für ihre Verhältnisse - sehr hohen Verluste der Amerikaner an Menschen und Material, wie auch das deutliche Zurückbleiben hinter ihrer Zeitplanung zu erheblicher Unzufriedenheit im westlichen Lager geführt. Hitler kalkulierte daher in Übereinstimmung mit seinen wichtigsten militärischen Beratern, ein konzentrierter, gegen die Amerikaner geführter Schlag könne diesen so hohe Verluste beibringen, daß sie vielleicht doch noch zum Überdenken ihrer Position innerhalb des alliierten Kriegsbündnisses gezwungen würden. Und dies könnte dann unter Umständen zum Zusammenbruch der gesamten Anti-Hitler-Koalition führen.

Zusammenfassend ist also der Auffassung zuzustimmen, „daß unter sorgfältiger Berücksichtigung der die Lage bestimmenden Faktoren die letzte deutsche Großoffensive im Westen tatsächlich die einzige, wenn auch sehr riskante Lösung blieb, vielleicht eine Lageveränderung zu deutschen Gunsten einzuleiten. Dabei darf nicht außer acht gelassen werden, daß Hitler instinktiv die Tatsache miteinkalkuliert haben dürfte, die Angst um das Schicksal der deutschen Ostprovinzen im Falle einer sowjetischen Besetzung werde die dort eingesetzten Truppen und die Bevölkerung zu einer übermenschlichen Anstrengung anspornen."[229]

---

[228] Hierzu und zum folgenden vgl. Klaus-Dietmar Henke, Die amerikanische Besetzung Deutschlands, München 1995, S. 297-328.
[229] Magenheimer (Anm. 227), S. 36.

Die am 16. Dezember 1944 mit Vorbedacht bei dunstigem Wetter begonnene Ardennenoffensive lief sich allerdings schon nach wenigen Tagen fest und kam am 24. Dezember ganz zum Stehen. Entscheidenden Anteil hieran hatte die alliierte Luftwaffe, die seit Aufklären des Wetters am 21./22. Dezember wieder unermüdlich im Einsatz war. Damit war der endgültig letzte deutsche Trumpf wirkungslos verpufft.

Was jetzt noch geschah, hatte - aus deutscher Sicht - kaum noch Ähnlichkeit mit einem irgendwie geordneten militärischen Geschehen, sondern allenfalls mit den letzten unkontrollierten Zuckungen eines Todeskampfes: Am 14. Januar 1945 begann die sowjetische Großoffensive an der Weichsel.[230] Und obgleich sich die deutschen Verbände (wie auch - nach Überschreiten der deutschen Reichsgrenzen - der Ende September 1944 aufgebotene, überwiegend aus alten Männern von 60 bzw. 65 und kaum den Kinderschuhen entwachsenen Jünglingen ab 14 Jahren bestehende „Volkssturm"[231]) mit völlig unzureichenden Mitteln verbissen schlugen und mehr und mehr dazu übergingen, keine Gefangenen mehr zu machen, konnte dem kaum noch etwas entgegengesetzt werden.

Die Soldaten der Roten Armee, die gerade die deutschen Vernichtungslager auf polnischem Boden befreit hatten, waren zudem vor Überschreiten der deutschen Ostgrenzen von der sowjetischen Propaganda planmäßig in einen wahren Blutrausch hineingesteigert worden.[232] Unverhüllt hatte man sie aufgefordert, tötend und vergewaltigend Rache für all das zu nehmen, was in den Jahren zuvor auf sowjetischem Boden von Deutschen und in deutschem Namen angerichtet worden war. Die Opfer waren hier wie dort und anderenorts in erster Linie unschuldige Zivilisten, Alte, Frauen und Kinder.

---

[230] Hierzu und zum folgenden vgl. Manfred Zeidler, Kriegsende im Osten. Die Rote Armee östlich von Oder und Neiße 1944/45, München 1996, sowie Andreas Hillgruber, Der Zusammenbruch im Osten 1944/45 als Problem der deutschen Nationalsgeschichte und der europäischen Geschichte, in: Ders., Zweierlei Untergang. Die Zerschlagung des Deutschen Reiches und das Ende des europäischen Judentums, Berlin 1986, S. 11-74.

[231] Vgl. hierzu Franz W. Seidler, Deutscher Volkssturm. Das letzte Aufgebot 1944/45, München-Berlin 1989.

[232] Vgl. hierzu auch Joachim Hoffmann, Stalins Vernichtungskrieg 1941-1945, München [2]1995, bes. S. 251-293.

Do. 39: Aus dem Erlebnisbericht einer Ostpreußin

„Ich versuchte am 20. Januar 1945 beim Herannahen der russischen Front aus meinem Wohnort Mohrungen in Ostpreußen zu fliehen. Der letzte aus Mohrungen abgehende Zug verunglückte [...] und blieb liegen. Ich versuchte zu Fuß, die deutschen Linien zu erreichen, was mir aber nicht gelang. Auf einem Bauernhof [...] erlebte ich die ersten russischen Truppen. Der Hofinhaber wurde von den Russen herausgeschafft, weil man in der Wohnung ein E.[isernes] K.[reuz] II [. Klasse] gefunden hatte. Er wurde sofort mit seiner Frau, die ihm nachgestürzt war, im Pferdestall erschossen (Genickschuß). Ich versuchte nun, zu meiner Mutter nach Stobnitt (Krs. Mohrungen) zu gelangen. Auf meiner dreiwöchentlichen Wanderung dorthin war ich der Willkür der russischen Soldateska ausgeliefert. In Wiese (Krs. Mohrungen) hatte ich die furchtbarste Nacht zu durchstehen. Die Russen hatten sich aus den Vorräten eines Proviant-Depots betrunken. Fast alle Männer des Dorfes wurden erschossen, die Frauen bestialisch vergewaltigt. Ich selbst wurde in dieser Nacht etwa zwanzigmal vergewaltigt."

[Josef Henke, Exodus aus Ostpreußen und Schlesien. Vier Erlebnisberichte, in: Wolfgang Benz (Hrsg.), Die Vertreibung der Deutschen aus dem Osten. Ursachen, Ereignisse, Folgen, Frankfurt a.M. 1995, S. 114-131, hier S. 125.]

Die Angst vor der heranrückenden Roten Armee, die Millionen Menschen in Ostpreußen, Schlesien und Pommern zur Flucht vor den sich nähernden Fronten veranlaßte[233], war eben nicht, wie heute zuweilen behauptet wird, nur ein im wesentlichen unbegründetes Ergebnis nationalsozialistischer Greuelpropaganda. Vielmehr gilt geradezu umgekehrt: „Die nationalsozialistische Propaganda, die mit demagogischer Obsession den Haß auf den russischen ‚Untermenschen' geschürt hatte, wurde in vielem bestätigt."[234] Und ein Augenzeuge, welcher als dreizehnjähriger Junge Ende April/Anfang Mai 1945 den Einzug der Roten Armee in Berlin erlebt und überlebt hat, bekennt denn auch noch 50 Jahre danach: „Der Einmarsch der Russen war zunächst keine Befreiung gewesen, ganz im Gegenteil: Inferno, Hölle, völliges

---

[233] Vgl. hierzu die bei Wolfgang Benz (Hrsg.), Die Vertreibung der Deutschen aus dem Osten. Ursachen, Ereignisse, Folgen, Frankfurt a.M. 1995, versammelten Beiträge.

[234] So Hermann Glaser, 1945. Ein Lesebuch, Frankfurt a.M. 1995, S. 63.

Ausgeliefertsein. Die ersten Tage nach der Eroberung werden ein Alptraum sein, solange ich lebe."[235]

Vor der in die östlichen Provinzen des Deutschen Reiches einmarschierenden Roten Armee konnten bis Kriegsende noch rund zwei bis drei Millionen Flüchtlinge und Soldaten auf dem Seeweg zumeist nach Schleswig-Holstein evakuiert werden.[236] Etwa 20 000 bis 25 000 Menschen kamen hierbei ums Leben. Die bekannteste, wenn auch nicht die opferreichste Katastrophe ereignete sich, als der ehemalige KdF-Dampfer „Wilhelm Gustloff" mit über 6 000 Flüchtenden (darunter fast 5 500 Frauen und Kindern) an Bord in der Nacht des 30. Januar 1945 nördlich Stolpmünde von einem sowjetischen U-Boot torpediert wurde und sank. In der eiskalten Ostsee gab es dabei nur 838 Überlebende.

Der Fluchtweg über Land war zumeist noch gefährlicher als der Seeweg:

„Über vereiste Straßen und durch heftige Schneestürme behindert zogen die Trecks dahin. [...] Viele zogen nur einen Handwagen mit ihrer letzten Habe hinter sich her. Es war ein unvorstellbarer Kampf gegen die Verzweifelung. [...] Dazu immer wieder Tiefflieger und die Angst, von feindlichen Panzern überrollt zu werden. Nicht wenige, insbesondere Alte und Kranke, gaben auf und fanden den Tod. Wem immer es gelang, ins Innere des Reiches zu entkommen, erfuhr auch dort oft einen schmerzlichen Mangel an Mitmenschlichkeit und Hilfsbereitschaft. Für viele war es zudem eine trügerische Sicherheit, so für die Flüchtlinge aus Schlesien, die in Dresden Zuflucht gesucht hatten und im Inferno des Bomenkrieges umkamen."[237]

Auch im Westen war die deutsche Reichsgrenze Ende Februar 1945 in breiter Front überschritten worden.[238] Im Gegensatz zur Situation hinter der Ostfront zeigte hier die deutsche Zivilbevölkerung allerdings kaum Angst vor den heranrückenden Amerikanern, Briten und Franzosen - obgleich die nationalsozialistische Propaganda auch hier

---

[235] Arnulf Baring, Mein 13. Geburtstag, in: Gustav Trampe (Hrsg.), Die Stunde Null. Erinnerungen an Kriegsende und Neuanfang, Stuttgart 1995, S. 184-193, hier S. 186.

[236] Vgl. Ingrid Bidlingmaier, Entstehung und Räumung der Ostseebrückenköpfe 1945, Neckargemünd 1962; Kurt Gerdau, Albatros - Rettung über See. 115 Tage bis zum Frieden, Herford 1984, sowie Heinz Schön, Ostsee '45. Menschen, Schiffe, Schicksale, Stuttgart ^{2}1984.

[237] Glaser (Anm. 234), S. 39.

[238] Hierzu vgl. Henke (Anm. 228), S. 393-965.

Furcht vor der Rache der Sieger zu schüren versuchte. Im Gegenteil, war man hier sogar ausgesprochen froh, wenn die Wehrmacht endlich abzog - wollte doch kaum jemand in den letzten Kriegstagen noch sein Leben und/oder die ihm noch verbliebene Habe durch Kampfhandlungen aufs Spiel gesetzt sehen. Auch kämpften Wehrmacht und „Volkssturm" im Westen bei weitem nicht mit der gleichen Verbissenheit wie sie diese im Osten noch immer an den Tag legten. Daher trieben die von Hitler mit Befehl vom 9. März 1945 eingerichteten „Fliegenden Standgerichte" besonders hier ihr mörderisches Unwesen, indem sie jeden Zivilisten, an dessen „Führertreue" sie zweifelten, und jeden sich im Hinterland der Front bewegenden deutschen Soldaten, der nicht auf der Stelle zufriedenstellenden Aufschluß über sein „Woher" und „Wohin" geben konnte, kurzerhand am nächsten Baum oder an der nächsten Straßenlaterne aufknüpften.[239] Bilder wie das folgende, in einem Tagebucheintrag vom 23. April 1945 festgehaltene, waren damals in Deutschland häufiger zu sehen:

„Lang und hager, die Arme auf dem Rücken zusammengebunden, baumelt es vor uns am Pfahl. Baumelt hin [...] baumelt her. Zwei schlotternde Soldatenstiefel schlagen mit gespenstischem Klappern gegen den Laternenmast. Aus bläulichem Totenantlitz glotzen blutunterlaufene Augen blicklos auf das Staßenpflaster[...] Die ihn aufknüpften, haben ihm ein Schild um den Hals gehängt. Aus grauer Pappe, mit Bindfaden verknotet. Darauf steht in windschiefen Druckbuchstaben: ‚Ich, Unteroffizier Heinrich Lehmann, war zu feige, Frauen und Kinder zu verteidigen. Darum hänge ich hier.'"[240]

Hitler war, selbst nachdem sein Machtbereich auch innerhalb des Reiches infolge der alliierten Vorstöße immer kleiner wurde, zum Kampf bis zum Letzten und Äußersten entschlossen. Und es ist kein Ruhmesblatt, insbesondere für die hohen deutschen Militärs, daß sie in ihrer überwiegenden Mehrzahl noch immer bereit waren, den ihnen gegebenen Befehlen zu folgen - obgleich ihnen längst klar sein mußte, welch ein völlig sinnloses Blutvergießen sie damit heraufbeschworen.[241]

---

[239] Vgl. Hans Joachim Schröder, Ich hänge hier, weil ich getürmt bin. Terror und Verfall im deutschen Militär bei Kriegsende, in: Wette (Anm. 198), S. 279-294.

[240] Zit. nach Glaser (Anm. 234), S. 33.

[241] Vgl. Manfred Messerschmidt, Die Wehrmacht: Vom Realitätsverlust zum Selbstbetrug, in: Hans-Erich Volkmann (Hrsg.), Ende des Dritten Reiches - Ende des Zweiten Weltkrieges. Eine perspektivische Rückschau, München-Zürich 1995, S. 223-258.

Einen gewissen Wendepunkt bildete für manche allerdings Hitlers mit Befehl vom 19. März 1945 angeordnete Fortführung der Politik der „verbrannten Erde" selbst innerhalb des Reichsgebietes.[242] (Er soll diesen Schritt auch damit begründet haben, daß das deutsche Volk sich den Völkern des Ostens als unterlegen erwiesen habe und deshalb ein Weiterleben nicht verdiene.) Einige derjenigen, die in den Vorjahren wenig Bedenken gezeigt hatten, bei den Rückzügen der Wehrmacht etwa innerhalb der Sowjetunion oder Polens ohne jede Rücksicht auf die ortsansässige Zivilbevölkerung ganze Landstriche systematisch zu verwüsten, zeigten nun doch einige Skrupel, als es jetzt um Deutsche und Deutschland selbst gehen sollte. Sie versuchten die Ausführung dieses „Nero-Befehls" nach Kräften zu hintertreiben - durchaus nicht in jedem Falle mit Erfolg, denn selbst angesichts des offenkundig schnell näherrückenden Ende des Krieges, gab es nicht wenige Fanatiker, die nicht einsehen wollten, was die Stunde geschlagen hatte und für die Befehl noch immer Befehl war.

Einige der prominentesten Nationalsozialisten, die von anderen nach wie vor ohne „Wenn" und „Aber" verlangten, ihr Leben jederzeit für „Führer und Vaterland" aufzuopfern, versuchten nun - sozusagen eine Sekunde vor zwölf - in erstaunlicher Einfältigkeit ihre eigene Haut dadurch zu retten, daß sie „Friedensfühler" insbesondere zu den Westmächten ausstreckten. Entsprechende Bestrebungen etwa Hermann Görings und Heinrich Himmlers wurden allerdings vorzeitig bekannt - und der in der „Festung Berlin" eingeschlossene Hitler erklärte daraufhin beide all ihrer Ämter und Würden für verlustig.

Hitler selbst verbrachte die letzten Wochen seines Lebens im verstärkten Luftschutzkeller unter der Berliner Reichskanzlei[243] und versuchte sich selbst und anderen mit immer ausgefalleneren Wunschträumen von einer „wundersamen Rettung" Mut zu machen. Erst als am 30. April 1945 die Rote Armee sich innerhalb Berlins bis auf wenige hundert Meter an seine letzte Zuflucht herangekämpft hatte und ihm seine letzten militärischen Berater eröffneten, diese werde höchst-

[242] Hierzu und zum folgenden vgl. Rolf-Dieter Müller/Gerd R. Ueberschär, Kriegsende 1945. Die Zerstörung des Deutschen Reiches, Frankfurt a.M. 1994, hier bes. Dok. 8, S. 164; Albert Speer, Erinnerungen, Frankfurt a.M.-Berlin (Neuausgabe) 1993, S. 446-488, sowie Gitta Sereny, Das Ringen mit der Wahrheit. Albert Speer und das deutsche Trauma, München 1995, S. 529-596.

[243] Hierzu und zum folgenden vgl. Hugh R. Trevor-Roper, Hitlers letzte Tage, Frankfurt a.M.-Berlin (Neuausgabe) 1995, und Anton Joachimsthaler, Hitlers Ende. Legenden und Dokumente, München-Berlin 1995.

wahrscheinlich schon am nächsten Tage fallen, zog er die Konsequenzen und erschoß sich - nicht ohne wenige Stunden zuvor noch seine langjährige Geliebte Eva Braun zu heiraten, die freiwillig mit ihm in den Tod ging.

Dok. 40: Aus Hitlers politischem Testament vom 29. April 1945

„Es ist unwahr, daß ich oder irgend jemand anderer in Deutschland den Krieg im Jahre 1939 gewollt haben. Er wurde gewollt und angestiftet ausschließlich von jenen internationalen Staatsmännern, die entweder jüdischer Herkunft waren oder für jüdische Interessen arbeiteten. [...] Ich habe aber auch keinen Zweifel darüber gelassen, daß, wenn die Völker Europas wieder nur als Aktienpakete dieser internationalen Geld- und Finanzverschwörer angesehen werden, dann auch jenes Volk mit zur Verantwortung gezogen werden wird, das der eigentlich Schuldige an diesem mörderischen Ringen ist: Das Judentum! Ich habe weiter keinen darüber im Unklaren gelassen, daß dieses Mal nicht nur Millionen Kinder von Europäern der arischen Völker verhungern werden, nicht nur Millionen erwachsener Männer den Tod erleiden und nicht nur Hunderttausende an Frauen und Kindern in den Städten verbrannt und zu Tode bombardiert werden dürften, ohne daß der eigentlich Schuldige, wenn auch durch humanere Mittel, seine Schuld zu büßen hat. [...]
Mögen sie [die Mitglieder der von Hitler testamentarisch festgelegten neuen Reichsregierung] sich [...] dessen bewußt sein, daß unsere Aufgabe des Ausbaus eines nationalsozialistischen Staates die Arbeit kommender Jahrhunderte darstellt, die jeden einzelnen verpflichtet, immer dem gemeinsamen Interesse zu dienen und seine eigenen Vorteile demgegenüber zurückzustellen. Von allen Deutschen, allen Nationalsozialisten, Männern und Frauen und allen Soldaten der Wehrmacht verlange ich, daß sie der neuen Regierung und ihrem Präsidenten treu und gehorsam sein werden bis in den Tod.
Vor allem verpflichte ich die Führung der Nation und die Gefolgschaft zur peinlichen Einhaltung der Rassegesetze und zum unbarmherzigen Widerstand gegen den Weltvergifter aller Völker, das internationale Judentum."

[Rolf-Dieter Müller/Gerd R. Ueberschär, Kriegsende 1945. Die Zerstören des Deutschen Reiches, Frankfurt a.M. 1994, Dok. 17, S. 173-176.]

Zur allgemeinen Überraschung hatte Hitler in seinem politischen Testament den Großadmiral Karl Dönitz (seit 1943 Oberbefehlshaber der Kriegsmarine, vordem Befehlshaber der U-Boote) unter Aufhebung der seit 1934 bestehenden Vereinigung der Ämter von Reichspräsident und Reichskanzler zu seinem Nachfolger im Amte des Reichspräsidenten[244] bestimmt. Offenbar versprach er sich von ihm noch am ehesten die rücksichtslose Weiterführung des Krieges in seinem Sinne. Reichskanzler sollte Joseph Goebbels werden - doch der wollte seinem „Führer" nicht von der Seite weichen und ihm mitsamt seiner ganzen Familie in den Tod nachfolgen.

Das selbst einigermaßen überraschte neue Reichsoberhaupt Karl Dönitz versuchte zunächst, die sich wechselseitig mit wachsendem Mißtrauen gegenüberstehenden westlichen und östlichen Alliierten gegeneinander auszuspielen, um den sich dadurch ergebenden Freiraum zum Abtransport möglichst vieler Zivilisten aus den östlichen Reichsgebieten und zur Überführung so vieler an der Ostfront stehender deutscher Kampfverbände wie nur irgend machbar in westliche Kriegsgefangenschaft zu bewerkstelligen. (Und vielleicht - so sein Gedankengang weiter - würden sich die westlichen Alliierten ja sogar dazu bereit finden, eine deutsche Teilkapitulation allein ihnen gegenüber anzunehmen.) Amerikaner, Briten und Franzosen spielten dieses Spiel zunächst auch tatsächlich ein paar Tage lang mit, bestanden aber am Ende kategorisch darauf, daß es keine deutsche Teilkapitulation geben werde, sondern die Wehrmacht gegenüber allen Siegermächten zugleich bedingungslos zu kapitulieren habe. Da die Sowjets vor allem infolge der seit Ende April insgeheim angebahnten Kapitulation der deutschen Verbände in Italien vom 2. Mai[245], zu der sie nicht hinzugezogen worden waren, inzwischen mehr als nur argwöhnisch reagierten, mußte die entsprechende Zeremonie im alliierten Hauptquartier in Reims vom 7. Mai 1945 am frühen 9. Mai im sowjetischen Hauptquartier in Berlin-Karlshorst noch einmal wiederholt werden. Damit war der Zweite Weltkrieg in Europa zu Ende. Er hatte rund 50 Millionen Tote gekostet - davon etwa die Hälfte allein sowjetischer

[244] Hierzu und zum folgenden vgl. Herbert Kraus, Karl Dönitz und das Ende des Dritten Reiches, in: Volkmann (Anm. 241), S. 1-24.

[245] Vgl. hierzu Catherine Scheimann, Der Geheimdienst beendet den Krieg. Operation Sunrise und die deutsche Kapitulation in Italien, in: Jürgen Heideking/Christof Mauch (Hrsg.), Geheimdienstkrieg gegen Deutschland. Subversion, Propaganda und politische Planungen des amerikanischen Geheimdienstes im Zweiten Weltkrieg, Göttingen 1993, S. 142-165.

Herkunft. Die Mehrzahl der insgesamt sehr wahrscheinlich mehr als fünf Millionen toten Deutschen[246] waren erst im letzten Dreivierteljahr des Krieges zu Tode gekommen, das mehr Verluste gefordert hatte, als die davorliegenden Kriegsjahre zusammen.

Nicht nur angesichts der wahrhaft massenmörderischen Qualität, welche der deutschen Kriegführung eigen gewesen war und der während des Krieges versuchten Ausrottung der Juden in Europa, wirkt das tragische Pathos, von welchem der letzte Wehrmachtsbericht getragen war, aus heutiger Sicht mehr als befremdlich.

Dok. 41: Der letzte Wehrmachtsbericht vom 9. Mai 1945

„Seit Mitternacht schweigen nun an allen Fronten die Waffen.
Auf Befehl des Großadmirals hat die Wehrmacht den aussichtslos gewordenen Kampf eingestellt. Damit ist das fast sechsjährige Ringen zu Ende. Es hat uns große Siege, aber auch schwere Niederlagen gebracht. Die deutsche Wehrmacht ist am Ende einer gewaltigen Übermacht ehrenvoll unterlegen.
Der deutsche Soldat hat getreu seinem Eid, im höchsten Einsatz für sein Volk Unvergeßliches geleistet. Die Heimat hat ihn bis zuletzt mit allen Kräften unter schwersten Opfern unterstützt.
Die einmalige Leistung von Front und Heimat wird in einem späteren gerechten Urteil der Geschichte ihre endgültige Würdigung finden. Den Leistungen und Opfern der deutschen Soldaten zu Lande, zu Wasser und in der Luft wird auch der Gegner die Achtung nicht versagen. Jeder Soldat kann deshalb die Waffe aufrecht und stolz aus der Hand legen und in den schwersten Stunden unserer Geschichte tapfer und zuversichtlich an die Arbeit gehen für das ewige Leben unseres Volkes. Die Wehrmacht gedenkt in dieser Stunde ihrer vor dem Feind gebliebenen Kameraden.
Die Toten verpflichten zu bedingungsloser Treue, zu Gehorsam und Disziplin gegenüber dem aus zahllosen Wunden blutenden Vaterland."

[Rolf-Dieter Müller/Gerd R. Ueberschär, Kriegsende 1945. Die Zerstörung des Deutschen Reiches, Frankfurt a.M. 1994, Dok. 21 a), S. 181.]

---

[246] Vgl. zu dieser Zahlenangabe Rüdiger Overmanns, Die Toten des Zweiten Weltkrieges in Deutschland. Bilanz der Forschung unter besonderer Berücksichtigung der Wehrmacht- und Vertriebenenverluste, in: Michalka (Anm. 14), S. 858-873.

V. Das „Dritte Reich“ in der deutschen Geschichte

Die Geschichte des nationalsozialistischen Deutschlands ist ohne Adolf Hitler undenkbar. Gleichwohl kann ihr Verlauf nicht allein auf das verhängnisvolle Wirken seiner Persönlichkeit zurückgeführt werden. Die für den Fortgang der Entwicklung sehr bedeutende, völlig ungezügelte deutsche Aufrüstung beispielsweise ist weder von ihm in Gang gesetzt noch besonders forciert worden. Er ließ sie jedoch zu; zunächst sogar eher zögernd, da er angesichts der damit verbundenen internationalen Risiken ein durch außenpolitische Verträge abgesichertes Handeln vorgezogen hätte. Aber damit konnte und/oder wollte er sich gegenüber seinen innenpolitischen Bündnispartnern nicht durchsetzen. Insofern war Hitler auf diesem bedeutsamen Felde tatsächlich „zumindest teilweise ein (williger) ‚Gefangener‘ von Kräften [...], die er nicht geschaffen hatte, sondern deren Instrument er war und deren Eigendynamik ihn mitriß.“[1]

Diese zügellose deutsche Aufrüstung sowie deren innen- und außenpolitische Aus- und Rückwirkungen aber sind neben der auch für die Nationalsozialisten unerwartet schnell und unblutig erreichten Festigung ihrer Machtposition einer der wesentlichen Gründe dafür, daß vieles, für dessen Verwirklichung Hitler vor 1933 lange Jahrzehnte der allmählichen Entwicklung veranschlagt hatte[2], nach seinem Machtantritt mit zahlreichen Verwerfungen erheblich überstürzter angegangen wurde, als es seinem „Programm“ entsprach.

Auch der Diktator wurde in den ersten Jahren seiner Herrschaft mithin von der Dynamik des Geschehens „überrollt“ und - ohne die Abläufe im einzelnen steuern zu können - mitgerissen. Er selbst bewertete die offenbar hierdurch mit der Zeit bewirkte Erweiterung seines persönlichen Zielhorizonts in den letzten Wochen seines Lebens als verhängnisvoll: „Das ideale Rezept wäre für mich gewesen, [...] eine nationalsozialistische Jugend heranzuzüchten - und dann den kommenden Geschlechtern die Führung des unvermeidlichen Krieges zu überlassen. [...] Das Werk, das ich mir vorgenommen habe, ist zuviel für einen Mann, zu gewaltig umfassend für eine Generati-

---

[1] Ian Kershaw, Der NS-Staat. Geschichtsinterpretationen und Kontroversen im Überblick, Reinbek bei Hamburg 1988, S. 126.
[2] Vgl. Enrico Syring, Hitler. Seine politische Utopie, Berlin 1994, S.241-276.

on“[3], bekannte er Anfang 1945 gegenüber seinem „Sekretär“ Martin Bormann.

Der dritte Hauptimpuls für die sehr hohe „Anfangsbeschleunigung“, für den rasanten *take off* der politischen Entwicklung innerhalb des nationalsozialistischen Deutschlands ging von der sofort mit Hitlers Machtantritt einsetzenden Aufweichung der überkommenen staatlichen Strukturen aus. Das tatsächliche oder vermeintlich drohende Hineindrängen mehr oder weniger prominenter Nationalsozialisten in die Führungspositionen von Ministerien, Verwaltungen und anderen staatlichen Behörden, dem Hitler sich zunächst nicht entgegenstellte, „zwang“ die Beamtenschaft in ihrer Masse gewissermaßen dazu, sich aus Gründen der Selbsterhaltung im mutmaßlichen Sinne der neuen Machthaber hervorzutun. Der so in Gang kommende „Wettlauf“ aller gegen alle um den Nachweis der eigenen Unentbehrlichkeit, in dem sich nicht nur Partei, Staat und Wehrmacht, sondern auch deren Unterorganisationen untereinander in immer rücksichtsloser ausgetragenen Konkurrenzkämpfen gefangen sahen[4], geriet schon bald völlig außer Kontrolle - zumal sich Hitler der ihm von Amts wegen obliegenden Koordinierungsfunktion (sei es aus Berechnung, sei es aus Bequemlichkeit) hartnäckig entzog. Es entstand ein „brodelnder Hexenkessel“ von sich wechselseitig zu immer noch radikaleren politischen Vorhaben anstachelnden Personen und Institutionen bzw. Organisationen, die sich mit allen Mitteln gegenseitig zu übertrumpfen trachteten. Am Ende setzte sich in aller Regel die jeweils extremste Zuspitzung durch - und wurde von Hitler, auch hier ganz Sozialdarwinist, akzeptiert.

Wahr ist allerdings auch, daß Hitler die offenbar nicht vor allem auf sein persönliches Wirken zurückgehende Rasanz der Entwicklung, die ihn schon in den ersten Jahren seiner Herrschaft viel weiter auf seinem Kurs vorangetragen hatte, als er zu seinen Lebzeiten je zu kommen gehofft hatte[5], spätestens im August 1936 bewußt aufnahm.

---

[3] Hitlers politisches Testament. Die Bormann-Diktate vom Februar und April 1945. Mit einem Essay von Hugh R. Trevor-Roper und einem Nachwort von André François-Poncet, Hamburg 1981, S. 110.

[4] Vgl. hierzu zunächst vor allem die Überblicksdarstellungen von Martin Broszat, Der Staat Hitlers. Grundlegung und Entwicklung seiner inneren Verfassung, München [9]1981, und Dieter Rebentisch, Führerstaat und Verwaltung im Zweiten Weltkrieg. Verfassungsentwicklung und Verfassungspolitik 1939-1945, Stuttgart 1989.

[5] Hierzu vgl. Syring (Anm. 2), bes. S. 241-265.

Er trieb die seit 1933 vor allem von seinen innenpolitischen Bündnispartnern getragene Politik mit seiner Aufgabenstellung an den Vierjahresplan über den *point of no return* hinaus und verlieh ihr noch zusätzliche Dynamik - wie seine Berater aus Partei, Diplomatie, Wirtschaft und Militär wohl wissend, daß damit der Krieg mittelfristig unausweichlich geworden war, wollte man dem wirtschaftlichen Zusammenbruch entgehen. Die sich in der Folgezeit innerhalb der deutschen Führung ergebenden Differenzen resultierten dann im Grunde nur noch aus den unterschiedlichen Vorstellungen über das „Wie" und das „Wann", während das „Was" kaum mehr grundsätzlich in Frage gestellt wurde.

Unter dem Eindruck, die schnell knapper werdende Zeit nutzen zu müssen, bis die anderen europäischen und außereuropäischen Großmächte den noch bestehenden, aber stetig weiter schrumpfenden deutschen Rüstungsvorsprung aufgeholt hätten und damit in der Lage seien, der außenpolitischen Machterweiterung des Reiches wirksam einen Riegel vorzuschieben, war Hitler seit Mai 1938 bemüht, einen „kleinen Krieg" gegen eine der an Deutschland grenzen den Mittelmächte herbeizuführen. Darüber riskierte er vorzeitig einen „großen Krieg" gegen Großbritannien und Frankreich - auch wenn er bis zuletzt hoffte, diese würden nicht wirklich zu ihrem Polen gegebenen Wort stehen.[6]

Der Verfasser hegt große Zweifel, ob sich der deutsche Diktator in der konkreten Situation des Jahres 1939 mit seinem Vorgehen tatsächlich an einem so klar strukturierten „Stufenplan"-Konzept[7] orientierte, wie er es am 11. August 1939 gegenüber dem Danziger Völkerbundskommissar Carl Jacob Burckhardt in einer vielzitierten Wendung folgendermaßen auf den Punkt gebracht haben soll:

---

[6] Vgl. hierzu Klaus Hildebrand, Die Krimkriegssituation. Wandel und Dauer einer historischen Konstellation der Staatenwelt, in: Jost Dülffer/ Bernd Martin/Günter Wollstein (Hrsg.), Deutschland in Europa. Kontinuität und Bruch. Gedenkschrift für Andreas Hillgruber, Frankfurt a.M.-Berlin 1990, S. 37-51, hier bes. S. 45-48, und Bernd-Jürgen Wendt, Großdeutschland. Außenpolitik und Kriegsvorbereitung des Hitler-Regimes, München 1987, S. 161-185.

[7] Die vieldiskutierte Stufenplan-Theorie geht auf Andreas Hillgruber, Hitlers Strategie. Politik und Kriegführung 1940-1941, München [2]1982, bes. S. 565 ff., zurück. Eine harsche Kritik dieses heuristischen Modells nebst einem knappen Überblick über dessen bisherige Diskussion bietet Hartmut Schustereit, Vabanque. Hitlers Angriff auf die Sowjetunion 1941 als Versuch, durch den Sieg im Osten den Westen zu bezwingen, Herford-Bonn 1988, S. 106-130.

„Alles was ich unternehme, ist gegen Rußland gerichtet. Wenn der Westen zu dumm und zu blind ist, um dies zu begreifen, werde ich gezwungen sein, mich mit den Russen zu verständigen, den Westen zu schlagen, um dann nach seiner Niederlage mich mit meinen versammelten Kräften gegen die Sowjetunion zu wenden."[8]

Abgesehen davon, daß diese Bemerkung angesichts ihrer ganz offenkundigen außenpolitisch-taktischen Implikationen schwerlich in vollem Umfang für bare Münze genommen werden kann, sondern in ihrem historischen Zusammenhang zumindest zum Teil *auch* als verbale Kraftmeierei, als selbstermutigendes „Pfeifen im Wald" vor dem Hintergrund einer als heikel eingeschätzten Situation zu werten ist, scheinen auch die verfügbaren Quellen in ihrer Gesamtheit eher in eine andere Richtung zu weisen: Bis in den Spätsommer 1940 hinein suchte Hitler augenscheinlich ernsthaft nach einem - freilich illusionären, weil seinen bis dahin mit Gewalt erzwungenen „Erfolgen" voll Rechnung tragenden - politischen Ausweg aus jenem Krieg[9], in den er sich mit dem 3. September 1939 „hineingeraten" sah, den er so, zu diesem Zeitpunkt und in dieser Konstellation nicht gewollt hatte. Er tat dies um so mehr, als er wußte, daß Deutschland trotz aller gegenteiligen Propagandabehauptungen für einen längeren Krieg, in dem es nach seiner Einschätzung zudem in absehbarer Zeit unweigerlich zu einem gegen Deutschland gerichteten Eingreifen der beiden „Flügelmächte" USA und Sowjetunion kommen würde, (noch) in keiner Weise gerüstet war. Dabei traf er allerdings in Großbritannien auf eine Haltung, die der spätere britische Premierminister Winston Churchill bereits am 1. Oktober 1939 so umrissen hatte:

„Hitler konnte bestimmen, wann der Krieg beginnen sollte; aber es wird nicht ihm oder seinen Nachfolgern vorbehalten sein zu bestimmen, wann er enden wird. Der Krieg begann, als er ihn wollte, und er wird erst dann enden, wenn wir davon überzeugt sind, daß Hitler seinen Teil erhalten hat."[10]

Daß der deutsche Diktator, der sich auf außenpolitischer Bühne in den vorangegangenen Jahren selbst um jeglichen Kredit gebracht hatte,

---

[8] Carl Jacob Burckhardt, Meine Danziger Mission 1937-1939, Zürich 1960, S.348.

[9] Vgl. dazu Ulrich Schlie, Kein Friede mit Deutschland. Die geheimen Gespräche im Zweiten Weltkrieg 1939-1941, München-Berlin 1994.

[10] Max Domarus (Hrsg.), Hitler. Reden und Proklamationen 1932-1945. Kommentiert von einem deutschen Zeitgenossen, Wiesbaden 1973, Bd. II/1, S. 1377.

mit all seinen „Friedensbemühungen“ scheiterte, führte er selbst bezeichnenderweise vor allem auf eine angebliche „Verschwörung“ des „Weltjudentums“ zur Vernichtung Deutschlands zurück.

1940/41, als Hitler für den Betrachter „auf dem Gipfel seiner Macht stand und - anscheinend oder scheinbar - so ‚frei‘ wie nie zuvor und danach entscheiden konnte“[11], wurde sein Denken und Handeln mehr und mehr von der Befürchtung geprägt, das Reich gerate bei längerer Kriegsdauer eher früher als später in die tödliche „Zange“ der beiden „Flügelmächte“ USA und Sowjetunion. Als der „Führer“ dem äußeren Schein nach den Zenit seiner Herrschaft erreicht hatte, wurde der Handlungsspielraum *für ihn,* also subjektiv - und wohl auch objektiv -, immer enger. Sobald ihm endgültig klar geworden war, daß es einen seinen Vorstellungen entsprechenden politischen Ausweg aus dem Krieg - zumindest bis auf weiteres - nicht geben würde, versuchte er seit Sommer 1940 in Übereinstimmung mit seinen militärischen Beratern, den mittelfristig drohenden Zweifrontenkrieg durch einen schnellen, konzentrierten deutschen Einfrontenkrieg gegen die Sowjetunion gleichsam zu „unterlaufen“. Diese Strategie entwickelte sich zu einem immer irrwitzigeren Wettlauf gegen die Zeit. Zwar konnte durch die japanische und die deutsche Kriegserklärung an die Vereinigten Staaten im Dezember 1941, welche die Amerikaner daran hindern sollte, ihr gesamtes, überwältigendes Potential auf den europäischen Kriegschauplatz zu konzentrieren, noch die ohnehin unumgänglich gewordene „Verlängerung“ für dieses Kalkül erzwungen werden. Bereits im Hochsommer 1942 war es jedoch endgültig gescheitert. Die sich ab Frühjahr 1943 allmählich herausbildende Nachfolgestrategie schaltete der ursprünglichen Konzeption im Grunde „nur“ ein weiteres Element vor: Nun sollte zunächst die Invasion im Westen Europas abgeschlagen werden, bevor man im Osten einen neuerlichen Anlauf zu nehmen gedachte und somit eine Neuauflage der „Weltblitzkrieg“-Strategie betreiben konnte. Nachdem die alliierte Landung in der Normandie im Juni 1944 gelungen war, wurde allerdings auch dieser Kriegsplan gegenstandslos. Spätestens seither spielte die deutsche Führung nur noch auf Zeit und hoffte auf ein Wunder.

Im historischen Rückblick erscheint Hitler alles in allem als der Auslöser für den GAU, für den „größten anzunehmenden Unfall“ der

---

[11] So Hillgruber (Anm. 7), S. 16 f.

deutschen Geschichte.[12] Er erwies sich als der Schlüssel zu dem Schloß durch welches Tendenzen politikbestimmend werden konnten, die es schon lange vor ihm in Deutschland gegeben hatte, die bis dahin aber nur in vergleichsweise gebändigter Form Eingang in die deutsche Politik finden konnten. Die obrigkeitsstaatliche Tradition oder das Weltmachtstreben etwa hatten bereits im Kaiserreich Wilhelms II. eine nicht zu unterschätzende Rolle gespielt, wurden nun aber vollends ins Extrem gesteigert, zumal sich der deutsche Diktator zunächst als nicht fähig, dann aber auch mehr und mehr als überhaupt gar nicht willens erwies, sie wenigstens einigermaßen im Zaum zu halten. Andererseits aber war auch schon Wilhelm II. ein Antisemit der radikalsten Sorte gewesen. Äußerungen wie „Es gibt zu viele Juden in meinem Land. Sie müßten ausgemerzt werden“[13] sind von ihm des öfteren überliefert - ohne daß sie seinerzeit in praktische Politik umgesetzt worden wären.

Dreißig Jahre später, nach der für die meisten Deutschen völlig unerwarteten Niederlage im Ersten Weltkrieg, die gar nicht wenige nur allzu bereitwillig „dem internationalen Judentum“ anlasteten, hatte sich das politische Umfeld jedoch grundlegend verändert. Wie kein anderer Politiker aus der Zeit der Weimarer Republik verkörperte Hitler die Sehnsüchte, Hoffnungen, Ängste und Vorurteile wohl der Mehrheit seiner deutschen Zeitgenossen. Doch der „springende Punkt“ ist in der Tat, „daß Hitler nicht achtzig Millionen Menschen dadurch überzeugte, ihm zu folgen, weil sie wußten, daß er Menschen in Kalkgruben und Gaskammern ermorden würde; sie folgten ihm nicht, weil er böse schien, sondern weil er ihnen als außergewöhnlich gut erschien.“[14] Er verstand es, einer Nation, die sich von den Siegermächten des Ersten Weltkrieges in höchstem Grade ungerecht behandelt fühlte, in wenigen Jahren das Gefühl zu vermitteln: „Wir sind wieder wer“. (Von hier war es offenbar nur ein kleiner Schritt zu je-

---

[12] Diese These wurde - in geringfügig anderer Akzentuierung - erstmals formuliert von Eberhard Jäckel, Hitlers Herrschaft in der deutschen Geschichte, in: Ders., Umgang mit Vergangenheit. Beiträge zur Geschichte. Zum 29. Juni 1989 hrsg. von Andreas Gestrich, Axel Kuhn und Johannes Voigt, Stuttgart 1989, S. 207-220, hier bes. S. 216 ff.

[13] Zit. nach John C.G. Röhl, Kaiser Wilhelm II. und der deutsche Antisemitismus, in: Ders., Kaiser, Hof und Staat. Wilhelm II. und die deutsche Politik, München 1995, S. 203-222, hier S. 215.

[14] So zutreffend Gitta Sereny, Das Ringen mit der Wahrheit. Albert Speer und das deutsche Trauma, München 1995, S. 687.

ner „Wir sind die Größten"-Stimmung, die im Sommer 1940 in Deutschland allgemein um sich griff.) Und durchgehend war in all diesen Jahren auf allen möglichen Wegen und in allen möglichen Abwandlungen die Parole „Die Juden sind an allem Schuld" unters Volk gebracht worden. Es hieß, „jüdische Zersetzung" hätte die unbewältigte deutsche Niederlage im Ersten Weltkrieg verursacht und auch die Kriegserklärungen Großbritanniens und Frankreichs vom 3. September 1939 seien auf ihr „verhängnisvolles Treiben" zurückzuführen. Immer gehe es ihnen nur um die Vernichtung Deutschlands.

Die in der deutschen Bevölkerung vorhandenen antisemitischen Strömungen wurden durch diese dauernde Berieselung noch verstärkt und allmählich begannen nicht wenige, die umlaufenden Schauermärchen über „die Juden" tatsächlich zu glauben. Als man sich dann während des Krieges mehr und mehr in einer belagerten, verzweifelt um ihre Selbstbehauptung kämpfenden Festung wähnte, wuchs bei manchen die Bereitschaft zur Anwendung „unsentimentalster, härtester Mittel" gegenüber dem angeblich „ewigen Verrätervolk" und anderen „unnützen Ballastexistenzen", um der Festung in ihrem Kampf Erleichterung zu verschaffen. Hitler selbst brauchte dann auch hier nur noch den letzten Impuls zu geben.

Insofern hatte also der Massenmord an den europäischen Juden während des Zweiten Weltkrieges eine erheblich breitere Basis, als manche noch immer wahrhaben wollen. Denn die Betreiber und die Organisatoren dieses Völkermordes konnten an weitverbreitete unterschwellige Vorurteile an knüpfen. Die einzelnen Maßnahmen der „Judenpolitik" mögen nicht durchweg vor dem Hintergrund allgemeiner stillschweigender Zustimmung durchgeführt worden sein. Es überwog gleichwohl bei weitem eine „Das-geht-mich-nichts-an-Haltung", durch welche jene „Rassenpolitik" überhaupt erst umsetzbar wurde. Zwar war den meisten der Zeitgenossen damals wahrscheinlich nicht klar, das am Ende der sich vor aller Augen abspielen den Deportationen ihrer jüdischen Mitbürger deren fast ausnahmslose Ermordung stand. Soviel aber ist sicher: Es gab „keinen Menschen in Deutschland, der nicht wußte, daß den Juden Böses geschah, schon seit Jahren."[15]

In diesem Punkt zielt das von den deutschen Medien trotz all seiner ins Auge springenden fachwissenschaftlichen wie intellektuellen Dürf-

[15] Ferdinand Prinz von der Leyen, Rückblick zum Mauerwald. Vier Kriegsjahre im OKH, München 1965, S. 67.

tigkeit[16] geradezu zu einer Sensation emporgeredete und emporgeschriebene Buch des amerikanischen Historikers Daniel J. Goldhagen über „ganz gewöhnliche Deutsche und der Holocaust“[17] mithin auf etwas im Grundsatz völlig Richtiges - auch wenn die darin enthaltenen verallgemeinernden Schlußfolgerungen einer hinreichenden empirischen Fundierung entbehren. Zudem verschweigt Goldhagen, den mit seiner These nur schwerlich zu vereinbarenden Sachverhalt, daß sich die genannte Basis des Judenmordes in ihren Ausläufern in fast alle Länder des während des Zweiten Weltkrieges deutschbesetzten Europas erstreckte.

Auch in anderen Bereichen war der deutsche Diktator ein Kind seiner Zeit, wurde über weite Strecken von allgemeinen Zeitströmungen getragen, die ganz unabhängig von seiner Person so oder so die deutsche Politik beeinflußt hätten, wenn auch schwerlich in der völlig ungefilterten extremen Weise, die durch seine Impulsgebungen bewirkt wurde. Auf machtpolitischer Ebene etwa standen schon vor Hitler weltweit jene Mächte, die mit den Ergebnissen des Ersten Weltkrieges im Großen und Ganzen zufrieden waren (Großbritannien, Frankreich, USA) jenen Mächten gegenüber, die glaubten, sie seien 1918/19 unverdientermaßen zu kurz gekommen (Deutschland, Italien, Japan), oder die, wie die bolschewistische Sowjetunion, aus ideologischen Gründen eine Überwindung des Status quo anstrebten.[18] Und auch ohne Hitler hatten die letztgenannten Mächte eine Revisionspolitik betrieben, die den Einsatz militärischer Gewaltmittel keineswegs grundsätzlich ausschloß, wie die von Japan seit 1932 auf dem chinesischen Festland betriebene Eroberungspolitik belegt.

---

[16] Hierzu vgl. vor allem Eberhard Jäckel, Einfach ein schlechtes Buch, in: Julius H. Schoeps (Hrsg.), Ein Volk von Mördern? Die Dokumentation zur Goldhagen-Kontroverse um die Rolle der Deutschen im Holocaust, Hamburg 1996, S. 187-192.

[17] So der Untertitel von Daniel J. Goldhagen, Hitlers willige Vollstrecker. Ganz gewöhnliche Deutsche und der Holocaust, Berlin 1996.

[18] Vgl. hierzu beispielsweise Klaus Hildebrand, Krieg im Frieden und Frieden im Krieg. Über das Problem der Legitimität in der Geschichte der Staatengesellschaft 1931-1941, in: Wolfgang Michalka (Hrsg.), Der Zweite Weltkrieg. Analysen - Grundzüge - Forschungsbilanz, München-Zürich 1990, S. 25-48, und Ders., Die Entfesselung des Zweiten Weltkrieges und das internationale System: Probleme und Perspektiven der Forschung, in: Ders./Jürgen Schmädeke/Klaus Zernack (Hrsg.), 1939. An der Schwelle zum Weltkrieg. Die Entfesselung des Zweiten Weltkrieges und das internationale System, Berlin-New York 1990, S. 3-20.

Diese Einsicht in die weltweiten Zusammenhänge des damaligen Geschehens ist also tatsächlich „beunruhigend, weil sie die Annahme einer Zwangsläufigkeit der Entwicklung nahelegt, während der Krieg andererseits doch auch vermeidbar erschient. Hätten ihn ein paar Umstände, etwa der Tod Hitlers im Jahre 1938, verhindern können, oder war er seit vielen Jahrzehnten vorprogrammiert, was auch plausibel erscheint."[19]

Schließlich endete mit dem 8. Mai 1945 aber auch der durch Hitlers Impulsgebungen ins Extrem übersteigerte Versuch, eines „dritten Weges", einer eigenständigen Großmachtposition Deutschlands zwischen der demokratischenWelt des Westens und der zunächst despotisch-zaristischen, dann seit 1917 bolschewistischen des Ostens, der schon seit 1871 eine tragende Rolle in der deutschen Politik gespielt hatte.[20] Zum zweiten Mal innerhalb von nur 30 Jahren hatte sich das Deutsche Reich als zwar stark genug erwiesen, die beiden großen weltanschaulichen Lager in eine schwere Krise zu stürzen; sich in dieser ihnen gegenüber aber durchzusetzen und so zur Vormacht aufzusteigen, oder sich doch zumindest zu behaupten, dazu hatte es bei aller massenmörderischen Rücksichtslosigkeit wiederum nicht gereicht. Insofern markiert die bedingungslose Kapitulation der Wehrmacht das wahrscheinlich endgültige Ende einer politischen Tradition, die sich auch ohne ihre Überspitzung in den Jahren nach 1933 eher als Belastung denn als Chance für Deutschland erwiesen hat.

---

[19] So Eberhard Jäckel, Der Weg Japans in den Zweiten Weltkrieg, in: Helmut Altrichter/Josef Becker (Hrsg.), Kriegsausbruch 1939. Beteiligte, Betroffene, Neutrale, München 1989, S. 247-261, hier S. 261. Vgl. dazu auch die anregenden Spekulationen in Henry A. Turner, Geißel des Jahrhunderts. Hitler und seine Hinterlassenschaft, Berlin 1989.

[20] Vgl. dazu Klaus Hildebrand, Das vergangene Reich. Deutsche Außenpolitik von Bismarck bis Hitler 1871-1945, Stuttgart 1995, etwa S. 49 f., und zum folgenden auch Andreas Hillgruber, Die gescheiterte Großmacht. Eine Skizze des Deutschen Reiches 1871-1945, Düsseldorf 1984, sowie noch immer Ders., Kontinuität und Diskontinuität in der deutschen Außenpolitik von Bismarck bis Hitler, Düsseldorf 1969.

Kommentierte Literaturauswahl

Aly, Götz, „Endlösung". Völkerverschiebung und der Mord an den europäischen Juden, Frankfurt a.M. 1995. - Aktuellste Zuspitzung des nicht Hitler-zentrischen Erklärungsansatzes für das Zustandekommen des Massenmordes an den europäischen Juden während des Zweiten Weltkrieges. Der Zusammenhang zwischen der Umsiedlungs- und „Rassenpolitik", sowie der radikalisierende Effekt jener auf diese wird herausgearbeitet. Für den fachwissenschaftlichen Laien keine leichte Lektüre.

Breitman, Richard, Der Architekt der „Endlösung": Himmler und die Vernichtung der europäischen Juden, Paderborn u.a. 1996. - Aktuellste Zuspitzung des Hitler-zentrischen Erklärungsansatzes für das Zustandekommen des Holocausts, in welchem der Reichsführer-SS Heinrich Himmler gleichsam als „Folie" für die ihn antreibenden „judenpolitischen" Impulse seines „Führers" interpretiert wird.

Broszat, Martin, Nach Hitler. Der schwierige Umgang mit unserer Geschichte. Beiträge von Martin Broszat, hrsg. von Hermann Graml und Klaus-Dietmar Henke, München ²1987. - Aufsatzsammlung, in welcher die vorherrschenden Tendenzen im Umgang mit der nationalsozialistischen Vergangenheit in Öffentlichkeit und Fachwissenschaft der Bundesrepublik von einem der besten Kenner herausgearbeitet und in überaus anregender Weise problematisiert werden.

Eitner, Hans-Jürgen, Hitlers Deutsche. Das Ende eines Tabus, Gernsbach 1990. - Kenntnisreicher, allgemeinverständlich geschriebener Überblick über zentrale Themenfelder der deutschen Geschichte 1933-1945, die heute in Forschung und Öffentlichkeit besonders umstritten sind.

Fest, Joachim C., Hitler. Eine Biographie, Frankfurt a.M. u.a. (Neuausgabe) 1995. - Obgleich in wichtigen Bereichen nicht mehr auf dem aktuellen Stand der Forschung und mithin dringend der grundlegenden Überarbeitung bedürftig, noch immer die unübertroffene allgemeinverständliche Standartbiographie des deutschen Diktators, welche dessen Verhältnis zum deutschen Volk aus psychoanalytischer Perspektive interpretiert.

Fest, Joachim, Staatsstreich. Der lange Weg zum 20. Juli, Berlin 1994. - Allgemeinverständlich geschriebene Überblicksdarstellung zum deutschen Widerstand.

Frei, Norbert, Der Führerstaat. Nationalsozialistische Herrschaft 1933 bis 1945, München 1987. - Geraffter Überblick über die innenpolitische Seite der nationalsozialistischer Herrschaft aus „funktionalistischer" Perspektive.

Gruchmann, Lothar, Totaler Krieg. Vom Blitzkrieg zur bedingungslosen Kapitulation, München 1991. - Aktuellste und fundierteste der knappen Überblicksdarstellungen des Kriegsgeschehens aus deutscher Sicht.

Haffner, Sebastian, Anmerkungen zu Hitler, Frankfurt a.M. 1971. - Ebenso kluge wie allgemeinverständliche Betrachtungen zu Person und Bedeutung des deutschen Diktators für das „Dritte Reich" und innerhalb der deutschen Geschichte.

Heer, Hannes/Naumann, Klaus (Hrsg.), Vernichtungskrieg. Verbrechen der Wehrmacht 1941 bis 1944, Hamburg 1995. - Sammelband, welcher einen Überblick über die der deutschen Wehrmacht auf den verschiedenen europäischen Kriegsschauplätzen zur Last gelegten Kriegs- und Massenverbrechen bietet.

Herbst, Ludolf, Das nationalsozialistische Deutschland 1933-1945. Die Entfesselung der Gewalt: Rassismus und Krieg, Frankfurt a.M. 1996. - Gelungener Versuch, die Ansätze der beiden in der NS-Forschung vorherrschenden „Schulen" miteinander zu verbinden. Vielleicht die beste der gegenwärtig gängigen Gesamtdarstellungen, wenn auch für den fachwissenschaftlichen Laien streckenweise sicherlich keine leichte Lektüre.

Hilberg, Raul, Die Vernichtung der europäischen Juden, 3 Bde., Frankfurt a.M. 1991. - Taschenbuchausgabe des noch immer unübertroffenen Standartwerkes zu diesem Thema. Überwiegend aus der Perspektive der Täter geschrieben.

Hilberg, Raul, Täter, Opfer, Zuschauer. Die Vernichtung der Juden 1933-1945, Frankfurt a.M. 1992. - Geraffter Überblick, in welchem das Geschehen aus den unterschiedlichen Perspektiven der drei hauptsächlich beteiligten Personengruppen beleuchtet wird.

Hildebrand, Klaus, Das vergangene Reich. Deutsche Außenpolitik von Bismarck Hitler 1871-1945, Stuttgart 1995. - Umfassende und sehr detaillierte Geschichte der Außenpolitik des Deutschen Reiches, die der Frage nach Kontinuitäten und Brüchen im Zeitraum

19871 bis 1945 auch hinsichtlich der internationalen Rahmenbedingungen wohlabgewogen nachspürt.

Hillgruber, Andreas, Der 2. Weltkrieg. Kriegsziele und Strategie der großen Mächte, Stuttgart u.a. 1983. - Noch immer der weitaus beste und fundierteste knappe Überblick über die weltumspannenden „großen Linien" des Zweiten Weltkrieges.

Hoffmann, Peter, Widerstand - Staatsstreich - Attentat. Der Kampf der deutschen Opposition gegen Hitler, Frankfurt a.M. [2]1970. - Obwohl in manchen Bereichen inzwischen nicht mehr auf dem aktuellen Stand der Forschung immer noch das in zahlreichen Neuauflagen und -ausgaben vorliegende wissenschaftliche Standardwert zur Thematik. Läßt allerdings oftmals die kritische Distanz gegenüber den Widerstandskämpfern vermissen. Auch ist die Darstellung von Vorgeschichte, Umfeld und Ablauf des 20. Juli erheblich zu Stauffenberg-zentrisch angelegt.

Klemperer, Klemens von/Syring, Enrico/Zitelmann, Rainer (Hrsg.), „Für Deutschland". Die Männer des 20. Juli, Frankfurt a.M.-Berlin 1994. - Neben knappen biographischen Porträts der wichtigsten Verschwörer um den 20. Juli erfolgt im Einleitungsaufsatz ein knapper problemorientierter Überblick über den Widerstand in Deutschland und in den deutsch-besetzten Teilen Europas.

Klönne, Arno, Jugend im Dritten Reich. Die Hitler-Jugend und ihre Gegner, München 1990. - Taschenbuchausgabe des wissenschaftlichen Standartwerkes zur Thematik. Als Überblicksdarstellung bis heute unübertroffen.

Maschmann, Melita, Fazit. Mein Weg in der Hitler-Jugend, München [4]1981. - Rechenschaftsbericht einer hohen ehemaligen BDM-Führerin über ihre Erlebnisse und ihre Karriere in der Hitler-Jugend.

Michalka, Wolfgang (Hrsg.), Die nationalsozialistische Machtergreifung, Paderborn u.a. 1984. - Facettenreicher Überblickssammelband über Vorgeschichte, Umfeld, Ablauf, Folgen und Bedeutung von Hitlers Machtantritt und daraufhin erfolgender nationalsozialistischer Machtergreifung.

Montanus, Klaus, Die Putbusser. Kadetten unter dem Hakenkreuz. Ein Napola-Schüler erzählt, Frankfurt a.M. 1995. - Autobiographischer Roman, der aus der Sicht eines damals Dreizehnjährigen erzählt, wie er als Schüler einer der nationalsozialistischen „Elite-Fabriken" die letzten beiden Kriegsjahre erlebte. Die Mechanismen, mittels welcher das Regime die deutsche Jugend verführte, werden hier in unaufdringlicher Eindringlichkeit offengelegt.

Müller, Richard Matthias, Normal-Null und die Zukunft der deutschen Vergangenheitsbewältigung. Ein Essay, Schernfeld 1994. - In Form einer Streitschrift werden Eigenheiten und Ungereimtheiten des Umgangs mit der NS-Vergangenheit in der deutschen Öffentlichkeit in zuweilen sehr zugespitzter, gleichwohl überaus anregender Form herauspräpariert.

Müller, Rolf-Dieter/Ueberschär Gerd R., Kriegsende 1945. Die Zerstörung des Deutschen Reiches, Frankfurt a.M. 1994. - Beste, weil als einzige die globale Dimension des Zweiten Weltkrieges angemessen berücksichtigende Überblicksdarstellung zur Thematik. In Sprache und Urteilen wohltuend sachlich und ausgewogen.

Paul, Gerhard/Mallmann, Klaus-Michael (Hrsg.), Die Gestapo. Mythos und Realität, Darmstadt 1995. - Aufsehenerregender Überblickssammelband, der die „plebiszitären Züge des Terrors" während der NS-Zeit herausarbeitet und den Nachweis führt, daß die deutsche Bevölkerung damals keineswegs nur Opfer, sondern gleichzeitig auch tragende Säule des Regimes gewesen ist.

Rosh, Lea/Jäckel, Eberhard, „Der Tod ist ein Meister aus Deutschland." Deportation und Ermordung der Juden. Kollaboration und Verweigerung in Europa, Hamburg 1990. - Anhand zahlreicher Zeitzeugeninterviews wird die erlebnisgeschichtliche Seite der Judenverfolgung beleuchtet. Die gleichsam europäische Dimension des Massenmordes an den Juden während des Zweiten Weltkrieges erfährt eine allgemeinverständliche Thematisierung.

Sereny, Gitta, Das Ringen mit der Wahrheit. Albert Speer und das deutsche Trauma, München 1995. - Über die personengeschichtliche Dimension hinaus, werden hier Einblicke in die innere Funktionsweise der nationalsozialistischen Herrschaft eröffnet, welche die Fragwürdigkeit mancher in der Öffentlichkeit kursierenden allzu schlichter Auffassungen deutlich werden lassen.

Weinberg, Gerhard L., Eine Welt in Waffen. Die globale Geschichte des Zweiten Weltkriegs, Stuttgart 1995. - Große umfassende, im Urteil zuweilen etwas eigenwillige, überwiegend politikgeschichtlich orientierte Gesamtdarstellung des Zweiten Weltkrieges, in der den weltweiten Zusammenhängen und den wechselseitigen Beeinflussungen der verschiedenen Kriegsschauplätze besondere Aufmerksamkeit gewidmet wird.

Wendt, Bernd-Jürgen, Großdeutschland. Außenpolitik und Kriegsvorbereitungen des Hitler-Regimes, München 1987. - Ebenso geraffter wie unkonventioneller Überblick über die Außenpolitik des nationalsozialistischen Deutschlands 1933-1945, in welcher die bis dahin in der Forschung vorherrschende These von der „Entfesselung" des Zweiten Weltkrieges durch das Theorem vom „strategischen Fenster" erstmals grundlegend in Frage gestellt wurde.

Zitelmann, Rainer, Adolf Hitler. Eine politische Biographie, Göttingen-Zürich 1989. - Knapper biographischer Abriß, der ein besonderes Augenmerk auf Hitlers „sozialrevolutionäres" Programm und dessen Umsetzungsversuche richtet.

Personenregister

(Auf die Aufnahme des Namens Adolf Hitler wurde verzichtet.)

Personenregister

(Auf die Aufnahme des Namens Adolf Hitler wurde verzichtet.)